汽车专业“十四五”精品教材

汽车故障诊断与排除

（微课版）

主　编　陈昌钦　李春红　刘金良
副主编　邹宏图　冯如只　赵海军　田军亮
　　　　花泽君　闫君杰　李　斌　徐耀武　王永明

哈爾濱工程大學出版社
Harbin Engineering University Press

内容简介

本书以“适量、够用、浅显易懂”为原则，突出对学生汽车故障诊断与排除能力的培养。本书共5章，主要包括汽车故障诊断与排除概述、汽车发动机的故障诊断与排除、汽车底盘的故障诊断与排除、汽车电气系统的故障诊断与排除、网络通信系统的故障诊断与排除等内容。

本书既可作为应用型本科、职业院校汽车专业的通用教材，也可供汽车修理厂、汽车运输部门的工人和技术人员参考。

图书在版编目（CIP）数据

汽车故障诊断与排除 ：微课版 / 陈昌钦，李春红，刘金良主编. —哈尔滨 ：哈尔滨工程大学出版社，2023.4

ISBN 978-7-5661-3892-7

I. ①汽… II. ①陈… ②李… ③刘… III. ①汽车—故障诊断②汽车—故障修复 IV. ①U472.4

中国国家版本馆 CIP 数据核字（2023）第 057769 号

汽车故障诊断与排除（微课版）
QICHE GUZHANG ZHENDUAN YU PAICHU（WEIKE BAN）

责任编辑 张　曦
封面设计 赵俊红

出版发行 哈尔滨工程大学出版社
社　　址 哈尔滨市南岗区南通大街 145 号
邮政编码 150001
发行电话 0451-82519328
传　　真 0451-82519699
经　　销 新华书店
印　　刷 唐山唐文印刷有限公司
开　　本 889 mm×1 194 mm　1/16
印　　张 11.5
字　　数 331 千字
版　　次 2023 年 4 月第 1 版
印　　次 2023 年 4 月第 1 次印刷
定　　价 49.80 元
http://www.hrbeupress.com
E-mail:heupress@hrbeu.edu.cn

前 言

随着我国汽车工业的迅猛发展，以及全民经济水平的提高，汽车的保有量急剧增长，人们对汽车售后服务及汽车维修从业人员也提出了更高的要求。目前我国汽车维修行业不论是质量管理还是人员管理，仍处于比较落后的阶段，汽车维修服务行业的整体表现为劳动生产率低下、服务质量低、事故率高、从业人员整体技术素养不高等，这些已经成为制约我国汽车维修行业发展的重要因素。

随着科技的发展， 汽车各大系统日益复杂， 对汽车维修人员诊断技能的要求也越来越高。党的二十大报告提出，“高质量发展是全面建设社会主义现代化国家的首要任务”“人才是第一资源”“深入实施科教兴国战略、人才强国战略”，本书在编写上， 深刻领会党的二十大精神， 全面贯彻党的教育方针， 落实立德树人根本任务， 着力于加强学生职业技能和职业素养的培养， 使他们勇于承担中华民族伟大复兴的历史使命。本书的编写具有以下特点。

（1）层次分明，贴合实际。本书构架按汽车结构中的各大主要系统划分，以“章一节”的形式讲述各大系统的故障诊断与排除。与实际问题相结合，力求让学生能够一目了然，学以致用。

（2）理论为引，实训为主。本书秉持“理论为引，实训为主”的内容组织原则，在内容上避免枯燥乏味地讲述理论，更注重培养学生实践能力，以就业为导向，以能力为本位，面向岗位需要，贴合实际工作。

（3）配套模块，学练结合。本书内容的配套模块包括“本章导读、学习目标、本章小节、思政园地、思考练习”。将学与练结合，从而引发学生的学习兴趣，可使学生拓展学习思路，拓宽知识面。

本书既有较强的系统性，又注重实用性、逻辑性和新颖性，基本概念清楚，原理的阐述简明扼要、通俗易懂，以解决实际问题为目的，重点培养汽车维修类专业学生的职业岗位素质和专业基本技能。

本书由陈昌钦（湛江机电学校）、李春红（克拉玛依职业技术学院）和刘金良（烟台文化旅游职业学院）担任主编，由邹宏图（泰安技师学院）、冯如只（河南机电职业学院）、赵海军（郑州市国防科技学校）、田军亮（兰考三农职业学院）、花泽君（北海市中等职业技术学校）、闫君杰（河南工学院）、李斌（黑龙江职业学院）、徐耀武（固始县世纪职业中等专业学校）和王永明（石河子工程职业技术学院）担任副主编。本书的相关资料和售后服务可扫描封底微信二维码或登录 www.bjzzwh.com 下载获得。

本书在编写过程中，参考了一些专业的文献、书籍及资料，在此对相关专家、学者表示感谢。由于编者水平有限，书中难免存在疏漏或不足之处，恳请广大师生和读者批评指正。

编 者

CONTENTS
目录

CONTENTS

目录

第一章

汽车故障诊断与排除概述

本章导读

汽车故障诊断与排除技术是随着汽车的发展而逐渐发展起来的一门技术。汽车在使用过程中由于某一种或几种原因的影响，其技术状况将随行驶里程的增加而变化，其动力性、经济性、可靠性和安全性将逐渐下降，排气污染和噪声加剧，故障率增加，这不仅会对汽车的运行安全、运行消耗、运行效率、运行成本及环境造成极大的影响，还会直接影响汽车的使用寿命。因此，可以使用检测诊断设备或仪器对汽车的技术状况加以诊断，从而找出导致汽车产生故障的主要原因，及时进行排除。研究汽车故障的变化规律，定期检测汽车的使用性能，及时而准确地诊断出故障部位并排除故障，已成为汽车应用技术的一项重要任务。

学习目标

1. 掌握汽车故障诊断的定义、分类及成因。
2. 了解汽车故障诊断工具的种类。
3. 掌握常用汽车故障诊断工具的基本操作方法。
4. 了解汽车故障诊断专用设备的适用范围。
5. 掌握汽车故障诊断专用设备的基本操作方法。
6. 掌握随车故障自诊断的意义。
7. 掌握汽车故障树诊断的分析方法。
8. 掌握汽车故障征兆模拟诊断的方法。

第一节 汽车故障诊断的基础知识

一、汽车故障诊断技术的定义

汽车故障是指汽车部分或完全丧失工作能力的现象。绝大多数汽车故障，是汽车零件本身或零件之间配合状态发生异常变化引起的。汽车故障虽然类型较多，且故障的产生从一定程度上来看似乎有很大的偶然性，令人难以捉摸，但是汽车故障自有其变化规律，绝大多数汽车故障都是有迹可循的。

汽车故障诊断技术是指在整车不解体或部分解体的情况下，确定汽车技术状况，查明故障原因和故障部位的汽车应用技术。

二、汽车故障的分类

按照不同的分类方法，汽车故障可以分为以下不同的类型。

（一）按故障是否显现

1. 可见故障

可见故障是指已经导致汽车功能丧失或性能降低的故障，如汽车大灯灯泡的损坏。

2. 潜在故障

潜在故障是指正在逐渐发展，但尚未对功能产生影响的故障，如汽车传动轴裂纹，当未扩展到极限程度时，为潜在故障。

值得注意的是，潜在故障一旦爆发，常常具有突发性，因此对汽车的安全行驶极为不利。

（二）按故障危害程度

根据故障发生后对总成、系统、整机及人身安全性的影响，可分为致命故障、严重故障、一般故障和轻微故障。具体分类见表 1－1。

表 1－1　汽车故障的分类

故障类别	分类原则
致命故障	涉及人身安全，可能导致人身伤亡；引起主要总成报废，造成重大经济损失；不符合制动、排放、噪声等法规要求
严重故障	导致整车性能显著下降；造成主要零部件损坏，且不能用随车工具和易损备件在短时间（约 30 min）内修复

续表

故障类别	分类原则
一般故障	造成停驶，但不会导致主要零部件损坏，并可用随车工具和易损件或价值很低的零件在短时间（约 30 min）内修复；虽未造成停驶，但已影响正常使用，须调整和修复
轻微故障	不会导致停驶，尚不影响正常使用，也不用更换零件，可用随车工具在短时间（约5 min）内轻易排除

（三）按故障发生的性质

1. 自然故障

自然故障是指汽车在使用期内，受外部、内部不可抗拒的自然因素的影响而产生的故障，如发动机大修、灯泡损坏等。

2. 人为故障

汽车在制造、使用和维修中，由于使用了不合格的零件或违反了装配的技术要求，或者没有按照规范操作，或者没有遵守维修工艺要求，或者维修不规范等人为因素所造成的故障。

（四）按故障发生的速度

1. 突发性故障

突发性故障是指零件在损坏前没有可以觉察到的征兆，零件损坏是瞬时出现的，是各种不利因素及偶然的外界影响共同作用的结果，这种作用已经超出了产品所能承受的限度。例如，汽车行驶中遇到石块意外的撞击等造成前档风玻璃的损坏，轮胎被地面尖石或铁钉刺破等。突发性故障的特点是偶然性和突发性，一般不受使用时间影响，无法监控，因而这种故障是难以预测的。突发性故障容易排除，因此通常不影响汽车的使用寿命。

2. 渐进性故障

渐进性故障是指汽车某些零件的初始参数逐渐恶化，其参数值超出允许范围而引起的故障。例如，发动机汽缸与活塞间隙过大而造成的发动机烧机油故障，随着发动机使用里程数的增加，汽缸壁与活塞逐渐磨损，最后使配合间隙超出了允许范围，导致润滑油窜入燃烧室，从而造成烧机油故障。渐进性故障的特点是故障发生的概率与使用时间有关，它只在汽车有效寿命的后期才明显地表现出来。渐进性故障的发生标志着产品寿命的终结，对汽车而言则往往是需要进行大修的标志。由于渐进性故障是逐渐发展的，所以是可以预测的，通过诊断和监测仪器进行测试或监控，能预测故障的发生时间。

突发性故障和渐进性故障一般是有联系的，可以说所有的故障都是渐进的，因为事物的变化都是由量变到质变的过程。如零件的磨损发展到一定程度，就可能导致突然的损坏，旧轮胎发生故障的概率要比新轮胎大得多。因此，汽车使用的时间越长，发生故障的概率越高，损坏的程度越大。

（五）按故障表现的稳定程度

1. 持续性故障

持续性故障是指在车辆运行中一直存在的故障。持续性故障一旦发生，其出现规律明显，症状表现稳定，直至被排除为止。引起这类故障的故障部位技术状态稳定，一般较易诊断和排除。如由于某缸分缸线老化造成的发动机怠速抖动故障，就属于持续性故障。

2. 间歇性故障

间歇性故障是指在车辆运行中间歇存在的故障。间歇性故障具有突发性，时有时无，且无明显规律，原因是引起这类故障的故障部位的技术状况发生不规则变化，故障原因不稳定。这类故障大多发生在电路中，特别是汽车电控系统中，其主要原因是汽车组件因磨损、过热、振动导致故障部位处于故障临界状态。例如，线路接触不良就可导致间歇性故障。

三、汽车故障症状

汽车故障症状即故障现象是指故障的具体表现。现代汽车结构复杂，出现的故障多种多样，对其归纳分类，有助于故障成因分析和部位的诊断。具体内容如下。

（一）外观异常

将汽车停放在平坦的路面上，检查外形状况，如有横向或纵向的倾斜，其原因多为车架、车身、悬挂、轮胎等出现异常，这样会引起方向不稳、行驶跑偏、轮胎早磨等故障。

（二）气味异常

汽车在运行中，如有制动拖滞、离合器打滑，则会散发出摩擦片的焦臭味；发动机过热、机油或制动液燃烧时，会散发出一种特殊气味；电路中的导线烧毁也有异味。行车中一经发觉有异味，应停车查明故障所在。

（三）声响异常

有些故障往往可引起汽车发动机或底盘部分的不正常声响，这种故障症状明显，一般可及时发现。一些声响异常的故障能酿成机件的大事故，因此要认真对待。由以往经验表明，凡声响沉重，并伴有明显振抖现象多为恶性故障，应立即停机，查明原因。造成异响的原因不同，声响的规律也会有所不同，在判断时，应正确分辨、仔细查听。造成异响的原因一般有装配不当、零件变形、配合副间隙过大等。

（四）尾气异常

发动机在工作过程中，正常的燃烧生成物是CO_2和少量水蒸气，应为无明显颜色的烟雾。若燃烧不正常，烟雾的颜色将发生改变，将会排出黑烟、蓝烟或白烟，这些都表明发动机工作不正常。排黑烟主要是燃料燃烧不完全，含有大量的炭粒、HC、CO；排蓝烟主要是机油进入燃烧室燃烧所致；排白烟是燃油中进水所致。尾气分析已成为发动机故障诊断的重要依据之一。

（五）工况异常

工况异常是指汽车的工作状况出现了不正常现象，这是比较常见的故障症状。例如，发动机突然熄火后再发动困难，甚至不能起动；发动机在行驶中动力性突然下降，使行驶无力；行驶中，水箱开锅、制动跑偏、转向沉重、转向灯不亮等。这种故障现象明显，容易察觉，但其原因复杂，而且往往是由渐变到突变，涉及较多的系统。如发动机起动困难，故障原因涉及发动机起动系统、发动机电控燃油喷射系统及机械部分。因此，在诊断时应认真分析前因后果，去伪存真，判明故障存在的原因。

（六）渗漏现象

燃油、润滑油、冷却液、制动液（或压缩空气）、动力转向油的渗漏现象，也是一种明显的故障。渗漏易造成过热、烧损及转向、制动的失灵故障。

（七）系统过热

系统过热现象通常发生在发动机、变速器、驱动桥、制动器等总成及一些电气元件上。在正常情况下，无论汽车工作多长时间，这些系统、机构均应保持在一定的工作范围内，超出这个工作范围，为过热故障。如轿车发动机冷却液正常温度为 85～115 ℃，超出此温度范围为发动机过热。变速器、主减速器、制动器、电气元件正常的工作温度为 50 ℃左右，若用手触及感到烫手难忍，即表明该处过热。

（八）消耗异常

汽车油液消耗异常，也是汽车故障的一种表现。燃油消耗增多，一般为发动机工作不良或底盘（传动系、制动系）调整不当所致。润滑油消耗异常，除渗漏原因外，多为发动机故障，若同时伴有排蓝烟，一般为润滑油进入燃烧室燃烧所致。如果发动机在运行中，机油量有增无减，可能是冷却液或汽油掺入。因此，燃油、润滑油消耗异常通常表明发动机存在故障。

（九）失控或抖动

汽车或总成工作时，可能会出现操纵困难或失灵、自身振抖，而曲轴或传动轴动平衡不好也会导致发动机或传动系统在运转中的振抖，如定位不正确而出现的前轮摆振或跑偏。

四、汽车故障的成因

汽车故障的成因主要有自然因素和人为因素，分别对应自然故障和人为故障。具体内容如下。

（一）自然故障

自然故障是指汽车在正常的使用和维护条件下，由于不可抗拒的原因而形成的故障。例如，在汽车的使用过程中，零件会产生自然磨损；在长期交变载荷下，零件会产生疲劳；在外载荷及温度残余内应力的作用下，零件会产生变形；此外，非金属零件及电气元件会产生老化等，这些原因均会引起自然故障。

（二）人为故障

人为故障是指由于人为因素而造成的汽车故障。这类故障起因于汽车设计、制造和维护过程中的人为因素，具体内容如下。

1. 汽车设计和制造上的因素

在汽车设计中，尽管车辆设计者们考虑得很周全，但也难免在设计中存在薄弱环节和不足之处。例如，发动机水套内的冷却水流向欠合理而影响散热，导致个别汽缸磨损剧烈；因空气压缩机结构不合理而影响上机油；因总体布局不合理或其他原因而导致制动侧滑；有的进口汽车不符合我国国情而造成车身强度不足等。

2. 维修配件质量的因素

随着我国汽车保有量的急剧增长，维修配件的需求量也大大增加。汽车零配件常常是大批量购买并由不同厂家生产的，不可避免地存在质量差异，甚至难免有伪劣产品鱼目混珠，引发各种各样的故障。例如，同一发动机汽缸盖各燃烧室容积不等，也会导致发动机动力不足或爆燃；凸轮轴正时齿轮的键槽位置超差，会破坏正常的配气相位，降低发动机的动力性；空气滤清器的滤清效果差，会引起汽缸早期磨损；前轮左右钢板弹簧的刚度、挠度不一致和不标准，会影响前轮的定位参数，破坏汽车的操纵稳定性等。

3. 燃油、机油选用因素

根据车型选用燃油和机油，是保证汽车正确使用的必要条件。例如，要求使用 97 号汽油的车辆，若选用了 93 号汽油，发动机就会产生爆燃，冲坏汽缸垫或烧毁活塞顶，并使动力性下降；若压缩比高、热负荷大的汽油机使用了与之不配套的机油，会使汽缸活塞的配合副产生早期磨损；若柴油车在严寒地区使用高凝固点的柴油，会导致汽车起动困难等。

4. 管理方面的问题

由于使用单位和个人不了解或不严格执行车辆技术管理规定，导致车辆使用不合理，维护不定期，修理不及时，从而导致人为故障频发。在汽车使用中不重视日常维护，新车或大修车不走合，不执行出车前、行驶中、收车后的“三检”工作，不定期进行“三清”工作等，均会使随机故障频发，不但影响汽车的使用寿命，而且危及行车安全。

五、汽车零件损坏机理

（一）变形

汽车零件的变形是指在使用过程中，由于受外部载荷及内部应力等的共同作用，零件的形状和位置发生了不能自行恢复的变化。随着使用时间的延长，汽车零件发生变形是不可避免的，零件变形后将对零部件、总成乃至整个汽车的工作能力及使用寿命造成很大影响，因此零件的变形是引起汽车故障的主要原因。汽车零件变形的主要影响因素是外载荷和内应力，具体内容如下。

1. 外载荷

由于汽车零件在工作时要传递力及转矩，还要承受各种冲击和振动，这样便在零件内部产生各种应力，当这种应力超过材料的屈服极限时，就会使汽车零件产生永久性变形。

2. 内应力

汽车零件的内应力主要来自以下几个方面。

（1）汽车零件（特别是复杂零件）在制造加工过程中产生的残余内应力。

（2）使用过程中因零件承受力、力矩、冲击、振动等产生新的内应力。

（3）零件因温度剧烈变化而产生新的内应力。

（4）维护、修理质量较差而产生新的内应力。

以上内应力的存在极易导致汽车零件产生变形。

（二）磨损

磨损是指有相对运动（或趋势）的零件工作表面的物质由于摩擦而不断损耗的现象。据统计，汽车零件有75%是因为表面磨损导致工作性能下降而报废的。按照磨损的机理，磨损可分为磨粒磨损、黏着磨损、疲劳磨损和腐蚀磨损4种主要类型，此外还有微动磨损和过度磨损等，具体内容如下。

1. 磨粒磨损

磨粒磨损是指在相互摩擦的两个表面间，由于硬质颗粒的存在而引起零件表面磨损的现象。磨粒磨损会在材料表面划出沟槽，其磨损程度随运动速度、载荷、磨粒硬度等的增大而加剧。减小磨粒磨损的主要措施是防止外来磨粒进入和防止摩擦表面间产生磨粒。

2. 黏着磨损

黏着磨损是指在相互摩擦的两个表面之间，因减摩和散热效果不佳或失效，温度较高，使摩擦表面的金属局部熔化发生转移，黏附在相接触的零件表面的现象。黏着磨损将会在零件表面形成麻点或鳞尾状磨痕。严重的黏着磨损会导致零件表层金属内部撕裂，引起摩擦表面咬黏，即两摩擦表面黏附在一起，导致相对运动中止，造成机械事故。曲轴烧瓦和发动机拉缸即属此类。减少黏着磨损的主要措施包括采用科学的磨合工艺、按规定要求强化材料表面、选择合适的表面粗糙度、保持良好的润滑等。

3. 疲劳磨损

疲劳磨损是指在周期性载荷长期作用下，相互接触的零件表面产生塑性变形及应力集中，导致形成微观裂纹，随摩擦进程的延续，微观裂纹进一步扩大并交织在一起，最后围成一定面积而剥落的现象。疲劳磨损将在材料表面形成麻点、裂纹，甚至微片剥落。疲劳磨损是汽车滚动轴承、齿轮及凸轮等零件的主要磨损形式。

4. 腐蚀磨损

腐蚀磨损是指因材料与周围介质发生化学或电化学反应而引起零部件表面材料损失的现象。根据腐蚀磨损介质性质的不同，可分为氧化磨损、特殊介质腐蚀磨损和穴蚀3种形式。

减少腐蚀磨损的主要措施包括：选用耐腐蚀性强的材料、对材料表面进行不同的处理（如表面挤压、表面淬火、碳氮共渗、表面喷钼）及正确使用和维护等。

（三）腐蚀

汽车零件的腐蚀是指汽车零件材料接触各种介质后起化学或电化学反应而造成零件损坏的现象。按腐蚀的机理，腐蚀可分为化学腐蚀和电化学腐蚀，具体内容如下。

1. 化学腐蚀

化学腐蚀是指零件材料直接与介质发生化学反应的现象。化学腐蚀通常在零件表面形成二层覆盖膜，如铁、铝等金属在空气中氧化，就会在其表面形成一层氧化膜。

2. 电化学腐蚀

当两种不同的金属材料处在同一导电溶液中时，两种金属就相当于一对电极，这样便形成原电池，产生电化学反应，使阳极金属因有电子流向阴极而受到腐蚀，这种现象称为电化学腐蚀。

防止电化学腐蚀的最有效办法是在金属表面覆盖保护层，以隔绝金属与介质的直接接触。采取的具体措施有喷油漆、纯化处理、镀金属层（如镀铬、镍）等。

（四）断裂

汽车零件在承受较大静载荷、动载荷或达到材料的疲劳极限时，有可能出现断裂。断裂也是汽车零件的常见故障之一，这种故障具有突发性，极易酿成重大事故。断裂可分为韧性断裂和脆性断裂两种，具体内容如下。

1. 韧性断裂

韧性断裂是发生在宏观塑性变形下的断裂，这种断裂在发生之前有明显的塑性变形，某些晶体局部首先破裂，然后导致材料的完全断裂。

2. 脆性断裂

脆性断裂是突然发生的，断裂前几乎不产生明显的塑性变形。这种断裂一般先在材料薄弱处形成微观疲劳裂纹，然后裂纹逐渐延伸到材料本体，裂纹扩展到一定程度时，会出现零件的突然断裂。

第二节 汽车故障诊断的工具与设备

一、汽车故障诊断工具

（一）跨接线

跨接线就是一段多股导线，它的两端分别接有鳄鱼夹或不同形式的插头，主要用于诊断电路故障（旁通某一部分电路）。工具箱内必须有多种形式的跨接线，以用于特定位置的测量（图 1－1）。

图 1－1　跨接线

跨接线虽然比较简单，但却是非常实用的工具，它起旁通电路的作用。如某一电气部件不工作，首先应将跨接线连接在被试部件“－”极接头与车身搭铁之间，如果此时部件工作，说明部件搭铁线路断路；如搭铁线路正常，就将跨接线连接在蓄电池“＋”极与被试部件的电源接柱之间，此时部件工作，说明部件电源电路有故障（断路或短路）；如部件仍不工作，说明部件有故障。

使用跨接线需要注意事项如下。

(1) 用跨接线将电源电压加至被试部件之前，必须先确认被试部件的电源电压是否应为 12 V。如有的喷油器电源电压为 4 V，若加上 12 V 电压就可能使喷油器损坏。

(2) 跨接线不可错误连接在被试部件“+”极接头与搭铁之间。

（二）测试灯

测试灯由试灯、导线、各种型号的端头组成。它主要用来检查系统电源电路是否给各部件提供电源。

1. 无电源测试灯

无电源测试灯如图 1-2 所示。测试电路时，将 12 V 测试灯一端搭铁，另一端接电气部件电源接头。如灯亮，说明电气部件的电源电路无故障；如灯不亮，再连接至电源的第二接点，如灯亮，则故障在第一接点与第二接点之间，电路出现的是断路故障；如灯仍不亮，则再去接第三接点，依此类推，直到灯亮为止。若故障在最后被测接点与上一个被测接点间的电路中，则大多为断路故障。

2. 自带电源测试灯

自带电源测试灯与 12 V 测试灯类似，只是在手柄内加装了两节 1.5 V 干电池，它用来检查电路断路和短路故障，如图 1-3 所示。具体内容如下。

图 1-2　无电源测试灯

图 1-3　自带电源测试灯

(1) 断路检查

首先断开与电气部件相连接的电源电路，将测试灯一端搭铁，另一端接电路各个接点（从电路首端开始）。如果灯不亮，则断路出现在被测点与搭铁之间；如灯亮，断路则出现在当前被测点与上一个被测点之间。

(2) 短路检查

首先断开电气部件电路的电源线和搭铁线，测试灯一端搭铁，另一端与余下电气部件电路相连接。如灯亮，表示有短路故障（搭铁）存在，然后逐步将电路中的插接器脱开，开关打开，拆除部件等，直到灯灭为止。短路则出现在最后开路部件与上一个开路部件之间。

注意：不可用测试灯检查汽车电子控制系统，除非维修手册中有特殊说明。

(三) 压力表

压力表

压力表用来检测被测试系统的压力，常用汽车压力表有四种：气缸压力表、真空表、燃油压力表和轮胎气压表。

1. 气缸压力表

气缸压力表是用来测量汽缸内压缩终了时压力的专用工具，根据其测量的汽缸最大压缩压力来判断汽缸密封性的好坏。根据气缸压力表的测量范围不同，可分为 0 ~ 1.4 MPa（汽油机）和 0 ~ 4.9 MPa（柴油机）两种；按其形式不同，可分为推入式和螺纹接口式两种，如图 1 – 4 所示。

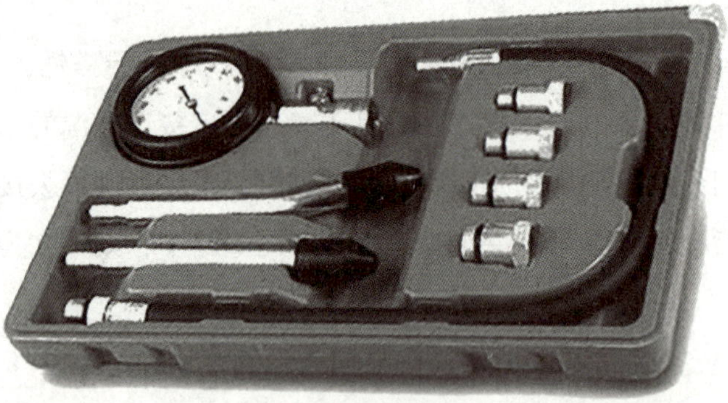

图 1 – 4　气缸压力表

测量汽缸压力（以汽油机为例），按下列步骤进行。

(1) 起动发动机并运转到正常工作温度，拆除汽油机所有汽缸的火花塞并拔掉喷油器插头。

(2) 踩下油门使节气门全开。

(3) 将气缸压力表装在被测试的汽缸火花塞孔上。

(4) 用起动机转动曲轴 3 ~ 5 s，待表头指针指示并保持最大压力后停止转动。

(5) 取下压力表，记下读数，按下放气阀，使指针回零。

(6) 按上述方法依次测量各缸，每缸测量次数不少于两次。

根据《商用汽车发动机大修竣工出厂技术条件》（GB/T 3799 – 2005）的规定，大修后的发动机汽缸压缩压力应符合原设计规定的标准值。在用发动机汽缸压力不得低于标准值的 25%，汽油机各缸压力差不得超过各缸平均压力的 8%，否则发动机应大修。

2. 真空表

真空表是用于测量发动机进气管内负压力（真空度）的工具，如图 1 – 5 所示。检测进气管真空度时，应将真空表接在节气门的后方，汽油机在正常状态下，按规定的怠速值无负荷运转，拆下空气滤清器，查看真空表的读数和指示状态。改变发动机的转速，观察真空度的变化情况，根据真空度值的变化，分析和判断发动机不同工况下的技术状况。

3. 燃油压力表

燃油压力表是用来检测燃油供给和喷射系统油压的专用工具，是对燃油系统进行检查和故障诊断的常用工具，如图 1 – 6 所示。通过测试系统燃油压力，可以诊断燃油系统是否有故障，进而根据测试结果确定故障性质和部位。

图 1－5　真空表

图 1－6　燃油压力表

4. 轮胎气压表

轮胎气压表主要用于给汽车轮胎充气、放气、测压等，是车辆轮胎安全性的重要识别工具，如图 1－7 所示。使用时将气嘴接头紧压到轮胎气门嘴上，使气门芯被压进，查看指示器的读数，即轮胎气压。

图 1－7　轮胎气压表

在测量时，必须注意气压表与气门嘴对准，不要出现漏气现象，否则测出的值不准。表上显示的数值为轮胎压力，读数完成后，按下放气阀使气压表指针归零。在未熟练掌握测胎压的操作前，可多测几次以确保读数正确。

（四）听诊器

听诊器主要用于检测机械零件，如齿轮、阀门、通风口等处的噪声，如图 1－8 所示。利用听诊器可以快速检查汽车发动机异响、车身异响、底盘异响，正确判断出故障点。如果为听诊器配备各式专用传感器，还可在不同的检测环境下使用。

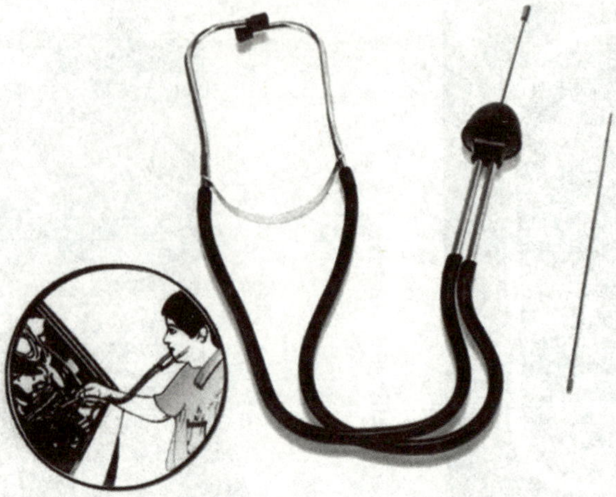

图 1－8　听诊器

(五) 汽车专用万用表

1. 汽车专用万用表的功能

汽车专用万用表在普通数字式万用表的基础上增加了一些特殊功能。汽车专用万用表除可用来测电控元器件和电路的电阻、电压、电流外，一般还能测量转速、闭合角、频宽比（占空比）、频率、压力、时间、电容、温度、半导体元件等项目，并具有自动断电、自动量程变换、波形显示、峰值保留和数据锁定等功能。

常用的汽车专用万用表有 EDA 系列、OTC 系列、KY1300 型、迪威 9406A 型等。汽车专用万用表主要由数字及模拟量显示器、功能按钮、功能选择开关、测量温度插座、公用插座（用于测量电压、电阻、频率、闭合角、频宽比和转速等）、公共接地插座、测量电流插座等构成。OTC3514 型汽车专用万用表如图 1－9 所示。

图 1－9　OTC3514 型汽车专用万用表

下面以 OTC3514 型汽车专用万用表为例，介绍汽车专用万用表的功能及使用方法。OTC3514 型汽车专用万用表面板如图 1－10 所示。

(1) 数字显示：开机后，先进行自检，所有内容都将在屏幕上显示（每秒更新 4 次）。

(2) 条形图：条形图每秒更新 20 次，在数据变化较快的情况下，该图比较有用。条形图在测量转速、脉宽、闭合角、占空比和频率时不显示。

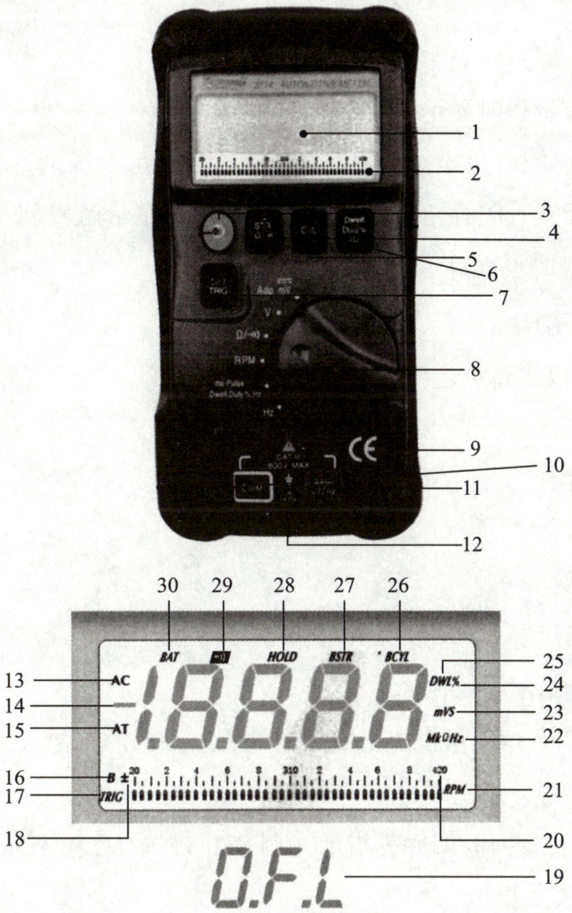

图 1－10　0TC3514 型汽车专用万用表面板

（3）ONIOFF：仪器开关键。

（4）DC/AC（或 STR）：交/直流选择键（测量转速时为二冲程/四冲程发动机选择键）。

（5）RANCE（或 CYL）：手动/自动模式选择键。仪器默认自动模式，手动模式须选择。欲退出手动模式时，按住该键 2 s，仪器可回到自动模式；测量闭合角时，可用该键选择发动机的缸数（最多 8 缸）。

（6）HOLD：自动捕捉稳定读数。测量脉宽时，按该键测量闭合角；测量占空比时，按该键后百分号（%）将显示在屏幕上。用该键可逐一选择脉宽、闭合角、占空比和频率测量模式，按其他键则退出这些模式。

（7）TRIG：当测量脉宽、闭合角、占空比或汽车频率时，在正极和负极之间触发。按住该键 2 s，改变触发方向。触发方向的“＋”或“－”指示标志在屏幕左下角显示。默认的模式为负向触发。如果读数过大或不稳定，可重复按该键调整触发水平。

（8）功能滚轮：选择测试功能。

（9）CE：代表 CE 认证。

（10）COM 插口：黑色表笔插口。

（11）RPM、V、Q、Hz 插口：红色表笔插口。

(12) 可测最大交/直流电压为600 V。

(13) AC：交流测试显示。

(14) 负极输入显示。

(15) AT：选择自动适应量程时显示。

(16) B：在转速、脉宽、闭合角或占空比测试模式下显示触发级别。

(17) TRIG：在转速、脉宽、闭合角或占空比测试模式下显示触发斜率方向（默认负极触发）。此外，当调整条形图的触发水平时也会显示。

(18) ±：正/负极触发指示。

(19) O. F. L：输入数据过大指示。

(20) 条形图的刻度显示。

(21) RPM：转速测量指示。

(22) 其他测量项目指示。

(23) mVS：脉宽测量指示。

(24) %：占空比测量指示。

(25) DWL：闭合角测量指示。

(26) BCYL：在转速或闭合角测量模式下，显示被测发动机的缸数（用CYL键在1～8范围内选择缸数）。

(27) BSTR：测量转速时二冲程/四冲程指示（用STR键选择二冲程或四冲程）。

(28) HOLD：保持选定模式指示。

(29) 连续测试指示。

(30) BAT：电池电压过低指示。

2. 万用表的使用

(1) 开机

该万用表有两种开机方式：待机模式与持续打开模式，具体内容如下。

① 待机模式。

若万用表在开机状态下20 min未被使用，则自动进入待机模式。在待机模式下，屏幕上的BAT会不停地闪动，其他功能将被关闭，以节省电能，延长电池使用寿命。如要继续使用，可按任意键进入测试模式。

若想关闭待机模式，打开万用表，同时按住ON/OFF键和HOLD键2 s即可。

② 持续打开模式。

万用表每次开机，将显示2 s进行自检。若想让显示屏显示所有内容，按住ON/OFF键打开万用表，同时持续按RANGE键即可。

(2) 转速测量

将万用表附件中的转速感应钳夹在分缸高压线上，利用电磁感应原理，即可测量发动机的转速，如图1-11所示。具体方法是：先旋动滚轮选择电阻转速档（RPM），然后用AC/DC键选择发动机的冲程数，确认搭铁端与万用表的 COM 插口连接后，将转速感应钳夹在分缸高压线上，如图 1－12 所示。如果没有读数或读数不稳，可采取以下几种措施。

图 1－11　万用表

图 1－12　转速的测量

① 取下感应钳换个方向重新夹装。

② 换到另一条高压线上。

③ 将感应钳移近火花塞（距火花塞 15.2 cm 内）。

由于点火系统的次级高压对人体会产生一定的危害，因此在夹装和拆下转速感应钳时，最好关闭发动机。此外，转速感应钳还应远离分电器和排气歧管。

（3）电流测量

在电流比较高、不要求十分准确测量的情况下，可使用电流钳测量线路中的电流。电流钳测电流也是利用电磁感应的原理进行的。

电流钳有两种，一种是只能测量交流电流；另一种是交、直流电流都可测量。

钳形万用表的电流钳可以测量 1～1 000 A 的电流。使用时把电流钳与万用表的 V 和 COM 插口进行连接，万用表选择 mV 档。其操作方法与转速感应钳相同。

万用表的电流值是用电压单位显示的，屏幕显示 1 mV 就代表电流是 1 A，如果显示 100 mV，则代表线路中的电流是 100 A。万用表可以选装交、直流电流钳。

（4）电压测量

准备时，旋动滚轮选择电压档（V 或 mV），用 AC/DC 键选择交流或直流，黑色表笔插入 COM 插口，红色表笔插入 RPM、V、Ω、Hz 插口，如图 1－13 所示。测量时，黑色表笔与电路负极连接，红色表笔与电路正极连接，如图 1－14 所示。

图 1－13　表笔接口设置

图 1－14　万用表测量电压

电压测量时需要注意事项如下。

① 在进行电压测量时，万用表必须和被测电路并联测试。

② 该万用表测量的电压值最高为 600 V。

③ 选择正确的量程对测试很重要。选择低量程会增加小数点位数，提高读数的准确性。

④ 若屏幕显示 O. F. L，说明选择的量程过低，需要选择较高的量程。

⑤ 当屏幕数字变化比较快时，通过条形图很容易观察，此时可用模拟条形图显示。

⑥ 对于测量有趋势性或方向性的数据，模拟条形图也非常有用。

（5）电阻测量

准备时，旋动滚轮选择电阻（Ω）档，用 RANGE 键选择正确的量程，黑色表笔插入 COM 插口，红色表笔插入 RPM、V、Ω、Hz 插口，如图 1－15 所示。测量时，将万用表的两个表笔与电阻或被测导线的两端连接，即可进行读数。

电阻测量时需要注意事项如下。

① 如果有外部电压或残留电压存在，将不能准确测量电阻。因此，测量电阻时，要切断电路电源，并把电容的电放掉。

② 如果显示的数据变化很快，应选择高一级的量程。

③ 量程选择得越合适，测量的结果就越准确。

（6）电路通断测量

OTC3514 型万用表在测量电路通断时提供警示铃声，使用者可以方便快捷地得到测量结果。万用表在测量到回路闭合或电路短路时会自动报警，因此使用者在测量时无须观看万用表。这个功能在检测诸如熔丝的好坏、导体和导线是开路还是短路、开关的开闭等情况时非常有用。

准备时，旋动滚轮选择电阻（Ω）档，按 AC/DC 键选择通断范围。当标志显示在屏幕上的时候，万用表默认的量程是 400 Ω。黑色表笔插入 COM 插口，红色表笔插入 RPM、V、Ω、Hz 插口，如图 1 – 16所示。

图 1 – 15　万用表测量电阻

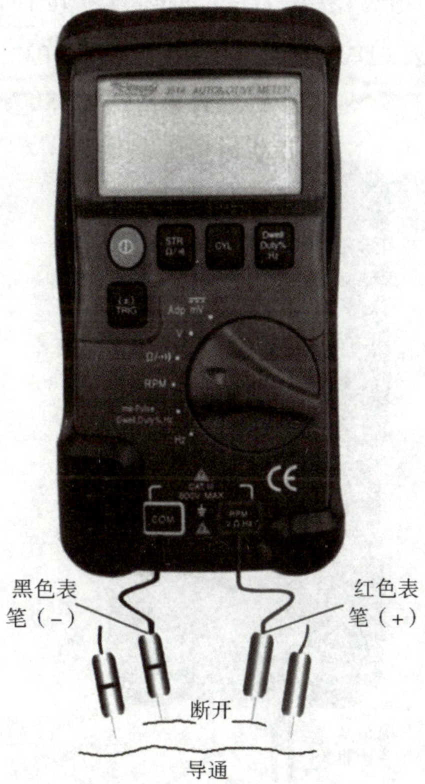

图 1 – 16　电路通断测量

测试时，将万用表的两个表笔与电阻或被测导线的两端连接。如果电路闭合，测量值小于 100 Ω，则万用表报警；如果电路开路，则万用表不报警。

电路通断测量时需要注意事项如下。

① 测量时要关闭电路电源。

② 有警示铃声不代表电阻是零。

（7）脉宽测量

脉宽就是执行器打开的时间。例如，发动机控制模块发出脉冲电流控制喷油器打开的时间，这个脉冲电流产生一个电磁场，吸起阀芯，打开喷油器；脉冲电流结束后，喷油器关闭，喷油器由开到关的时间就是喷油脉宽，用毫秒（ms）计量。

准备时，旋动滚轮选择脉宽（ms – pulse）档，黑色表笔插入 COM 插口，红色表笔插入 RPM、V、Ω、Hz 插口，如图 1 – 17 所示。

测量时，按 TRIG 键 2 s，直到 – TRIC 显示在屏幕左下方。黑色表笔与执行器的负极连接或与蓄电池的负极连接，红色表笔与执行器的正极连线相接。起动发动机，脉宽将以毫秒为单位显示。如果读数过高或不稳定，可按 TRIG 键，调整触发范围。

（8）闭合角测量

闭合角是指分电器分火头触点闭合的角度。

准备时，旋动滚轮选择 ms－pulse 档，按 HOLD（DWELL）键直到屏幕显示“DWL°，CYL，TRIG，－”，黑色表笔插入 COM 插口，红色表笔插入 RPM、V、Ω、Hz 插口，如图 1－18 所示。

图 1－17　脉宽测量

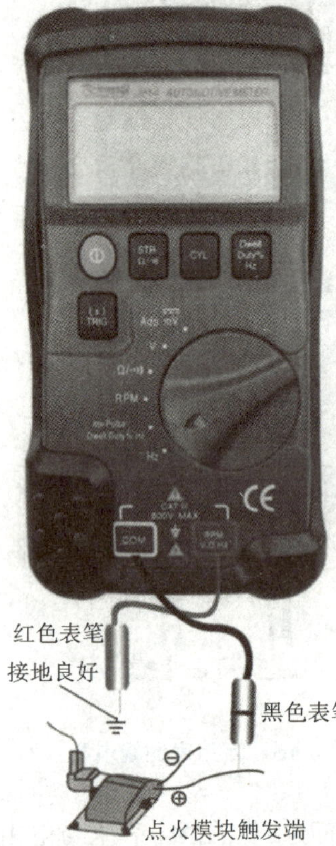

图 1－18　闭合角测量

测量时，红色表笔搭铁或与蓄电池负极相连，黑色表笔与点火模块低压正极相连。用 CYL（RANGE）键选择发动机缸数（此状态下默认的是四缸发动机）。然后起动发动机，观察读数。如果读数过高或不稳定，按 TRIG 键进行触发调整。

（9）占空比测量

汽车上的许多信号都需要进行占空比的测量与控制。占空比是指控制信号的正值电压维持时间与负值电压维持时间之比，即所控制对象的打开与关闭时间之比。

准备时，旋动滚轮选择占空比档，并按 HOLD（DUTY%）键直到% 显示在屏幕上。将黑色表笔插入 COM 插口，红色表笔插入 RPM、V、Ω、Hz 插口。

测试时，黑色表笔搭铁或与蓄电池负极相连，红色表笔获取被测对象的信号电压，按下 TRIG 键 2 s，使触发由负极到正极，然后读取占空比。汽车上电控元件的占空比一般在 50%～70%。在实际检测中，每个电控元件占空比的具体数值须查看生产厂家的维修手册。

二、汽车故障诊断专用设备

（一）X－431 型诊断仪

X－431 型诊断仪是元征公司最新一代汽车诊断仪，采用开放式汽车诊断技术、开放式诊断平台，可与计算机相连，支持联机打印，全中文操作，有触摸屏，有帮助信息，操作简单易学。

X－431 型诊断仪主要由测试主机、外挂打印机、诊断测试盒组成，其外观如图 1－19 所示。X－431 型诊断仪的三大件可以分开，它们各具有独立的功能和作用，可根据需要和配置情况进行工作。除此之外，X－431 型诊断仪还配有一些进行汽车诊断所需的附件，如测试主线、电源线、开关电源、CF 卡、CF 卡读写器及各种测试接头等。

图 1－19　X－431 型诊断仪

主机正面有带触摸屏的液晶显示器和开机、关机微动按键。左侧装有 CF 卡，右侧设有 RS－232 串口、RJ－45 电话线接口、外接键盘接口、耳机接口。主机可单独使用，在单独使用时，就是一台标准的手持计算机，具备个人数据管理、游戏等功能。诊断测试盒担负着汽车诊断的主要功能，可以网上升级，不用像以前的解码器那样升级需要换卡。打印机与主机采用标准接口相连，用于打印测试结果。诊断测试盒分拆后，可用作 PC 的上位机进行故障诊断，也就是说在不用主机的情况下，同 PC 配合相应的软件也可进行故障诊断，这种软件可直接从网上下载。

（二）K81 型多功能诊断仪

K81 型多功能诊断仪将汽车解码器和发动机分析仪技术有机地结合于一体，强大的功能成为金德仪器中最有代表性的顶级型产品。其不但具有解码器的功能，还可检测发动机各系统的工作状态和运行参数，实时采集点火、喷油、电控系统及传感器的数据等，同时可进行数值测定、性能分析、波形存储及回放等，它为发动机的技术状态判断和故障诊断提供了科学依据。

K81 型多功能诊断仪操作面板简洁明了，操作方便，数字输入迅速，而且在使用过程中每一步都有按键提示，只要按照提示操作就可以了，操作面板如图 1－20 所示。该诊断仪包括主机 1 台，专用接头 6 个，安装光盘 1 套，测试延长线 1 条，串行通信线 1 条，系统自检接头 1 个，汽车点烟器接头 1 个，汽车电瓶鳄鱼夹 1 套，电源延长线 1 条。具体内容如下。

图 1－20　K81 型多功能诊断仪操作面板

1. 主机

主机装有测试程序，连接上汽车的诊断座，通过操作面板上的相关功能键，可以和汽车的电控系统通信，实现读故障码、清除故障码、读数据流、动作测试等诊断功能。

2. 专用接头

针对不同的汽车诊断座，选择相应的接头和汽车诊断座连接。K81 型多功能诊断仪共配置了 20 个测试接头，包括奇瑞/吉利单点电喷接头、本田专用接头、克莱斯勒 2 号接头、丰田方形专用接头、克莱斯勒 1 号接头、日产专用接头、奔驰 38 孔 1 号专用接头、奔驰 38 孔 2 号专用接头、三菱 12＋16p 专用接头、现代/三菱 12p 专用接头、宝马专用接头、丰田圆形专用接头、马自达专用接头、福特专用接头、通用专用接头、奥迪专用接头、OBDⅡ接头、奔驰 8/9/16 孔接头、国产微型专用接头、吉利四缸多点电喷专用接头，可以对国内外主流车系进行诊断连接。

3. 测试延长线

测试延长线是连接主机和专用接头的通信线。

4. 串行通信线

串行通信线是连接主机和个人计算机的通信线，可以实现系统升级等。

5. 系统自检接头

系统自检接头可以对设备本身的硬件进行检测。

6. 汽车点烟器接头、汽车电瓶鳄鱼夹和电源延长线

有些车型诊断座不带电源，可以通过连接汽车电瓶或点烟器为设备提供电源。

K81 型多功能诊断仪可检测亚、欧、美各大车系 4 000 多款汽车的故障码，集各种专用解码器于一身，读码、清码瞬间完成，测试性能完全可以与多种原厂仪器媲美，可全面实现动态数据流测试、元器件控制，判断故障快速、准确，与计算机迅速连接。

（三）汽车专用示波器

汽车专用示波器主要用来测试汽车电控系统各传感器工作时的实际输出波形、点火波形等，它能将汽车工作中随时间变化的各种电量（电压、电流等）进行显示和记录，通过与标准波形的比较，不但

能进行电路系统整体运行状态的分析，而且能进行某一段电路或某一电气元件的故障分析。

汽车专用示波器主要功能有：电源电压波形测试、点火波形测试、各传感器波形测试、电控系统各执行器电压波形测试。现代汽车专用示波器的功能往往更加强大，有些还带有万用表功能和诊断数据库，甚至还带有解码功能，使汽车故障的检测诊断更加方便、快捷、准确。下面以 MT2400 型汽车专用示波器（图 1－21）为例，介绍示波器的结构和使用方法。

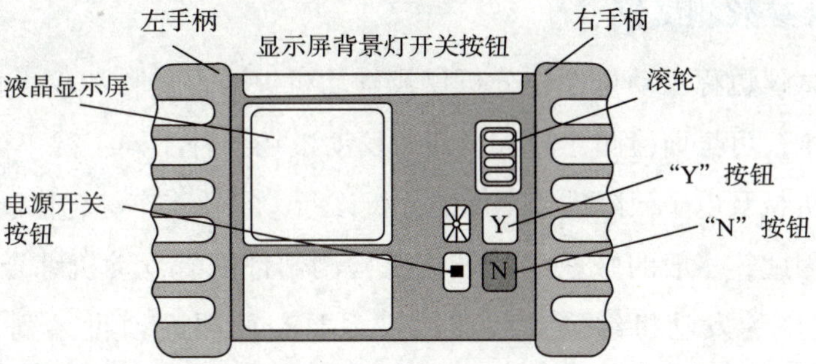

图 1－21　MT2400 型汽车专用示波器外形

1. 外观

MT2400 型汽车专用示波器有一个用于显示数据的液晶显示屏和 4 个按钮、1 个滚轮。4 个按钮分别是：显示屏背景灯开关按钮、电源开关按钮、用于确定选项的 "Y" 按钮、用于放弃或退出的 "N" 按钮。

2. 调节及选项

（1）调整显示屏亮度：按下显示屏背景灯开关按钮，缓慢旋动滚轮直至满意为止。

（2）选项：在分项菜单状态下，旋动滚轮，可移动屏幕上的光标到所需选项。

（3）按键功能：按下电源开关按钮，可打开 MT2400 型专用示波器；关闭时，按住电源开关按钮，直至仪器关闭为止；可在常规设置中，设置为一段时间未操作时，仪器自动关闭；"Y" 按钮用于激活菜单，确定选项；"N" 按钮用于放弃选择或退出选项。

按下按钮或在测试帮助信息结束后，追踪到最大或最小值时，蜂鸣器就会发出响声。

3. 接口

MT2400 型汽车专用示波器有 5 个测试通道接口和 1 个串行打印机接口，其中两个测试通道 CH3、CH4 可通过一个 9 脚的 mini－DIN 连接器，与压力表和 KV 级模块系统连接，如图 1－22 所示。

根据选择的通道，该示波器可检测出直流电流、直流电压、交流电压、电阻、频率、脉宽、压力、真空度、转速、次级电压、循环频率等的数值，还可测试其连续性及二极管的压降。

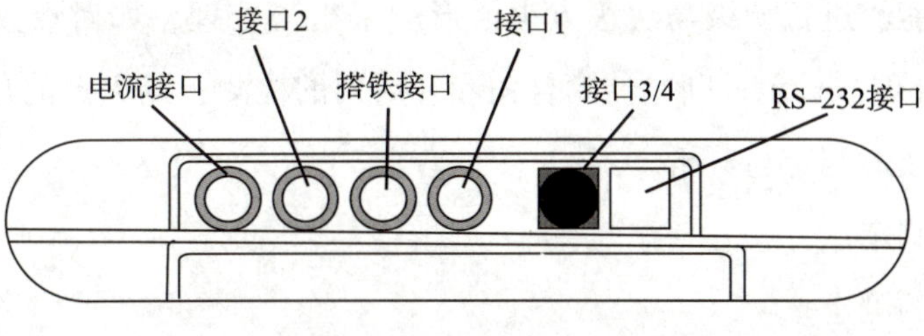

图 1－22　MT2400 型汽车专用示波器接口说明

4. 诊断数据库资料

诊断数据库资料可提供传感器、执行元件、控制信号的测试，以及制造商和各系统的信息，如一般元件的工作原理、技术参数、接头位置、正常波形显示等。

5. 熔丝保护

MT2400 型汽车专用示波器有熔丝以保护内部线路，机壳侧面有熔丝、电池、记忆卡及更换说明。

（四）发动机综合参数测试仪

发动机综合参数测试仪也称发动机性能分析仪或发动机综合性能检测仪（图 1－23）。该仪器技术含量较高、检测项目齐全，可全面检测、分析、判断发动机在各种不同工况下的工作性能及技术参数，能对多种车型所存在的机械及电子故障进行全面的分析诊断，它在汽车综合性能及汽车故障的检测诊断中发挥着重要的作用。因此，一般的修理厂、4S 店及检测站都配有发动机综合参数测试仪。目前在国内汽车维修行业应用较广的发动机综合参数测试仪主要有德国的博世系列、国产的元征 EA 系列（EA1000、EA2000、EA3000）和金德系列（K100、PC2000）等。

图 1－23　发动机综合参数测试仪

1. 发动机综合参数测试仪的功能与特点

（1）功能

在所有汽车检测设备中，发动机综合参数测试仪的功能最多、检测项目最全。随着电子技术在汽车上的广泛应用，除发动机电控技术外，越来越多的汽车采用了底盘电控、车身电控技术。因此，有些型号的发动机综合参数测试仪的功能已超出了发动机性能测试的范畴，相应地增加了对汽车底盘电控系统和车身电控系统等进行检测的功能。

① 无外载测功（无负荷测功），即加速测功。

② 检测点火系统。能够进行初级与次级点火波形的采集与处理，如对点火系统多缸平列波、并列波、重叠波和重叠角的处理与显示，断电器闭合角和开启角的检测，点火提前角的测定等。

③ 进气歧管真空度波形测定与分析。

④ 各缸压缩压力的测定。

⑤ 各缸工作均匀性的测定。

⑥ 起动过程各参数的测定，主要包括起动电压、电流及转速等。

⑦ 机械和电控喷油过程各参数的测定，这些参数主要包括压力、波形、喷油、脉宽、喷油提前角等。

⑧ 电控供油系统各传感器的参数测定。

⑨ 柴油机喷油提前角、喷油压力检测。

⑩ 起动机与发电机检测。

⑪ 数字万用表功能。

⑫ 排气分析功能。

⑬ 测试结果查询。

（2）特点

发动机综合参数测试仪与发动机单项性能检测仪相比，具有以下 3 个特点。

① 动态测试功能。

它的传感系统和信号采集与记忆系统能迅速、准确地捕获发动机每一个瞬间的实时状态参数，这些动态参数是对发动机技术状况进行有效分析的科学依据。

② 通用性。

测试过程不依据被检车辆的数据卡（测试软件），只针对基本结构和各系统的形式及工作原理进行测试，因此它的检测结果具有良好的普遍性，检测方法也具有广泛的适用性。

③ 主动性。

发动机综合参数测试仪不仅能适时采集发动机的动态参数，而且能主动发出指令干预发动机工作，以完成某些特定的测试程序（如断缸试验）。

2. 发动机综合参数测试仪的基本结构与工作原理

发动机综合参数测试仪由信号提取系统、信号预处理系统、采控与显示系统三部分组成。图 1－24 为国产 EA2000 型发动机综合参数测试仪外形与结构图。EA2000 型发动机综合参数测试仪通过传感器采集信号，经前端预处理器处理后，输入计算机进行处理，以不同的形式输出，可方便地对发动机进行故障检测诊断。它还可以与检测线的主机进行数据通信，对车辆及用户信息、检测数据进行交换、集中监控与管理。具体内容如下。

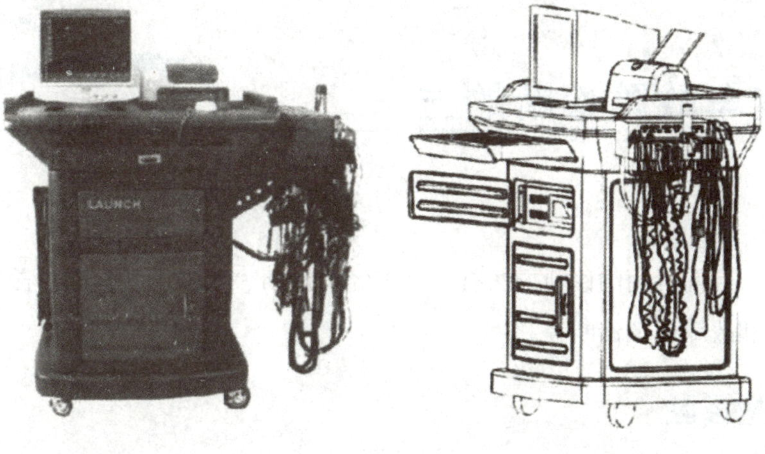

（a）　　　　（b）

图 1－24　国产 EA2000 型发动机综合参数测试仪外形与结构图

(1) 信号提取系统

信号提取系统的作用是拾取测量点的信号。EA2000 型的信号提取系统如图 1－25 所示，该仪器配备有多种传感器、夹持器和探针等，以便直接或间接地与测点接触。其信号提取系统由 12 组拾取器组成，每一组拾取器根据用途不同，由相应的传感器、夹持器或探针、电缆及插接头构成（次级信号及温度适配器如图 1－26 所示）。各拾取器测试电缆均带有活动滑块，以标示其名称。适配器的作用是对进入前端处理器的采集信号进行预处理。

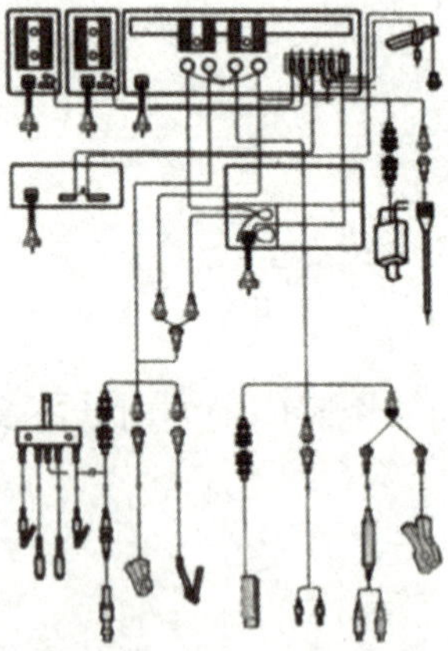

图 1－25　信号提取系统

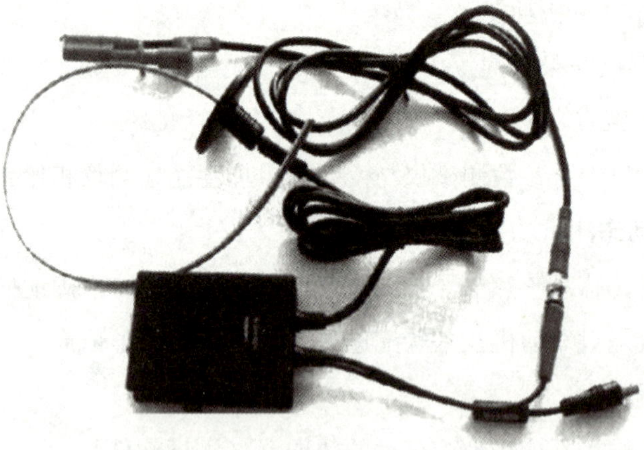

图 1－26　次级信号及温度适配器

(2) 信号预处理系统

由于传感器从各处采集来的原始参数并不都是数字信号，不能被测试仪控制器直接使用，因而必须经过滤波、衰减、放大、整形等预处理，转换成标准数字信号后，才能送入控制器。信号预处理系统也称前端处理器。

(3) 采控与显示系统

采控与显示系统功能强大，采用菜单式操作，使用方便灵活，能高速采控信号，其显示装置现在均使用彩色显示器。为了使操作更方便快捷，还设置了相应热键。

第三节　汽车故障诊断的方法

汽车故障诊断中，目前常用的诊断方法有：人工经验诊断、仪器设备诊断、故障树诊断、替代法诊断、随车故障自诊断和故障模拟诊断等。

一、人工经验诊断

人工经验诊断是诊断人员凭借一定的理论知识和积累的实践经验，利用简单工具诊断汽车故障的方法。

人工经验诊断的特点是不需要任何仪表器具或其他条件，在任何场合都可以进行，特别是对汽车运行过程中出现的随机故障，不失为一种行之有效的诊断方法。然而，它只能对故障进行定性分析，而对于诸多因素导致的复杂故障则诊断困难，诊断的准确性与速度取决于诊断人员的技术水平。人工经验诊断经过不断的积累、总结和完善，已朝着人工智能分析、逻辑推理的方向发展。在使用本方法时，一般应先了解汽车的使用和维护情况，搞清故障特征及其伴随现象，然后由简到繁、由表及里地进行推理分析，做出判断。人工经验诊断大致分为望问法、观察法、触摸法、嗅觉法、听觉法和试验法六种。具体内容如下。

（一）望问法

望问法，即查看和询问。看和问是快速诊断汽车故障的有效方法。除驾驶员诊断自己驾驶的车辆之外，其他人在诊断前，必须先了解情况，包括车辆的型号、使用的年限和行驶里程、使用条件、近期维护和修理情况、故障的预兆和现象，以及故障是渐变还是突变、发生故障后进行了哪些检查和修理等。此外，车辆的技术档案是重要的调查资料和依据。即便是有丰富经验的诊断人员，若不先问清楚情况就着手诊断，也难免会出现错误。

（二）观察法

观察法，即按照汽车使用者指出的故障发生部位仔细观察故障现象，而后对故障做出判断，这是一种应用最多、最基本也是最有效的故障诊断法。例如，观察整车和发动机有无油或水泄漏，有无连接松动，排气颜色是否正常，空气滤清器有无堵塞，车轮有无偏磨等。在观察的过程中，可以用理论知识和积累的经验做出周密的推证，由表及里，把故障现象看透。

（三）触摸法

触摸法，即用手、脚触试可能产生故障的部位，判断其工作是否正常。例如，驾驶员用手摸制动鼓，凭温度判断车轮阻滞情况；用脚踹车轮轮胎，凭轮胎的弹力、偏斜和摆振情况判断轮胎气压、轮毂轴承的紧固情况；用手摸高压油管脉动。检查高压油管的供油情况；用手指感觉燃油泵的工作状态等。

（四）嗅觉法

嗅觉法，即凭汽车或总成在运转时所发出的某些特殊气味来判断故障位置。例如，发动机烧机油和发动机燃烧不完全，在发动机排出的废气中会有异味；制动器摩擦片烧损、离合器摩擦片烧损或电线烧毁，会产生非金属材料烧糊的特殊气味。汽车运行中一旦出现异味，应停车进行检查，以查清故障根源，采取相应的措施消除异味，如是汽车故障，则应排除或将汽车送修。

（五）听觉法

听觉法，即凭听觉判断汽车或总成在工作时有无异响。汽车运行时，发动机以不同的工况运转，会发出一种嘈杂却有规律的声音。当某一个部位发生故障时，就会出现异常响声，有经验者可以根据发出的异常响声，立即判断汽车故障。例如，发动机曲轴和连杆机构异响、主传动器异响、传动轴异响，都可以轻易地判断出来。一个好的维修工或驾驶员应在行车中锻炼听觉，听清汽车各部位发出的声音，并从中判断出异响和故障发生的位置与原因。

（六）试验法

试验法，即以试来验证。例如，用单缸断火（油）法判定发动机产生某些异响的部位；用突然加速法查听异响的变化；用试换零件法，找出故障的部位；在道路试验中，根据加速性能、滑行距离判断发动机的动力性和底盘的调整润滑情况等。

人工经验诊断不需要专用的仪器设备，投资小，见效快；但诊断速度慢，准确性差，不能进行定量分析，需要诊断人员有较高的技术水平。人工经验诊断多适用于中小型维修企业和运输企业，虽然有一定的缺点，但它在相当长的时期内仍有十分重要的实用价值，即使如今普遍使用现代仪器设备进行故障诊断，也不能完全脱离人工经验诊断。近年来刚刚起步研制的专家诊断系统，也是把人脑的分析、判断功能通过计算机语言变成微机的分析、判断功能。所以，不能轻视人工经验诊断，更不能忽视其实用性。

二、仪器设备诊断

仪器设备诊断是利用仪器设备（其中包括常用仪器、仪表和专用设备等）诊断汽车故障的方法。仪器设备诊断是在传统的人工经验诊断的基础上，随着社会和科学技术的进步，逐渐发展起来的。与人工经验诊断相比，其不同点在于：一是要借助于仪器；二是将检查结果定量化。

目前可供利用的仪器设备有：万用表、点火正时灯、气缸压力表、真空表、油压表、声级计、流量计、油耗仪、示波器，汽缸漏气量检测仪、曲轴箱窜气量检测仪、气体分析仪、烟度计，以及功能比较齐全的测功机、四轮定位仪、制动试验台、侧滑试验台、发动机综合检测仪、底盘测功机等。这些仪器设备给人们提供了可靠的工具，使汽车故障诊断从定性诊断发展为定量诊断。

现代仪器设备诊断法具有检测速度快、准确性高、能定量分析和可实现快速诊断等优点，而且采用微机控制的现代电子仪器设备能自动分析、判断、存储并打印出汽车各项性能参数。但其缺点是投资大，需要专用厂房，需要培训操作人员，检测成本高等。这种诊断方法适用于汽车检测站和大中型维修企业。使用现代仪器设备诊断是汽车故障诊断与检测技术发展的必然趋势。

三、替代法诊断

当怀疑某个部件发生故障时，可用一个功能正常的备件去替换该部件，然后进行试验。替换后若故障消失，证明判断正确，确认故障部位就在该处；若故障特征没有变化，证明故障不在此处；若故障有好转但未完全排除，表明除此处故障外，还可能存在其他故障点，需进一步查找。替代法诊断是一种行之有效的常用方法，但此方法要求准备较多的备件，而且必须和原车零部件型号一致，这样做会使库存增加，加大维修成本。

四、故障树诊断

对于较复杂的故障，由于导致故障的可能原因较多，或属于比较生僻的故障，因此单靠经验或简单诊断一般情况下解决不了问题。此时必须借助于一定的设备仪器，按照一定的方法步骤，对故障进行全面细致的检查和分析，逐步排除可能的故障原因，最终找到真正的故障部位，这就是用故障树进行诊断。故障树诊断又称故障树分析法，是将导致系统故障的所有可能原因按树状逐级细化的一种故障分析方法。故障树诊断特别适用于汽车等复杂动态系统的故障分析。

应用故障树诊断的关键是建立故障树。首先在熟悉整个系统的前提下逐步分析导致故障的可能原因；然后将这些原因由总体至局部、由总成到部件、由前到后（按工作关系）逐层排列；最后得出导致故障的多种原因组合，用框图形式画出，即故障树。例如，发动机异响故障诊断过程如图 1－27 所示。

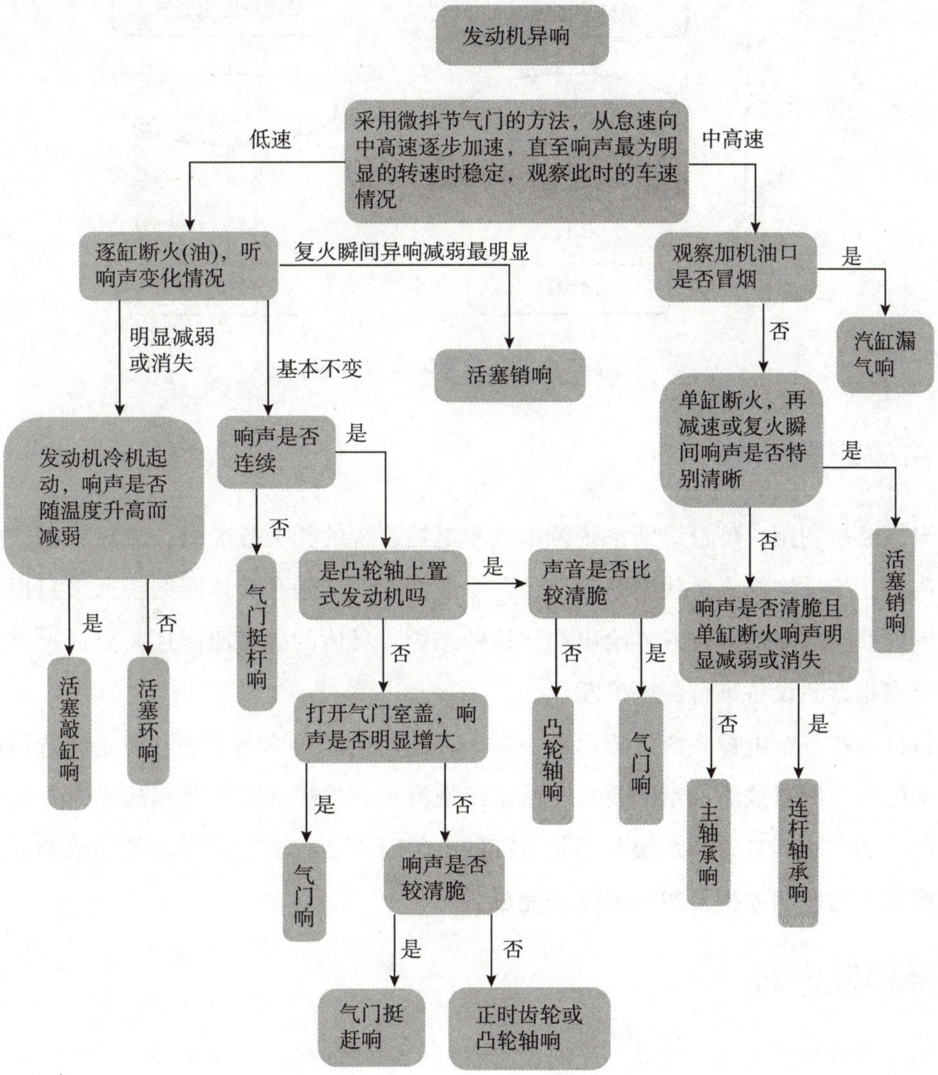

图 1－27　发动机异响故障诊断过程

故障树的结构包括以下 3 部分（图 1－28）。

顶层：顶端事件，就是最初的故障现象。

中间层：中间事件，由多层构成，是故障原因的逐步分析。

底层：底端事件，就是最小故障点，即故障的可能原因所在。

故障树诊断的原则是：将原始故障作为顶端事件，把对故障可能原因的分析判断过程作为中间事件，把不能再分解的故障点作为底端事件。通过逻辑关系的逐层分析，最后就可形成某一故障的故障树。故障树在进行实际故障诊断时非常方便实用，可避免诊断时走弯路，也不会出现遗漏。用故障树进行故障诊断时应注意，一定要按照导致故障的逻辑关系进行逐步检查分析，否则就会出现遗漏或重复性工作，甚至出现查不出故障原因的情况。

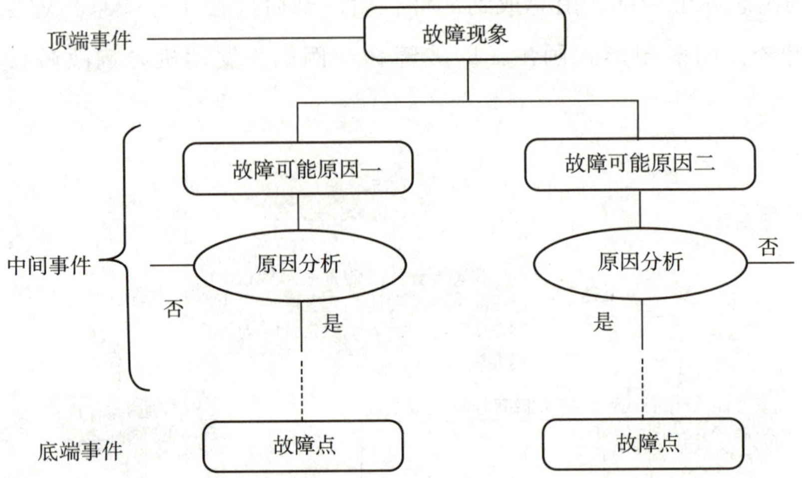

图 1－28　故障树结构图

五、随车故障自诊断

随车故障自诊断是利用故障自诊断系统调取汽车电控系统的相关故障码，然后根据故障码查出应对的故障名称及内容，指导维修人员找出故障部位。一般情况下，随车自诊断系统通常只提供与电控系统有关的电气装置或线路故障码，且只能给出初步诊断结论，具体的故障原因还需要通过直观诊断或借助于简单仪器甚至专用诊断设备进行深入诊断。

随车故障自诊断在汽车电控系统故障诊断中是一种简便快捷的诊断方法，但是其适用的范围和深度远远不能满足实际使用中对故障诊断的要求，常常出现汽车有故障症状而随车故障自诊断系统无故障显示的情况。因此，随车故障自诊断系统并不是万能的，绝对不能有了它就摒弃其他诊断方法，汽车故障的最终排除还要靠人的聪明才智及逻辑思维来完成。

六、故障模拟诊断

在故障诊断中常常遇到偶发性故障，平时没有明显的故障征兆，特殊条件下才偶然出现。这时必须对故障进行深入的分析，模拟车辆出现故障时相似的条件和环境，设法使故障特征再现。对于偶发性故障，故障征兆模拟试验是一种行之有效的诊断措施。

首先必须把可能发生故障的范围缩小，然后进行故障征兆模拟试验，判断被测试的部件工作是否正常。在减少故障征兆可能性时应参考相关系统的故障诊断表或故障树。

以上各种诊断方法各有优缺点，每一种故障诊断方法并不能被其他诊断方法完全取代。在实际应用中，应根据客观条件，灵活使用各种不同的诊断方法，使它们互为补充，提高汽车故障诊断的准确性。

本章小结

本章主要讲述了汽车故障诊断的基础知识、汽车故障诊断的工具与设备、汽车故障诊断与排除的方法等内容。汽车是一个由许多总成、机构和元件组成的复杂系统。汽车不仅结构复杂，而且运行时各零件在高温、高压、雨水等各种苛刻的条件下工作，加上转速和负荷经常变化，所以容易产生各种故障，常因故障而导致性能下降以致不能工作。汽车一旦出现故障，应借助一定的方法、手段，利用必要的仪器设备，通过正确的逻辑判断，找出导致故障的真正原因，并及时排除，使汽车尽快恢复正常工作状态。随着现代科学技术的进步，目前人们能依靠各种先进的仪器设备，对汽车故障进行不解体检测，而且检测过程安全、迅速、可靠。

思政园地

我国汽车产销量连续13年保持全球第一

工业和信息化部发布的最新数据显示，虽然受到疫情等因素影响，我国汽车产业依然在“十四五”开局之年（2021年）呈现稳中有增的良好发展态势，全年产销分别完成2 608.2万辆和2 627.5万辆，同比分别增长3.4%和3.8%，连续13年保持全球汽车产销总量第一。

消费、产业双升级

2021年12月26日，上汽旗下全新智能电动汽车品牌智己汽车首款车型下线交付。当年，上汽集团终端交付整车超过581万辆，同比增长5.5%，连续16年保持国内第一。其中，上汽自主品牌销售285.7万辆，在总销量中占比达到52.3%。汽车产业一举扭转连续3年的下降趋势，为我国工业经济持续恢复、稳定宏观经济增长贡献了重要力量。

伴随居民收入水平的逐步提高，我国汽车市场呈现明显的消费升级发展趋势。2021年，我国乘用车完成销售2 148.2万辆，同比增长6.5%。其中，高端品牌乘用车共销售347.2万辆，同比增长20.7%，增速高于乘用车14.2个百分点。

“我国汽车产业创新成果亮点纷呈，在电动化、网联化、智能化转型升级方面取得了巨大进步。”中国汽车工业协会常务副会长兼秘书长介绍，2021年，我国动力电池单体能量密度接近300瓦时/千克、系统能量密度超过200瓦时/千克，搭载组合辅助驾驶系统的乘用车新车市场占比达到20%。

此外，中国品牌乘用车市场份额大幅增加，全年销售954.3万辆，同比增长23.1%，占乘用车销售总量的44.4%，接近历史最好水平，占有率比上年提升6个百分点。“我国作为世界第一汽车市场大国的地位进一步巩固，正向世界汽车强国迈进。”中国汽车工业协会常务副会长兼秘书长说。

汽车出口首次突破200万辆

2022年1月6日，在高亢的汽笛声中，2022年第一趟“中欧班列奇瑞号专列”满载着120辆汽车及汽车备件，从安徽合肥驶向莫斯科。“2021年，32列中欧班列将4 552台新车运送至俄罗斯市场。”奇瑞国际运营总监殷士俊介绍，2021年奇瑞集团累计出口新车26.92万辆，同比增长136.3%，连续19年位居中国品牌乘用车出口第一。

按照整车企业出口统计，2021年，我国汽车整车出口201.5万辆，同比增长1倍。从细分车型来看，乘用车出口161.4万辆，同比增长1.1倍；商用车出口40.2万辆，同比增长70.7%。“近10年来，中国汽车出口一直在100万辆左右徘徊，2021年首次突破200万辆，实现了历史性跨越，体现了中国车企的海外发展从量变到质变的转折。”付炳锋表示。

统计显示，2021年，中国品牌汽车企业出口均呈现快速增长。在出口前十的企业中，上汽、奇瑞、长安等中国品牌汽车企业同比快速增长，其中4家企业出口增速超过100%。新能源汽车全年出口31万辆，同比增长3倍，英国、挪威、德国、法国等欧洲市场已成为主要增量市场。

中国汽车工业协会常务副会长兼秘书长表示，我国汽车产业供应链相对完备，可为海外消费者及时提供有竞争力的产品。“未来，我国汽车出口将迎来快速增长期。”

（《人民日报》王政）

思考练习

一、填空练习题

1. 汽车故障是指汽车________或________丧失工作能力的现象。

2. 汽车________是指在整车不解体或部分解体的情况下，确定汽车________，查明________和________的汽车应用技术。

3. ________是指零件在损坏前没有可以觉察到的________，零件损坏是________出现的。

4. ________是指已经导致汽车功能________或________的故障。

5. 汽车故障的成因主要有________和________。

6. 磨损是指有________的零件工作表面的物质，由于________而不断损耗的现象。

7. ________就是一段多股导线，它的两端分别接有________或不同形式的插头，主要用于诊断________。

8. 测试灯由________、________、各种型号________组成。

9. ________用来检测被测试系统的压力。

10. 利用听诊器可以快速检查汽车________、________、________，正确判断出故障点。

11. X－431型诊断仪主要由________、________、________组成。

12. ________型主机正面有带触摸屏的液晶显示器和________、________。

13. MT2400型示波器有________个测试通道接口和1个________接口。

14. ________型诊断仪不但具有解码功能，还可检测发动机各系统的________和________，实时采集________、________、________及其传感器的数据等。

15. 测量功率的试验通常也叫________。

16. 目前常用的诊断方法有：________、________、________、________、________和________等。

17. ________即按照汽车使用者指出的故障发生部位仔细观察________，而后对故障做出判断，这是一种应用最多、最基本也是最有效的________。

18. ________系统通常只提供与电控系统有关的电气装置或线路________，且只能给出初步________。

二、思考训练题

1. 汽车故障诊断技术的定义是什么？

2. 汽车故障是如何分类的，汽车故障的成因是什么？

3. 压力表有哪些种类？简述缸压表的使用方法。

4. 如何使用万用表测量电压、电流、电阻？

5. X－431型诊断仪主要由哪几部分组成？有哪些功能？

6. 汽车专用示波器的功能有哪些？

7. 人工经验诊断可通过哪些手段判断汽车故障的具体部位？

8. 汽车故障诊断专用设备有哪些？

第二章

汽车发动机的故障诊断与排除

本章导读

人们常把发动机比作汽车的心脏，由此可见发动机在整个汽车中的重要性。发动机发生故障，轻则怠速运转不稳、加速性能下降、燃料消耗增大、排气污染超标；重则无法起动、不能正常运转。若发动机故障不能及时被发现并修复，会导致故障恶化，增加维修成本，严重时会引发机械事故，导致发动机提前大修甚至报废。本章主要介绍汽车发动机各部件的检测、各系统常见故障的诊断及排除方法。

学习目标

1. 能够对蓄电池、起动机进行检测。
2. 能够对燃油系统主要部件进行检测。
3. 掌握燃油系统压力的检测方法。
4. 掌握点火正时失准的诊断方法。
5. 掌握电子点火系统故障诊断方法。
6. 能够对冷却系统主要部件进行检测。
7. 能够对机油泵进行检测、维修。
8. 能够对汽车机油进行检查、更换。
9. 掌握发动机异响的判断方法。
10. 能够对发动机异响故障进行诊断、排除。

第一节　起动系统的故障诊断与排除

起动系统一般由起动机、蓄电池、起动继电器、点火开关组成，起动机一般包括电动机、传动机构（单向离合器）、控制机构（电磁开关）。

一、起动机性能检测

起动机性能的好坏，主要取决于起动电流、起动电压、起动转速及起动系统其他零部件的技术状态。对起动系统进行检测时，通常要先关闭车上所有能关闭的用电器，然后接通起动机（点火开关置于起动档位），由起动机带动曲轴旋转，测量蓄电池输出的总电流，蓄电池正、负极间的电压和发动机曲轴转速这三个参数，它们分别简称起动电流、起动电压和起动转速。其中，起动电流包括起动机刚通电时的最大电流和起动机运转时的稳定电流；起动电压包括起动机未通电时的初始电压和起动系统检测结束时的终止电压；起动转速是指由起动机带动曲轴旋转进入稳定状态时的发动机曲轴转速。根据以上三个参数的检测结果进行分析判断，确定起动系统的工作状况。

（一）起动系统检测标准

一般采用12 V电源系统的汽油机起动初始电压（U_B）应大于或等于12.0 V，起动终止电压（U_E）应大于或等于9.6 V；采用24 V电源系统的柴油机起动初始电压（U_D）应大于或等于24.0 V，起动终止电压（U_E）应大于或等于19.2 V。汽油机的起动转速（n）应为50～70 r/min，柴油机的起动转速（n）应为100～200 r/min。起动电流因蓄电池和起动机配置不同而差异很大，每个车型的起动初始电流（I_B）和起动稳定电流（I_E）的实测值应符合该车型相关资料的规定。

（二）起动机的试验检测

装复调整后的起动机，应进行空转和全制动试验，以确定其技术状况是否良好。试验时必须保证蓄电池的实际电压与被试起动机的额定工作电压相等，且容量足够；起动机与蓄电池之间的连接导线截面积要足够大，导线电阻要小，其线路电压降不允许超过0.3 V；还要求具有足够量程的直流电流表。

1. 空转试验

起动机的空转试验即起动机不带负荷，接通电源使起动机运转。测量起动机的空转转速和电流，并与标准值比较，从而判断起动机内部有无电路故障和机械故障。

起动机空转试验方法如图2－1所示。将起动机装于电器试验台（或台虎钳）上，按图2－1接好线路。接通电源后，测量起动机的空转转速与电流，并与标准值比较，其各项数据应符合规定。

在空转试验中，若出现电流大而转速低的现象，说明起动机阻力大，其原因有装配过紧、电枢轴弯曲、轴套与电枢轴不同轴、轴套损坏而有碰擦，以及电枢绕组、励磁绕组有局部短路或搭铁故障。若电流和转速均低于标准值而蓄电池电压正常，说明导线连接不良或起动机内部线路连接不良，如电刷与换向器接触不良、电刷弹簧弹力过小等。空转试验每次历时不得超过 1 min，并要求电刷处不应有火花，电枢运转应平稳，无机械摩擦声。

2. 全制动试验

全制动试验的目的是测量起动机在完全制动时所消耗的电流和其最大制动转矩，并与标准值比较（转矩允许降低 10%），以判断起动机有无电路故障和单向离合器是否打滑。

全制动试验方法如图 2－2 所示。将起动机夹在试验台上，按图 2－2 接好线路。用制动器一端的两个夹爪夹住起动机驱动齿轮，另一端挂在弹簧杆上，检查电流及弹簧拉力计的转矩值，应符合规定。

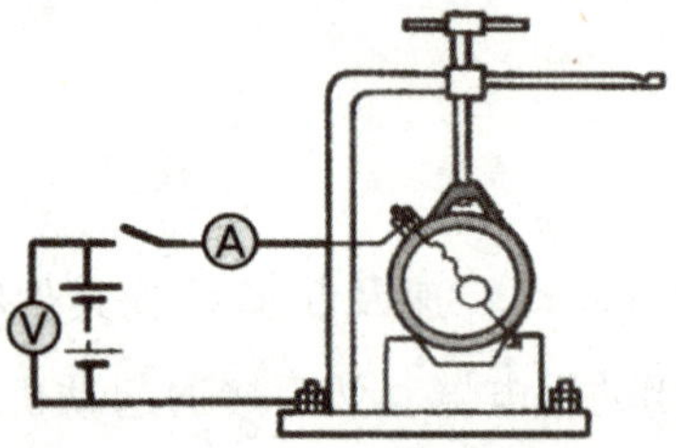

图 2－1　起动机空转试验

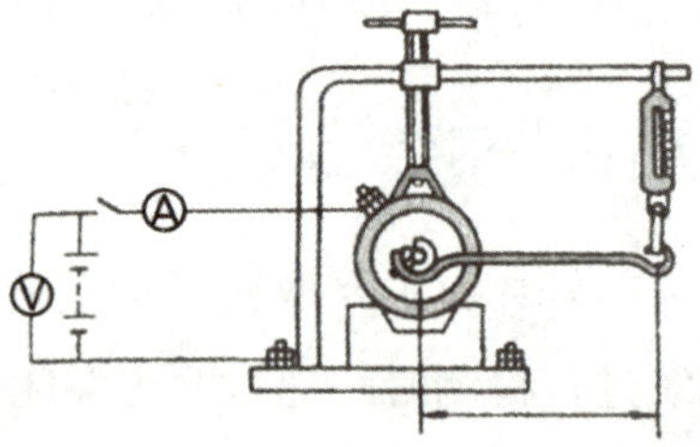

图 2－2　起动机全制动试验

全制动试验时，若测得的电流大而转矩小，说明起动机运转阻力过大，或电枢及励磁绕组有短路或搭铁故障。若电流和转矩均低于标准值，说明线路中有接触不良之处。若驱动齿轮锁止而电枢轴缓慢转动，表明单向离合器打滑。全制动试验每次时间不得超过 5 s。

3. 起动机通电测试

（1）电磁开关吸拉线圈功能测试如图 2－3 所示。拆下起动机开关接线柱的励磁引线头，将蓄电池负极接起动机壳及开关 C 端子，正极接吸拉线圈和保持线圈的共用接头，接通电源后，吸拉线圈应能迅速将起动齿轮推至工作位置，断开起动机开关接线柱的导线，起动齿轮能保持在此位置而不缩回，说明保持线圈良好。断开起动机壳体导线和共用接头，起动齿轮迅速回位，说明电磁开关复位弹簧良好（通电时间不超过 5 s）。

注意：驱动齿轮应能伸出，否则表明其功能不正常。

（2）电磁开关保持线圈功能测试如图 2－4 所示。

注意：驱动齿轮应能保持在伸出位置，否则表明保持线圈损坏或搭铁不正确。

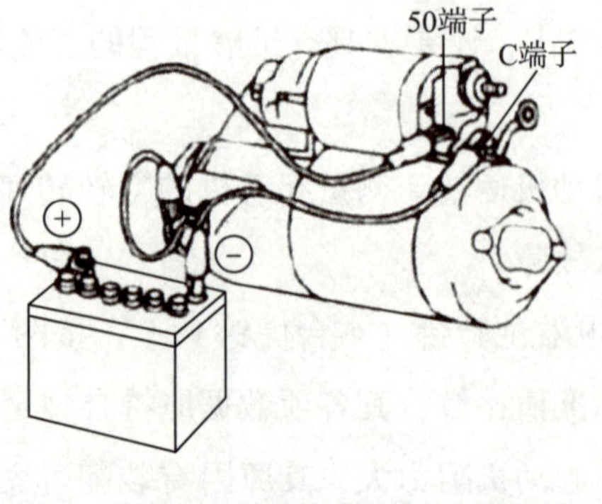

图 2－3　电磁开关吸拉线圈功能测试

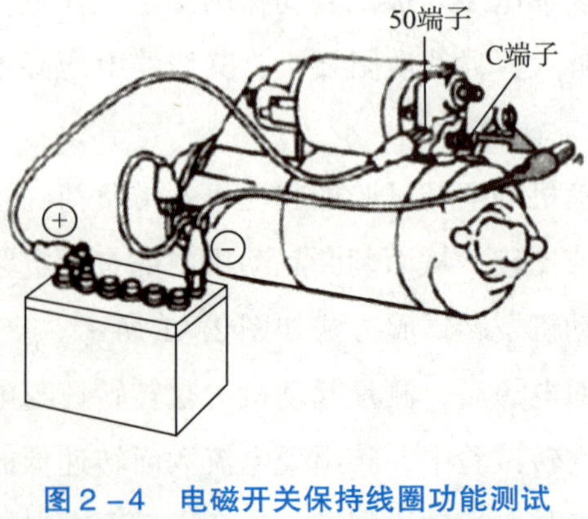

图 2－4　电磁开关保持线圈功能测试

（3）驱动齿轮复位测试如图 2－5 所示。

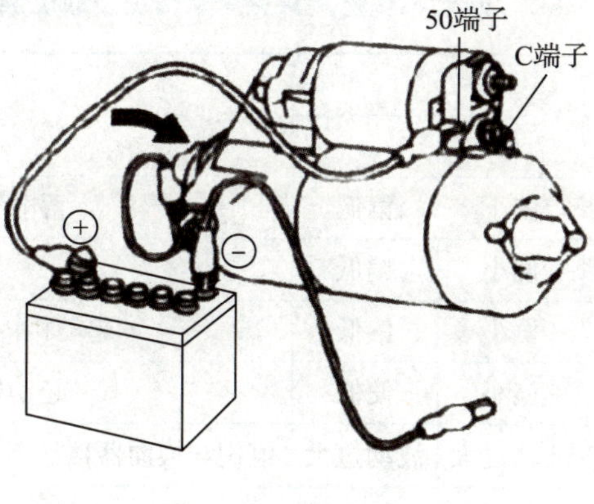

图 2－5　驱动齿轮复位测试

注意：拆除蓄电池负极接外壳的接线夹后，驱动齿轮能迅速返回原始位置为正常。

（4）驱动齿轮间隙的测量如图 2－6 所示。

（5）空载测试。

空载测试步骤如下。

① 固定起动机。

② 按照图 2－7 所示的方法连接导线。

③ 起动机应平稳运转，同时驱动齿轮应移出。

④ 读取电流表的数值，应符合标准值。

⑤ 断开 50 端子后，起动机应立即停止转动，同时驱动齿轮应缩回。

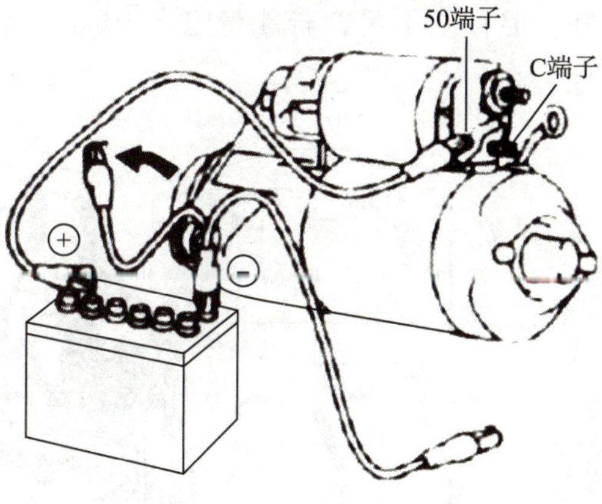

图 2－6　驱动齿轮间隙的测量

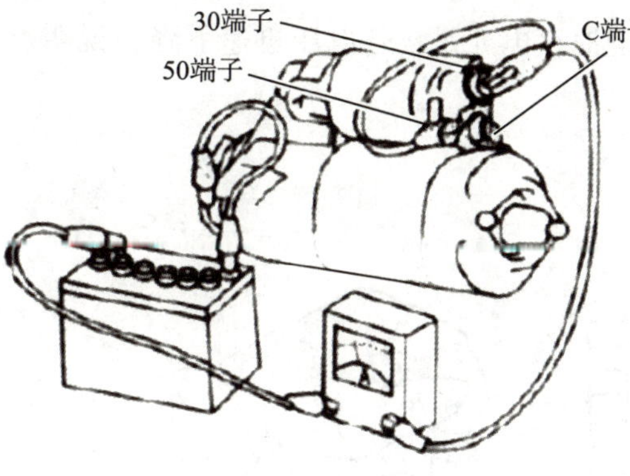

图 2－7　起动机空载测试

（6）检测结果分析。

① 起动电流。在开始起动的瞬间，起动机所用电流是非常大的，一般是 100～200 A，经过 1～2 s，起动电流才比较稳定，蓄电池内阻越大，起动电流的变化就越大。

② 起动电压。汽油机的起动电压中值一般为 12 V。起动电压末值比起动电压中值小得越多，说明蓄电池亏电越多。

③ 起动转速。当蓄电池电力不足、起动机有故障时，起动转速将降低。

起动系统检测常见异常情况及故障原因见表 2－1。

表 2－1　起动系统检测常见异常情况及故障原因

	检测参数					故障原因
	U_B	U_E	I_B	I_E	n	
检测结果	偏低	偏低	偏小	偏小	偏低	蓄电池内部故障或亏电严重
	正常	偏低	正常	偏小	偏低	蓄电池存电不足
	正常	偏低	偏小	偏小	偏低	起动机内部短路或发动机阻力过大
	正常	正常	偏小	偏小	偏低	起动机内部断路或接触不良
	正常	正常	正常	波动过大	波动过大	电刷与换向器接触不良，电磁开关故障，各缸压力差异过大

二、蓄电池的检测

（一）蓄电池放电程度的检测

蓄电池的放电程度可用以下方法进行检测。

1. 通过测量电解液相对密度估算放电程度

电解液相对密度可用吸式密度计测量，如图 2－8 所示。将实际测量的数值转换成 15 ℃的密度值，与该蓄电池充足电时的密度值比较，按相对密度每下降 0.01，相当于蓄电池放电 6%，即可估算出放电程度。

2. 用高率放电计测量放电电压

整体电池高率放电计如图 2－9 所示。测量时，将两叉尖分别紧密接触蓄电池的正、负极，保持 15 s，若其电压能保持在 9.6 V 以上，说明蓄电池性能良好，但存电不足；若能稳定在 10.6～11.6 V，说明蓄电池存电充足；若电压迅速下降，说明蓄电池已损坏。

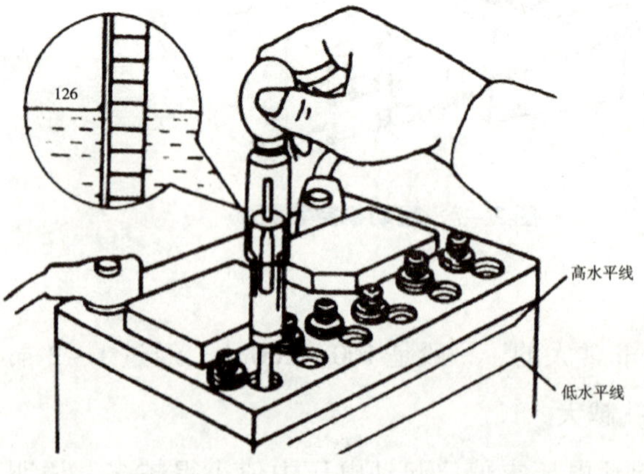

图 2－8　电解液相对密度的测量

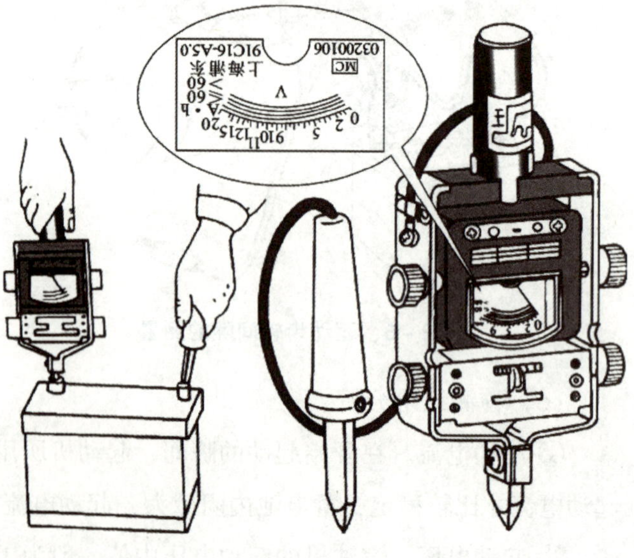

图 2－9　整体电池高率放电计

3. 就车起动测试

先设法使发动机不能起动（例如，拔下分电器中央高压线并将其搭铁），将电压表连接于蓄电池的两极，然后接通起动机，约 15 s 后，电压表的读数应不低于 9.6 V（对 12 V 蓄电池而言），且基本稳定。

（二）电解液液面高度的检测

1. 玻璃管检查法

电解液液面高度可用玻璃管检测，如图 2－10 所示。液面应高出极板顶部（或防护片）10～15 mm。

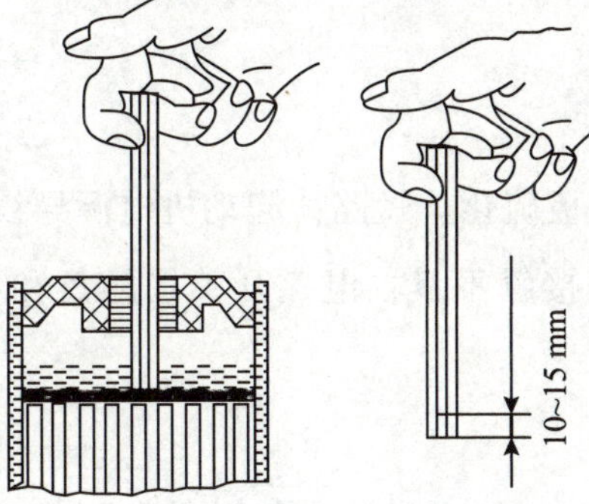

图 2－10　玻璃管检查法

2. 液面高度指示线检查法

通过观察液面高度指示线可以检测电解液的液面高度，如图 2－11（a）所示。

对于使用透明塑料容器的蓄电池，为检查液面高度，在容器壁上刻有两条液面高度指示线。正常液面应介于两线之间，低于下限则为液面过低，应加入蒸馏水补充。

3. 加液孔观察判断法

部分进口汽车在电解液加液孔内侧的标准液面位置处开有方形视孔，如图 2－11（b）所示。检视液面高度，液面在方孔下面为液面过低，液面正好与方孔平齐为标准，液面高过方孔至加液口底部以上为过高。

发现电解液液面过低，应及时补充蒸馏水。除确知液面降低是由电解液溅出所致外，不允许补充硫酸溶液，这是因为电解液液面正常降低是由电解液中的蒸馏水电解和蒸发所致。要特别注意不能加注冷开水、自来水、河水及其他质地的水，这样会造成蓄电池自放电的故障。

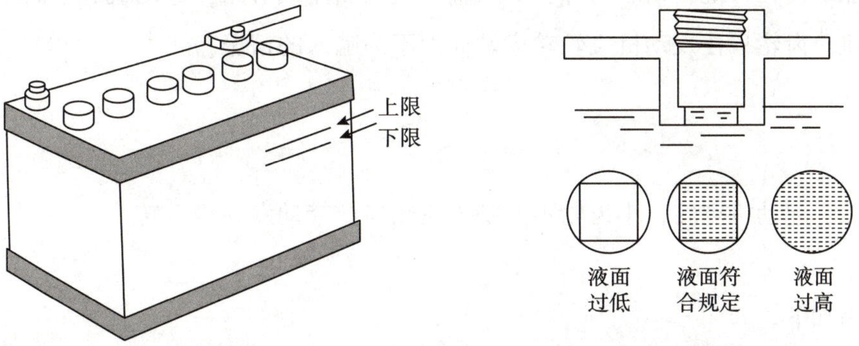

（a）液面高度指示线检查法　　（b）加液孔观察判断法

图 2－11　蓄电池电解液液面高度检测

三、常见故障诊断

起动系统常见故障有起动机运转无力、起动机空转、起动机不转、起动机有异响等。起动系统常见故障部位有起动机、蓄电池接线柱、点火开关和搭铁线路。

（一）起动机运转无力

1. 故障现象

起动时，驱动齿轮能啮入飞轮齿圈，但起动机转速明显偏低甚至不转。

2. 故障原因

故障主要原因如下。

（1）电源故障：蓄电池亏电或极板硫化、短路；起动机电源导线连接处接触不良等。

（2）起动机故障：换向器与电刷接触不良；电磁开关接触盘和主触头接触不良；起动机磁场绕组或电枢绕组有局部短路等。

3. 故障诊断与排除

起动机运转无力诊断程序基本与起动机不转故障相同，因为这两种故障的原因基本相同，只是程度不同。

（1）接通起动开关，起动开关处只发出“咔嗒”声。转动无力的故障常发生在电磁控制式和电枢移动式起动机上。

（2）若故障起动机是电磁控制式起动机，接通电磁开关时，可听到“咔嗒”声，但起动机不转动，说明电磁开关线圈短路或接触不良，产生的磁力太小，不足以进一步压缩回位弹簧，使接触盘与主触头接触。

（3）如电磁开关线圈正常，故障可能是起动时起动机小齿轮刚好顶在飞轮端面不能啮入引起的。这时，将发动机曲轴摇转一个角度，往往可使小齿轮啮入飞轮齿圈而恢复正常工作；若还不能使小齿轮啮入发动机飞轮齿圈，则表明回位弹簧过硬。

（4）若起动机是电枢移动式起动机，接通电磁开关时，动触点的上触点先闭合，辅助线圈接通；电枢缓慢旋转并移动，圆盘顶起扣爪块，使动触点的下触点也闭合，将主回路接通，起动机有力地转动。若扣爪块与圆盘接触的凸肩磨损，不能顶起扣爪块释放限制板，动触点的下触点不能闭合，主回路不通，起动机只能缓慢无力地转动。另外，如果辅助线圈断路或短路，起动机起动时不能缓慢旋转，则往往会出现起动机小齿轮顶住发动机飞轮轮齿端面而不易啮入的情况。

（二）起动机空转

起动机空转

1. 故障现象

接通起动开关，起动机空转，小齿轮不能啮入飞轮齿圈带动发动机运转。

2. 故障原因

故障主要原因如下。

（1）机械强制式起动机的拨叉脱槽，不能推动驱动小齿轮进入啮合状态。

（2）电磁控制式起动机的电磁开关铁芯的行程太短。

(3) 电枢移动式起动机的辅助线圈短路或断路，不能将电枢带到工作位置。

(4) 起动机的单向啮合器打滑。

(5) 飞轮齿圈磨损严重或损坏。

3. 故障诊断与排除

起动机空转有两种情况：一种情况是起动机的驱动小齿轮不能与飞轮齿圈相啮合而导致起动机空转，故障主要在起动机的操纵和控制部分；另一种情况是起动机驱动小齿轮已经和飞轮齿圈相啮合，因单向啮合器打滑而导致起动机空转，故障主要在起动机的单向啮合器。下面分别介绍这两种情况下的故障排除方法。

(1) 若是驱动小齿轮不能与飞轮齿圈相啮合，则应进行如下检查、诊断。

① 对于机械强制式起动机，应先检查传动叉行程是否调整适当。若调整不当，则在起动机的驱动小齿轮未与飞轮齿圈相啮合时，起动机电磁开关内的接触盘已与主触头接通而导致起动机空转；如调整适当，则可能是传动叉脱出嵌槽。

② 对于电磁控制式起动机，则应检查起动机电磁开关内的接触盘行程是否过小。如过小，会使起动机主电路提前接通，造成电枢提前高速旋转。

③ 对于电枢移动式起动机，主要是扣爪块上阻档限制板的凸肩磨损，不能阻档限制板的移动，致使活动触点的下触点提前闭合，并使电枢高速旋转。若活动触点与固定触点的上、下两触点的间隙调整不当，也会引起电枢提前高速旋转。

(2) 若是单向啮合器打滑，应分解起动机进行检修或更换起动机的单向啮合器。

(三) 起动机不转

1. 故障现象

接通起动开关，起动机不转动。

2. 故障原因

故障主要原因如下。

(1) 电源故障，蓄电池严重亏电或极板硫化、短路，蓄电池极桩与线夹接触不良，起动电路导线连接处松动而接触不良等。

(2) 起动机故障：换向器与电刷接触不良，磁场绕组或电枢绕组有断路或短路，绝缘电刷搭铁，电磁开关线圈断路、短路、搭铁或其触点因烧蚀而接触不良等。

(3) 起动机电磁开关故障：电磁开关中的吸拉线圈、保持线圈断路、短路或搭铁。

(4) 起动继电器故障：起动继电器线圈断路、短路、搭铁或其触点接触不良。

(5) 点火开关故障：点火开关接线松动或内部接触不良。

(6) 起动系统控制线路故障：线路有断路，导线接触不良或松脱，熔丝烧断等。

(7) 防盗系统有故障。

3. 故障诊断与排除

对于有防盗系统的汽车，将点火开关转到“ON”位置，观察防盗系统警告灯是否有异常，若有异常，应先排除防盗系统的故障，否则按下述故障诊断流程进行诊断。

（1）按喇叭或开大灯。如果喇叭声音小、嘶哑或不响，大灯的灯光比平时暗淡，说明电源有问题。应先检查蓄电池极桩与线夹、起动机电路导线的接头处是否松动，并可用手触摸导线连接处，检查该处是否发热。若某连接处松动或发热，则说明该处接触不良，应先检查线路；若线路连接无问题，则应对蓄电池进行检查。

（2）如果判断电源无问题，则可用旋具将起动机电磁开关上与蓄电池连接的主触头和与电动机内部连接的主触头短接。如果起动机不转，则说明起动机内部有故障，应拆检起动机；如果起动机空转正常，则进行下一步检查。

（3）用导线将起动机的电磁开关接线柱与起动机的电源接线柱相连接。如果电磁开关无动作，则说明起动机电磁开关有故障，应拆检电磁开关；如果起动机运转正常，则说明故障在起动继电器或有关的线路上。

（4）用导线将起动继电器上连接蓄电池和连接起动机的两接线柱（B 和 L）直接连接，如果起动机不转，则应检查连接这两个接线柱的导线；如果起动机能正常运转，则做下一步检查。

（5）将起动继电器上连接蓄电池（B）和连接点火开关（SW）的两接线柱直接连接。如果起动机不转，则说明起动继电器工作不良，应拆修或更换起动继电器；如果起动机能正常运转，则故障在起动继电器至点火开关的导线或点火开关上，应对其进行检修。

起动机不转故障诊断流程如图 2－12 所示。

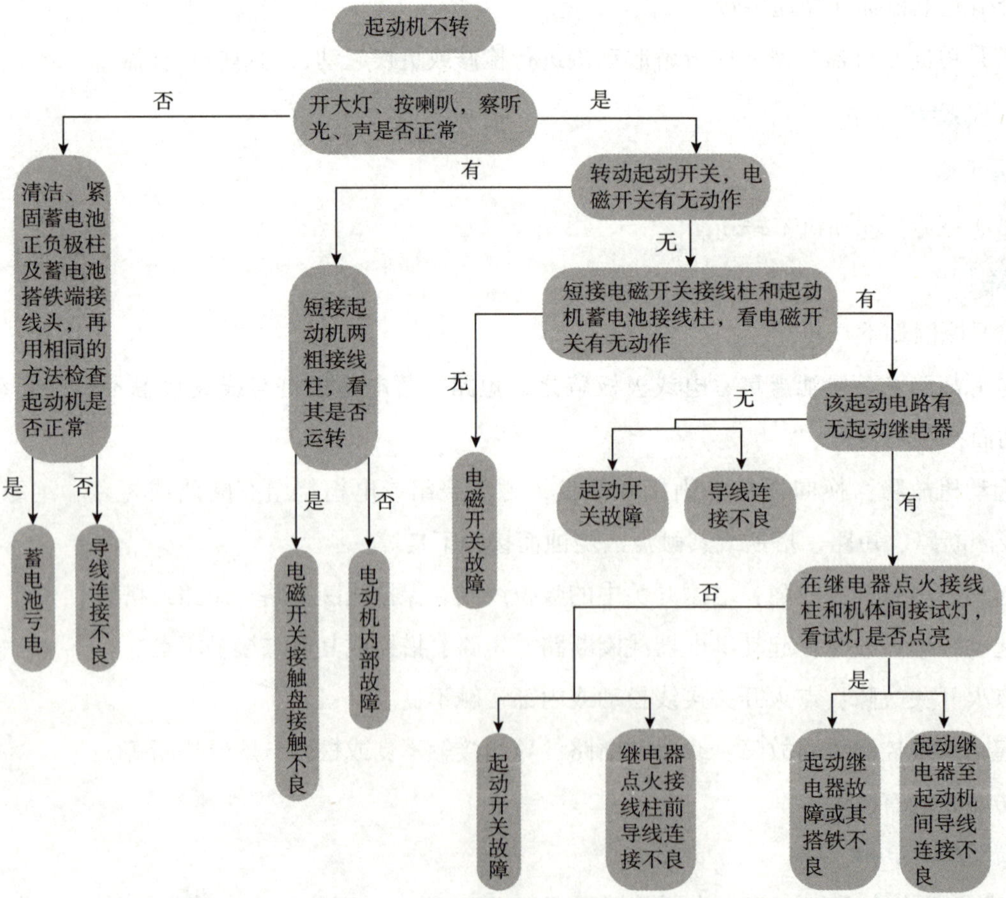

图 2－12　起动机不转故障诊断流程

（四）起动机有异响

1. 故障现象

接通起动开关，起动机运转时有撞击声，且不能带动发动机运转。

2. 故障原因

故障主要原因如下。

（1）起动开关或电磁开关的行程调整不当。

（2）电枢移动式起动机的固定触点和活动触点之间的间隙调整不当。

（3）起动机的驱动小齿轮或飞轮的轮齿磨损过甚或打滑。

（4）起动机的固定螺栓松动或离合器壳松动。

（5）起动机内部有故障。

3. 故障诊断与排除

起动机有异响故障现象表明起动机的驱动小齿轮与飞轮齿圈啮入困难。应首先将发动机的曲轴摇转一个角度，再接通起动开关进行试验。除此之外，还可以按下述故障诊断流程进行诊断。

（1）若撞击声消失且驱动小齿轮能啮入飞轮齿圈起动发动机，则说明飞轮齿圈部分轮齿的啮入端被打坏，应更换飞轮齿圈。

（2）若将曲轴转到任何角度都不能消除撞击声，驱动小齿轮始终不能啮入飞轮齿圈，则表明起动机的拨叉行程或电磁开关行程过小，导致驱动小齿轮尚未啮入飞轮齿圈即开始高速旋转。

（3）当接通起动开关时，起动机壳体抖动明显，说明起动机的固定螺栓或离合器壳的固定螺钉松动，应立即将其紧固，否则可能会造成起动机的驱动端盖折断。

（4）此外，根据撞击声响的特征也可大致判明故障的原因。一般因行程调整不当而导致的撞击声或带有空转的撞击声是连续的；而因起动机的固定螺栓、离合器壳松动或飞轮齿损坏引起的撞击声是断续的，且有时可以啮入起动。起动机空转且带有撞击声的故障诊断方法与起动机空转故障的诊断方法相同。

第二节　燃油系统的故障诊断与排除

一、燃油系统压力的检测

（一）检测急加速油压

急加速至节气门全开时油压表读数即汽油供给系统的急加速油压，一般急加速时油压应迅速由怠速工作时的250 kPa上升至300 kPa，或符合车型技术规定。

若急加速油压无变化，则可能是真空管插在了有单向阀的真空储气罐上（如刹车真空系统），应予以恢复。

若急加速油压与怠速工作油压差值小于 50 kPa，则说明在节气门全开时进气系统仍存在真空节流(如节气门无法开至最大角度)，应予以检修。

（二）检测静态油压

拔下电动汽油泵继电器，用导线将电动汽油泵继电器供电端子短接。打开点火开关但不起动发动机，使电动汽油泵运转，此时的汽油压力应符合技术要求，一般应在 300 kPa 左右摆动（油压调节器的作用使得油压表指针摆动)。

静态油压偏高多是回油管变形或油压调节器损坏造成的，应先仔细检查回油管，变形的油管会阻碍汽油的流动，导致静态油压升高，若回油管完好，应更换汽油压力调节器。

静态油压偏低多是油泵进油滤网脏堵、电动汽油泵内部磨损、电动汽油泵限压阀损坏、汽油滤清器脏堵、汽油压力调节器调压弹簧过软或喷油器喷孔卡滞常喷油造成的，可更换汽油滤清器试一下。若油压没有恢复正常，则继续进行检测，找出故障的确切位置。

（三）检测怠速工作压力

起动发动机怠速运转时油压表读数即汽油供给系统的怠速工作压力，一般为 250 kPa 或符合车型技术规定。怠速工作油压偏高多是汽油压力调节器真空管错装、漏装或漏气造成的，此时应检视真空管安装是否正确、是否存在漏气部位，必要时予以更换。

检测怠速工作压力时，拔下真空管后油压应上升至 300 kPa，与节气门全开时的加速油压基本相等，否则应更换汽油压力调节器。

（四）检测调节压力

在发动机怠速运转过程中，将油压调节器真空管拆开，汽油系统升高后的油压与怠速工作油压的差值应符合车型技术规定，一般为 28 ~ 70 kPa。

（五）检测油泵最大供油压力

在发动机怠速运转过程中，用包有软布的钳子将回油软管夹住，此时油压表读数即油泵最大供油压力，其值应符合车型技术要求，一般为工作油压的 2 ~ 3 倍，即 500 ~ 750 kPa。

油泵最大供油压力偏高是油泵限压阀卡滞造成的，应更换电动汽油泵。

油泵最大供油压力偏低是汽油滤清器堵塞、油泵进油滤网脏堵、电动汽油泵内部磨损、油泵限压阀关闭不严或调压弹簧过软造成的，应更换汽油滤清器后重新检测，若油压仍然偏低，则从油箱中拆出电动汽油泵检视。若油泵进油滤网脏污，则清洗汽油箱和油泵进油滤网；若汽油泵进油滤网良好，应更换电动汽油泵总成。

（六）检测汽油供给系统保持压力

松开油管夹钳，恢复静态油压，取下油泵继电器跨接线使油泵停止运转，并等待 30 min，此时油压表读数即汽油供给系统保持压力，应符合车型技术规定。

保持压力过低是电动汽油泵止回阀关闭不严、油压调节器回油口关闭不严或喷油器滴漏造成的。应首先恢复静态油压，再用包有软布的钳子夹住回油软管，若压力停止下降，则应更换油压调节器。若保持压力继续下降，则用包有软布的钳子夹住汽油压力表三通接头至汽油分配管之间的进油软管，如果压力停止下降，说明喷油器漏油，则应结合喷油器试验，找出滴漏的喷油器并予以清洗，清洗后复检，必要时予以更换；若保持压力继续下降，说明电动汽油泵止回阀密封不严，应更换电动汽油泵总成。保持压力检测完毕后再次复查静态压力，如果静态压力仍然偏低，应更换油压调节器。

二、燃油系统压力的卸除

汽油喷射发动机为便于再次起动，在发动机熄火后，燃油系统内仍有较高的保持压力。在拆卸燃油系统内任何元件时，都必须首先释放燃油系统压力，以免系统内压力油喷出，造成人身伤害或火灾。燃油系统压力卸除的方法如下。

（1）松开油箱上的加油盖，释放油箱中的蒸气压力。

（2）起动发动机，维持怠速运转，在运转中拔去汽油泵继电器或熔断器，也可拔下汽油泵导线插头，直至发动机自行熄火。

（3）再次起动发动机 3～5 次，利用起动喷射卸除油管中的残余压力。

（4）关闭点火开关，装上油泵继电器、熔断器或电动油泵导线插头。

三、燃油系统常见故障

（一）油路不供油

1. 故障现象

发动机不能起动或在运转过程中自动熄火，不能再次起动。

2. 故障原因

（1）油箱燃油不足。

（2）油管及接头漏油。

（3）汽油滤清器严重堵塞。

（4）燃油压力调节器膜片破裂。

（5）油泵电动机损坏，熔断器、继电器损坏或线路断路、接触不良等。

（6）喷油器线圈、继电器、熔断器损坏或控制线路不良等。

（7）冷却液温度传感器信号失常、曲轴位置传感器（发动机转速传感器）无信号、起动开关信号未传入 ECU 等，使 ECU 未进行喷油控制。

（8）ECU 有故障。

3. 故障诊断与排除

（1）检查油箱是否有油，燃油管路及接头是否有破损之处。

（2）进行故障自诊断，检查有无故障码，有故障码则按故障码检修。

（3）测量系统油压。

（4）检查汽油滤清器，若堵塞严重应更换。

(5) 检查油压调节器。

(6) 若上述检测均正常，则为油泵不供油，应检查油泵及其控制线路或 ECU，视情况检修或更换。

(二) 混合气过浓

1. 故障现象

发动机耗油量过大，排气管冒黑烟，运转不稳，加速无力。

2. 故障原因

(1) 冷却液温度传感器失真，电阻值增大。

(2) 空气流量计或进气管压力传感器失效。

(3) 氧传感器失效。

(4) 冷起动喷油器漏油或冷起动控制失常。

(5) 喷油器漏油。

(6) 油压调节器失效使燃油压力大于标准值。

(7) 喷油器喷孔磨损过大，增大了喷油量。

(8) 回油管折瘪，回油不畅使燃油压力过高。

(9) 空气滤清器堵塞。

(10) ECU 故障。

3. 诊断与排除

(1) 读取故障码，并按故障码提示排除故障。

(2) 检查空气滤清器，堵塞应更换。

(3) 检查冷起动喷油器控制是否正常。

(4) 检查系统油压，测量分配油管燃油压力。

(5) 如果油压过高，则检查油压调节器和油泵卸压阀是否正常，检查回油管是否折瘪。

(6) 如果油压正常，则用故障诊断仪分析温度传感器和空气流量计数据流。

(7) 以上都正常则拆卸喷油器，在试验台上测量喷油器喷油流量。

(8) 用万用表或示波器检查喷油脉宽，若不正常，则为 ECU 故障导致喷油控制失常，应更换 ECU。

(三) 混合气过稀

1. 故障现象

踩下加速踏板后发动机转速不能马上升高，有迟滞现象，加速反应迟缓，或在加速过程中发动机转速有轻微的波动，有时出现“回火”“放炮”现象。

2. 故障原因

(1) 燃油泵性能不良。

(2) 油压调节器性能下降。

(3) 节气门位置传感器或空气流量计、进气歧管绝对压力传感器、冷却液温度传感器、曲轴位置传感器、氧传感器信号不良。

(4) 废气再循环系统工作不良。

（5）进气歧管、真空管泄漏等。

（6）燃油滤清器堵塞，管路泄漏。

（7）喷油器堵塞。

（8）ECU 故障。

3. 故障诊断与排除

（1）进行故障自诊断，检查有无故障码。

（2）检查进气系统有无漏气，真空管是否脱落、破裂等。

（3）检查供油管路及接头，如有泄漏，则应予以排除。

（4）检查汽油滤清器，堵塞则更换。

（5）检查油压调节器。

（6）安装燃油表，检查燃油压力。具体内容如下。

① 起动发动机并怠速运转，观察油压表的读数，应为 250 kPa 左右。

② 增大节气门开度后加速，油压表读数应增大到 280 kPa 左右。

③ 拔下油压调节器的真空管，燃油压力必须提高到 300 kPa 左右。

④ 关闭点火开关，检查系统密封性及保持油压，在 10 min 后油压应不低于 200 kPa。

⑤ 若保持油压过低，说明系统泄漏。重新起动发动机建立油压，关闭点火开关，用钳子夹住回油管，等待 10 min。若此时压力表读数不低于 200 kPa，说明油压调节器回油阀关闭不严，应更换油压调节器。若仍低于 200 kPa，说明系统密封不良，管路泄漏，也可能是油泵单向阀损坏。

注意：不同发动机燃油系统的压力值有所不同，检测时应符合维修手册的要求。

（7）若油压调节器正常，则为燃油泵供油不足造成系统油压过低，应检修或更换燃油泵。

（8）若系统油压正常，应拆卸、清洗各喷油器，并检查喷油器的喷油量。如有异常，应更换喷油器。

（9）检测供电系统电压。

（四）油路供油不畅

1. 故障现象

（1）发动机起动困难或无法起动（电路无故障）。

（2）汽车行驶途中发动机缓慢熄火。

（3）进气管回火等。

2. 故障原因

（1）储油箱：无油或少油，油箱盖不通气。

（2）滤清器：滤芯和油管接头堵塞或漏油，油杯与盖之间的衬垫不密封。

（3）供油管：断裂、折瘪、堵塞、接头断裂或漏气。

（4）燃油泵：电动机线圈短路、断路、匝间短路，出油阀、卸压阀失效。

（5）燃油泵控制电路：线路松动或接触不良。

（6）油压调节器故障。

（7）冷却液温度传感器信号失常，曲轴位置传感器（发动机转速传感器）无信号，起动开关信号未传入 ECU 等，使 ECU 未进行喷油控制。

3. 诊断与排除

（1）检查油箱是否有油，燃油管路及接头是否有破损之处。

（2）检查油泵保险器和继电器接点是否正常。

（3）检查进油滤网、汽油滤清器是否堵塞。

（4）检查油管是否堵塞、断裂、折瘪。

（5）在燃油分配管上连接油压表，测量燃油压力是否正常。若不正常，则为燃油泵故障。

（6）检查油压调节器。

（7）若以上都正常，再用故障诊断仪检查有无故障码，有故障码则按故障码检修。

第三节 点火系统的故障诊断与排除

一、发动机对点火系统的要求

（一）供电系统应有稳定的电源电压

对于汽油发动机而言，在发动机的各种工况和使用条件下，蓄电池和交流发电机是保证发动机点火系统可靠工作的供电系统，其电源电压直接影响点火系统的正常工作。电源电压过高，容易造成点火线圈及点火控制器损坏；过低，则会造成高压电电压不足，点火能量下降，混合气燃烧不良，甚至发动机熄火或不能起动。

（二）能产生足以击穿火花塞电极间隙的电压

使火花塞电极之间产生电火花的电压称为击穿电压，火花塞击穿电压与火花塞电极间隙的大小、汽缸内的压力与温度、火花塞电极的温度和极性、发动机的工作情况等因素有关。

1. 火花塞电极间隙的大小对击穿电压的影响

电极间隙越大，击穿电压越高，因为当电极间隙增大时，气体中的离子和电子距离电极的路程增大，受电场力的作用减小，不易发生碰撞而电离，因此需要较高的电压才能跳火。

2. 汽缸内的压力与温度对击穿电压的影响

击穿电压与混合气的密度有关。因为混合气的密度越大，每单位体积内气体分子的数量越多，离子自由运动的距离（两次碰撞之间的距离）就越短，就越不易发生碰撞电离。只有提高加在电极上的电压，增大作用于离子上的电场力，使离子加速，才能发生碰撞电离而使火花间隙被击穿。

3. 电极的温度和极性对火花塞击穿电压的影响

试验证明，当火花塞电极的温度超过混合气的温度时，击穿电压降低 30%～50%。这是因为电极温度越高，包围在电极周围的气体密度就越小，从而越容易发生碰撞电离。此外，当受热的电极是负极（火花塞的中心电极是负极性）时，由于电发射和二次电子发射作用（在正离子的轰击下，使阴极发出新的电子的现象），火花塞击穿电压约降低 20%。

4. 发动机的工作情况对火花塞击穿电压的影响

发动机工作情况不同，火花塞击穿电压也不同，其值随发动机的转速、功率、压缩比、点火提前角及混合气的成分变化而改变。

起动时的击穿电压最高，当电极间隙为 0.7 mm 时可高达 19 kV。这是由于起动时汽缸壁、活塞及火花塞的电极都处于冷态，吸入的混合气温度低、雾化不良。压缩时混合气的温度升高不大，而且火花塞电极之间还可能积有机油或汽油，因此击穿电压最高。试验证明，在火花塞电极上存有机油或汽油油滴时，击穿电压将升高 10%～20%。此外，汽车加速时，由于大量的冷混合气突然进入汽缸，使火花塞中心电极温度降低，因此击穿电压也较高。

为了保证点火可靠，点火装置必须有一定的高压储备，使之在所有情况下送往火花塞电极间的电压均大于该工况下火花塞的击穿电压。但过高的次级电压将造成绝缘困难，使成本提高，因此，次级电压通常限制在 30 kV 以内。

（三）火花应具有足够的能量

要使混合气被可靠点燃，火花塞产生的火花应具有一定的能量。发动机正常工作时，由于混合气压缩终了的温度已接近其自燃温度，因此所需的火花能量很小（1～5 mJ）。传统点火系统能发出 15～50 mJ 的火花能量，足以点燃混合气。发动机起动、怠速运转及节气门快速打开时，则需较大的火花能量。起动时，由于混合气雾化不良，废气稀释严重，电极温度低，故所需的点火能量最大。起动时火花能量大，发动机起动所需的时间则可减少。另外，为了提高发动机的经济性，当采用 a 为 1.2～1.25 的稀混合气时，由于稀混合气难以点燃，也需增大火花的能量。考虑上述情况，为了保证可靠点火，一般应保证有 50～80 mJ 的点火能量，起动时应产生大于 100 mJ 的火花能量。

（四）点火时间应适应发动机的工作情况

首先，点火系统应按发动机的工作顺序进行点火；其次，必须在最有利的时刻点火，点火时刻是用点火提前角来表示的。点火提前角是指从火花塞电极间跳火时开始，到活塞行至上止点为止这段时间内曲轴转过的角度，以 θ 表示。图 2－13 为在某一工况下，发动机功率 P_e、单位燃料消耗量 g_e 与点火提前角的关系。

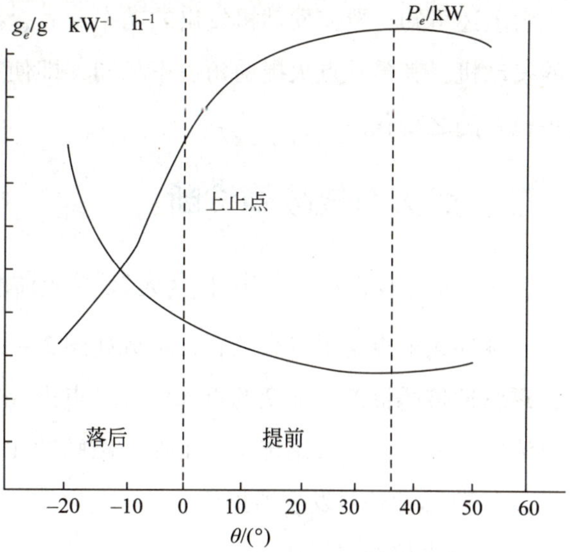

图 2－13　发动机功率、单位燃料消耗量与点火提前角的关系

通常把发动机发出功率最大和油耗最小时的点火

提前角称为最佳点火提前角。由此可知，偏离最佳点火提前角时，会使发动机的动力性和经济性下降。图 2－14 为四冲程发动机在不同点火时刻的示功图。

图 2－14（a）中上方的阴影面积表示混合气在工作循环中所做的有效功，下方较小的阴影面积表示进气和排气的损失，发动机所发出的功率与这两个面积的代数和成正比。

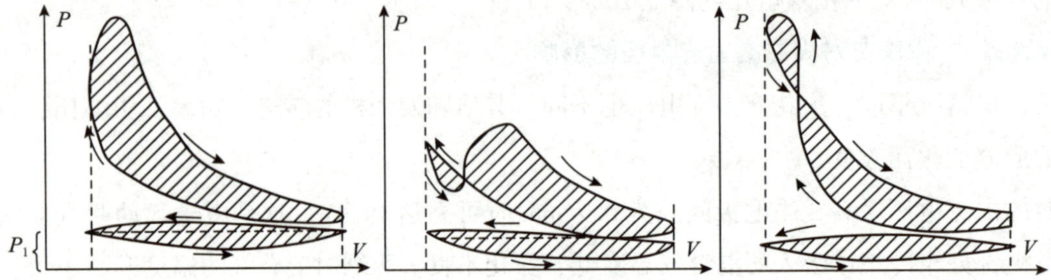

图 2－14　四冲程发动机在不同点火时刻的示功图

当电火花点火后，混合气需要先经诱导期，然后才能进入猛烈的明显燃烧期。即混合气从开始点火到完全燃烧需要一定的时间，所以要使发动机发出最大功率，点火时间不应在压缩行程终了时，而应适当提前。试验证明，如果点火时间适当，燃烧最大压力出现在上止点后 10 °～15 °，则图 2－14（a）上面封闭曲线的面积最大，也就是发动机的功率最大。

如果点火过迟，在活塞到达上止点时才点火，则混合气一边燃烧，活塞一边下行，即燃烧过程在容积增大的情况下进行，使炽热的气体与汽缸壁接触的面积增加，热传导损失增大；因而转变为有效功的热量减小，气体最高压力降低，从而导致发动机过热，功率下降［图 2－14（b）］。如果点火过早，由于混合气的燃烧完全在压缩行程进行，汽缸内压力急剧升高，在活塞到达上止点前即达最大；使活塞受到反冲，阻止活塞继续向上运动，不仅使发动机的功率降低［图 2－14（c）］，并且有可能引起爆燃和发生运转不平稳的现象。此外，运动的零件和轴承也会加速损坏。

由上述可知，要使发动机发出的功率最大，油耗最小，混合气应在最佳点火提前角下点火。不同类型的发动机，其最佳点火提前角也不相同，即使是同一台发动机，工况和使用条件变化时，最佳点火提前角也要随之变化。

二、点火系统故障诊断

（一）磁脉冲无触点电子点火装置故障诊断

磁脉冲无触点电子点火装置的组成如图 2－15 所示。磁脉冲传感器安装在分电器内。在发动机工作时，磁脉冲传感器产生交变的点火信号，点火控制器将传感器输入的信号整形、放大，控制点火线圈初级电流的通断，使点火系统正常工作。磁脉冲无触点电子点火装置常见故障原因如下。

（1）磁脉冲信号发生器损坏。

（2）点火控制器损坏。

（3）点火线圈损坏或性能不佳。

（4）线路接触不良或有断路、短路。

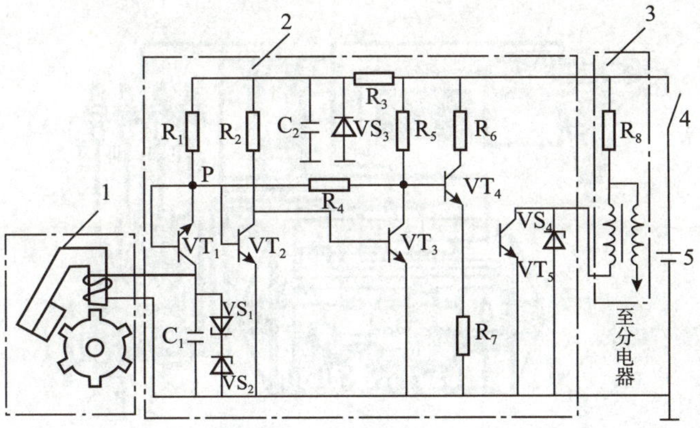

1—磁脉冲传感器；2—点火控制器；3—点火线圈；4—点火开关；5—蓄电池。

图 2－15　磁脉冲无触点电子点火装置的组成

（5）分电器盖破裂、分火头损坏。

（6）火花塞积炭、油污、绝缘体破裂或间隙不当。

（7）分电器真空点火提前装置或离心点火提前装置失效。

（8）点火正时失准、缸线错乱。

磁脉冲无触点电子点火装置故障诊断流程如图 2－16 所示。

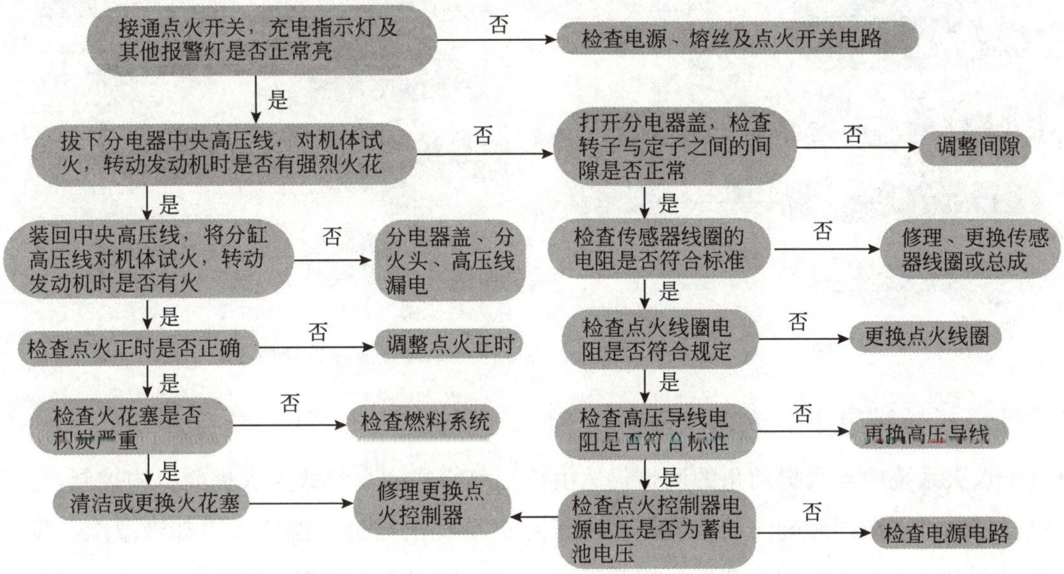

图 2－16　磁脉冲无触点电子点火装置故障诊断流程

（二）霍尔效应式无触点电子点火装置故障诊断

霍尔效应式无触点电子点火装置如图 2－17 所示。点火信号由霍尔传感器产生，点火控制器将点火信号放大、整形后控制点火线圈初级电流的通断和点火系统工作。

霍尔效应式无触点电子点火装置与磁脉冲无触点电子点火装置的工作原理非常相似，不同的是点火信号由霍尔传感器产生。其故障诊断流程如图 2－18 所示。

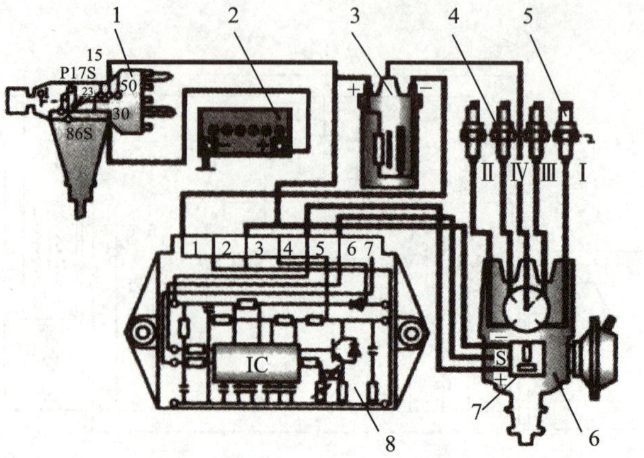

1—点火开关；2—蓄电池；3—点火线圈；4—高压分线；
5—火花塞；6—分电器；7—霍尔传感器；8—点火控制器。

图 2-17　霍尔效应式无触点电子点火装置

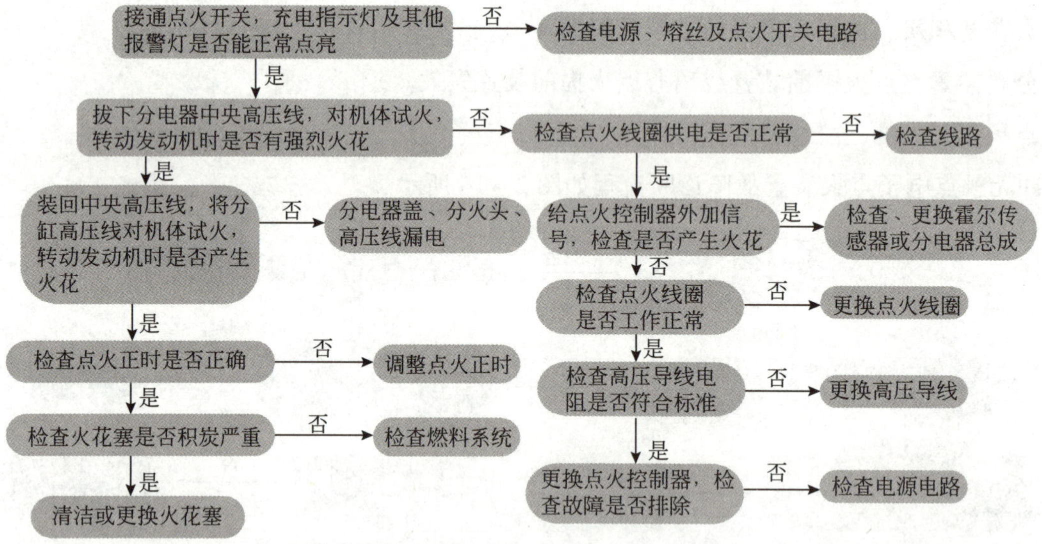

图 2-18　霍尔效应式无触点电子点火装置故障诊断流程

（三）计算机控制电子点火系统故障诊断

普通电子点火系统中点火提前角的调整仍然由传统离心式和真空式点火提前机构控制。这种机构控制精度有限，易受机械磨损影响。计算机控制电子点火系统根据进气温度、冷却液温度、发动机转速、负荷等信息，求得最佳点火时刻，利用电控单元（ECU）控制点火线圈初级电流的通断，精确的点火控制使得发动机在各种工况下的输出功率、燃油消耗、废气排放都达到最佳状况。

ECU 根据发动机凸轮位置传感器信号，参考发动机转速、负荷、进气温度、水温等多项参数确定接通 Tr1 的时间，并将点火信号（IGT）“1”送至点火控制器。点火控制器确定控制电路向点火线圈供电时间，即 Tr2 导通时间。到达点火时刻后，ECU 断开 Tr1，IGT 输出信号“0”，断开 Tr2，切断初级电流，在次级线圈中产生的点火高压经配电器送至对应火花塞点火。点火控制器将断开初级电流时所产生的反电动势作为点火确认信号（IGF）回送至 ECU。若 ECU 没有收到点火确认信号，将开启保护功能，停止燃油喷射，并保存相应故障码 P1300/14。当计算机控制电子点火系统出现故障时，可按图 2-19 所示的流程进行诊断和排除。

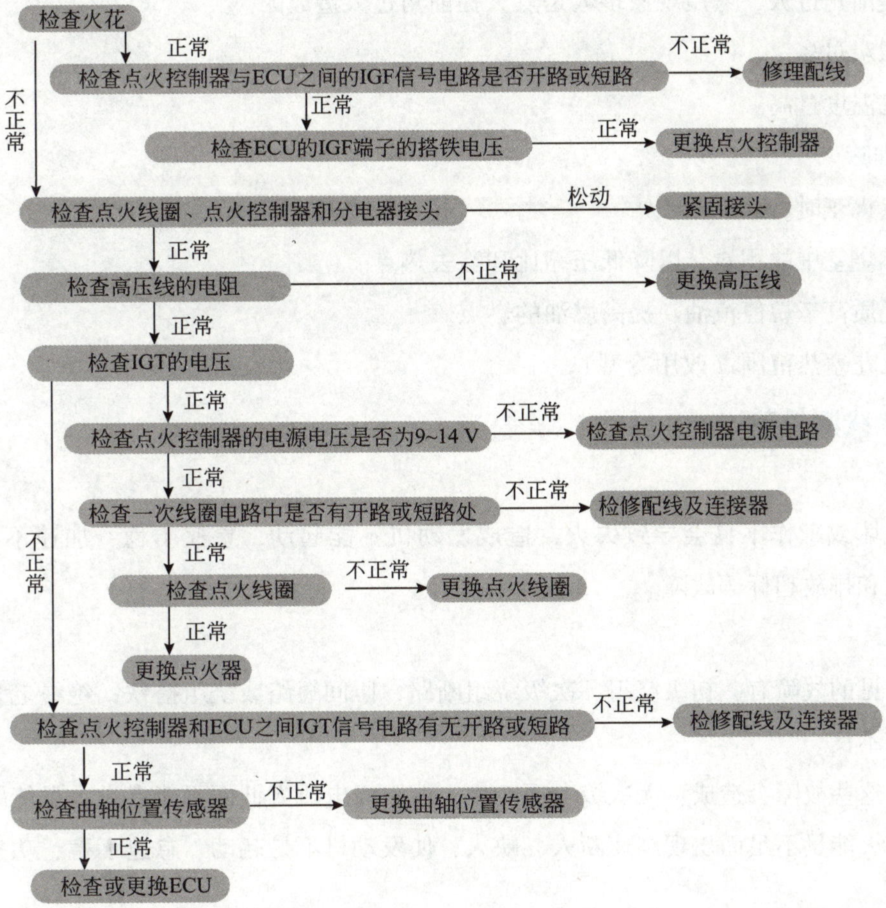

图2－19　计算机控制电子点火系统故障诊断流程

三、点火系统常见故障

（一）进气管回火

1. 故障现象

发动机回火十分严重，且起动困难。

2. 故障原因

对于点火系统而言，进气管回火通常是分缸高压线插错或点火过迟引起的。

3. 诊断与排除

检测点火顺序是否错乱，如果正常，则将点火时刻提前。

（二）发动机爆震

1. 故障现象

发动机在大负荷、中等转速下出现爆震响声，发动机温度迅速上升。

2. 故障原因

发动机爆震是燃烧速度过快或多个着火点造成的。具体原因如下。

（1）使用燃油牌号不正确。

（2）点火提前角过大，爆震现象多数是点火提前角过大造成的。

（3）缸内积炭过多。

（4）发动机温度过高。

3. 诊断与排除

（1）延迟点火正时。

（2）除去燃烧室中的积炭，以降低压缩比和除去热点。

（3）使用优质高辛烷值汽油，提高燃油的燃点。

（4）改变火花塞热范围（改用冷型）。

（三）点火线圈故障

点火线圈故障

1. 故障现象

点火线圈损坏或工作不良会导致失火，造成发动机不能起动、怠速不稳、加速不良、排气管放炮和排放超标等故障。

2. 故障原因

点火线圈常见的故障有：初级绕组、次级绕组断路，匝间短路或绕组搭铁；绝缘老化、漏电；内部导线连接点接触不良。

点火线圈的这些故障会造成：无次级电压产生，或次级电压太低而不能点火；虽能跳火，但由于次级电压太低，点火能量不足而出现高速断火、缺火，使发动机不易起动、怠速不稳、功率下降、排气污染及油耗增加等。

3. 诊断与排除

（1）手摸点火线圈外壳感受温度，感到热正常，烫手表明点火线圈有匝间短路故障。

（2）用万用表测量初级绕组和次级绕组电阻值。用电阻档分别测初、次级绕组的电阻值，判断是否有绕组短路和断路的故障。若测得的电阻值无穷大，则为绕组有断路故障；若电阻值过大或过小，则说明绕组有接触不良之处或有匝间短路之处（在 20 ℃的环境中，电子点火系统初级绕组的电阻值应为 0.5～1.0 Ω，传统点火系统应为 1.5～3.0 Ω。电子点火系统次级绕组的电阻值应为 2.5～4 kΩ，传统点火系统为 6～8 kΩ）。绕组是否搭铁，则用万用表测点火线圈接线柱与点火线圈外壳之间的电阻值来鉴别。电阻值为零，说明绕组搭铁；电阻值小于 50 MΩ，说明绝缘性能差。

（3）点火线圈的某些故障仅用万用表测量电阻值的方法并不一定能检测出来，须通过专用仪器才能准确判别。例如，点火线圈内部绝缘老化或有小的裂纹，在高压下产生漏电而造成次级电压下降，点火能量不足，使发动机工作不正常或不工作。

（4）替换法，即用对比跳火的方法检验。此方法在试验台上或车上均可进行，将被检验的点火线圈与好的点火线圈分别接上进行对比，看其火花强度是否一样。

点火线圈经过检验，如内部有短路、断路、搭铁等故障，或发火强度不符合要求，一般均应更换新件。

（四）高压线故障

1. 故障现象

发动机怠速不稳、加速不良、排放超标等。

2. 故障原因

高压线导线端子被腐蚀、导线损坏或绝缘性能下降，导致点火电压下降。

3. 诊断与排除

根据故障现象，进行断火试验，检测确认火花塞无故障后，检视高压线导线端子是否被腐蚀，用万用表测量高压线电阻即可诊断高压线故障。

如有故障，应更换高压线。

（五）排气管放炮

1. 故障现象

排气管有轻重不一的爆炸声，断续发出放炮响声，似有规律；高速时，放炮声现象更严重。

2. 故障原因

对于点火系统而言，排气管放炮通常是由断火引起的，或分电器盖有裂纹，使汽缸之间窜火造成的。点火提前角偏离正确位置过多时，也会引起回火或排气管放炮。另外，闭合角过小是断火的重要原因。

3. 诊断与排除

高速放炮应首先考虑断火故障，可检测点火线圈是否正常、高压线和火花塞是否正常，以及线路是否接触良好。以上部件可通过手感温度来初步判定是否正常。如有问题，应及时修复。

（六）火花塞故障

1. 故障现象

（1）发动机无力。

（2）单缸或少数缸不工作。

（3）发动机温度高。

（4）排气管有明显的“突突”声。

（5）多个火花塞故障，起动困难甚至无法起动。

2. 故障原因

（1）火花塞间隙过大。对于普通的火花塞，每行驶 10 000 km，中心电极的磨损和撕裂会扩大 0.1 ~ 0.15 mm。

（2）火花塞撕裂短路。

（3）火花塞间隙过小。

（4）火花塞积炭短路。

（5）火花塞油污短路。

（6）外部绝缘体破裂。

3. 诊断与排除

用断缸法检测哪个缸不工作或工作不良，即可拆卸该缸火花塞进行检测。

（1）根据火花塞故障现象，分析故障原因，对症排除故障后，再更换火花塞。

（2）如果火花塞有油污，可在排除发动机故障后，烘干火花塞继续使用。

（3）如果电极熔化，应更换更冷型火花塞。

（4）如果火花塞积垢，可更换更热型火花塞。

第四节 冷却系统的故障诊断与排除

一、冷却系统检测

冷却系统的外观检测主要是观察散热器、水泵、水管、水套和放水开关等部位是否泄漏；确认风扇和散热器的安装是否正确；观察水泵皮带两侧面是否磨损；观察散热器和膨胀水箱中冷却液的量是否足够，并视情况进行补充。

在正常使用中，每月至少应检测一次冷却液的液面高度。在炎热的夏天，检测次数应更多一些。设有膨胀水箱的冷却系统，检测冷却液液面高度不用打开散热器盖，只要观察膨胀水箱中的液面即可。一般膨胀水箱上都标有液面高度标记，液面应在“max”（上限）和“min”（下限）之间；如液面低于下限，应该往膨胀水箱中加注冷却液，直到液面达到规定位置。

补充冷却液时应注意，目前车用冷却液中都加有防腐、防冻、防沸、防垢、防穴蚀和润滑添加剂，尽可能使用厂方推荐的冷却液，并按厂方推荐的使用方法使用，不可随意往冷却液中直接加水。一般情况下，应尽量少打开散热器盖，以防止冷却液损失和空气进入冷却系统。

打开散热器盖时，应注意安全操作，特别是发动机刚熄火后，必须按规范进行操作，以防止造成人身伤害。其操作如图 2－20 所示，具体步骤如下。

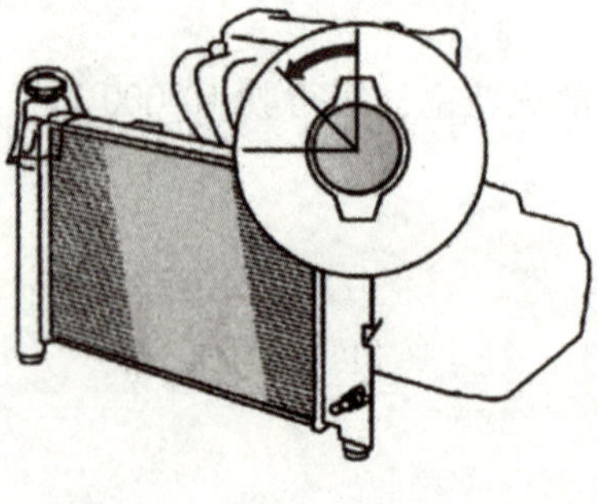

图 2－20　散热器盖的开启

1. 用一块湿毛巾盖在散热器盖上。

2. 将散热器盖逆时针方向缓慢旋转 45 °，转到缺口不要按压，让残余压力释放，此时有“嘶嘶”声，表明散热器里的热蒸汽正在排放。

3. 当嘶嘶声停止后，继续逆时针方向旋转散热器盖，最后将其打开。

冷却液一般在车辆行驶一段时间后应彻底更换一次，如丰田汽车规定每两年或行驶 40 000 km 更换一次。

二、冷却系统密封性检测

冷却系统密封性检测的主要目的是检测散热器、汽缸体、汽缸盖等部件本身和结合部位是否密封良好。

冷却系统密封性的检测方法如图 2－21 所示。检测之前，按规定在冷却系统中加入足够的冷却液，并使发动机暖机至正常工作温度；不使用连接器，直接将测试器装在散热器的冷却液注入口上，在确定没有漏气的情况下拧紧；然后给冷却系统加压，使压力值达到规定值以上（一般为 120～150 kPa）；检测冷却系统各部件及连接部位是否有渗漏现象。

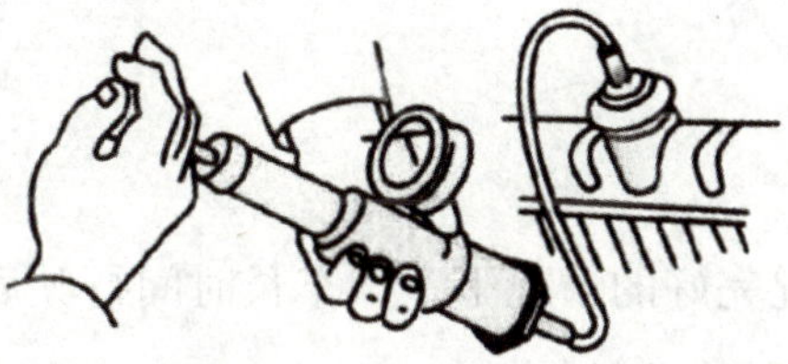

图 2－21　冷却系统密封性的检测方法

三、常见故障诊断

发动机冷却系统的常见故障有冷却液温度过高（发动机过热）或过低、冷却液泄漏等。冷却系统常见故障部位为节温器、电动风扇、温控开关、水温传感器、散热器和水泵。

（一）发动机过热

1. 故障现象

汽车运行中，水温表指针经常指在 100 ℃以上，且散热器伴随有“开锅”现象；燃烧室内出现“炽热点”，发动机熄火困难；发动机易发生爆燃或早燃。

2. 故障原因

（1）点火时刻不当，应调整点火提前角。

（2）混合气过稀或过浓，应调整混合气浓度。

（3）燃烧室内积炭过多，应清洗燃烧室。

（4）冷却液不足或防冻液比例不当，应按规定补充冷却液。

（5）水泵工作性能不良，应检修或更换水泵。

（6）节温器主阀门不能打开或打开时间过迟，应检修或更换节温器。

(7) 水套或分水管积垢或堵塞，应清理水套和分水管。

(8) 电动风扇性能不良，应检修或更换电动风扇。

(9) 温控开关失效，应检修或更换温控开关。

(10) 水温传感器或控制器失效，应检修或更换水温传感器或控制器。

(11) 风扇离合器接合时间过晚或打滑，应检修或更换风扇离合器。

(12) 风扇皮带松弛、沾油打滑或断裂，应调整皮带的松紧度或更换皮带。

(13) 散热器的进水管或出水管凹瘪，应检修或更换散热器水管。

(14) 散热器内部水垢堵塞或外部过脏，应清洗散热器。

3. 故障诊断

(1) 检查冷却液。查看冷却液液面高度是否正常，冷却液质量是否正常，防冻液比例是否正常。

(2) 检查冷却风扇。查看风扇是否转动、是否起动过迟、是否转速太低。

(3) 检查散热器。检查散热器外部是否清洁、损坏，内部是否积垢、堵塞。

(4) 检查节温器。检查节温器工作是否正常，大循环、小循环工作是否正常。

(5) 检查水泵。检查水泵工作是否正常，泵水能力是否正常。

(6) 检查其他方面。检查发动机内部水道是否正常，发动机点火系统是否正常，混合气浓度是否正常。

(二) 发动机过冷

1. 故障现象

在水温表和水温传感器技术状况完好的情况下，汽车长时间行驶后（特别是在冬季），发动机仍达不到正常的工作温度；发动机动力不足，油耗增加。

2. 故障原因

(1) 节温器失效。节温器主阀门常开，保持在大循环状态。

(2) 风扇常转或过早转动。风扇离合器接合过早，温控开关闭合太早，水温传感器或控制器故障。

3. 故障诊断与排除

(1) 检查节温器主阀门是否常开。如有异常，可更换节温器。

(2) 若节温器正常，则让发动机冷机起动，在升温过程中，观察冷却风扇工作情况。检查风扇离合器或温控开关是否接合或闭合过早。

(三) 发动机漏水故障

1. 故障现象

冷却液消耗量较大，严重时停车后可以看到地面上有水滴，有时会发现机油池内有水或排气管冒白烟。

2. 故障原因

(1) 缸盖、缸体变形或有裂纹。

(2) 缸盖螺栓松动或未按规定顺序紧固。

(3) 汽缸垫损坏。

(4) 水套侧盖衬垫损坏、螺钉松动或螺钉未按规定顺序紧固。

（5）散热器上下水室、芯管破裂或开焊。

（6）放水开关关闭不严。

（7）橡胶软管破裂或管卡松动。

（8）水泵衬垫损坏、螺钉松动或水封失效。

（9）湿式缸套下端封水不佳或密封条损坏。

（10）机体上的水堵封水不严。

3. 故障诊断与排除

诊断发动机漏水，通常采用检视的方法，即冷却液从哪里漏出来，就说明故障部位在哪里。如发现水泵壳体下部的泄水孔处漏水，说明水封损坏。当发现机油内有水时，如汽缸衬垫完好，缸盖螺栓也未松动，则为湿式缸套下端封水不佳或水封损坏。若排气管冒白烟，则可能是汽缸垫密封不好。有些渗水故障在发动机热车时才表现出来，因渗水量较小，会很快蒸发以致不留痕迹，检测时要多加注意。若经常需要补充冷却液，而水箱又没有开锅，则发动机一定有漏水故障。

第五节　润滑系统的故障诊断与排除

汽车发动机润滑系统一般采用复合润滑方式，主要由机油集滤器、机油泵、机油滤清器、机油管和油道、限压阀、机油尺、机油压力表和机油报警器组成。润滑系统必须保证各工作表面得到良好的润滑，机油压力不能过高或过低；机油要有合适的黏度，避免变质或消耗过多；润滑系统要有过滤杂质、磨料的能力，以保持机油清洁。

在发动机正常工作的情况下，机油压力应在 196～392 kPa，不同车型略有差异。当机油压力报警灯点亮时，表明系统压力过低，必须查明原因，排除故障后方可继续行驶。

一、机油的检查

（一）机油品质的检查

检查机油油面高度的同时，可进行机油品质的检查。机油品质的检查主要通过“眼观”“鼻嗅”“手捻”，根据人工经验来判断。观其颜色，若发黑、发白；闻其气味，若有异味；手捻机油，若感觉变稀，都说明机油已变质，此时必须更换机油。

（二）机油油量的检查

机油油量检查主要是检查曲轴箱机油的油面高度。机油尺上有上刻度线和下刻度线，合适的油面位置应在这两条刻度线之间。将汽车停放在平地上，发动机熄火 3 min，待润滑油流回油底壳后，抽出机油尺并将其擦净，再插回到底，重新抽出机油尺，在机油尺上就可以观察到机油油面位置。若油面位置处于机油尺下刻度线的下方，应从加机油口处加注润滑油，直到油面位置符合要求为止。若油面位置超过上刻度线，应放出多余的机油。

二、常见故障诊断

润滑系统常见故障有：机油压力过低、机油压力过高、机油消耗过多和机油变质等。润滑系统常见故障部位为机油泵、机油滤清器。

（一）机油压力过低

1. 故障现象

（1）发动机起动后，机油压力低于标准值，报警蜂鸣器报警。

（2）在发动机运转过程中，机油压力始终过低。

（3）油底壳机油被稀释，致使油面增高、机油黏度变小且带有很浓的汽油味或带有泡沫。

2. 故障原因

发动机机油压力过低，其故障原因可能是由于电路方面的问题而导致显示错误，也可能是机油压力确实过低。具体故障原因如下。

（1）发动机过热。

（2）机油量没有达到规定；机油黏度小，汽油或冷却液进入油底壳。

（3）发动机曲轴主轴承或连杆轴承的配合间隙过大或凸轮轴轴承的间隙过大。

（4）机油集滤器、机油滤清器被堵塞；限压阀调整弹簧弹力过小或弹簧折断；旁通阀不密封，其弹簧折断或弹力过小。

（5）机油泵磨损严重，造成机油泵泵油性能变坏。

（6）机油压力表指示有误，如油压表、传感器、油压开关、油压警告灯和油压报警器失效等。

（7）未按季节规定换机油，机油过稀或更换机油的周期太长。

3. 故障诊断与排除

（1）通过机油尺检查机油的油面高度是否合适，如过低，应及时添加机油。

（2）通过水温表观察发动机是否过热。若过热，应查明原因并排除故障。

（3）区分机油压力指示系统故障和润滑系统油路故障。若怀疑机油压力指示系统有故障，可检查油压表与传感器的连接状况。若正常，则拆下与传感器连接的导线并闭合点火开关，使导线与机体搭铁。若油压表指针急速上升，说明油压表性能良好；若油压表指针不动或微动，说明油压表失效。若油压表良好，应检查传感器的工作性能。

（4）必要时检查曲轴轴承和连杆轴承的间隙是否过大。

（5）检查机油黏度是否变小。用拇指和食指蘸少许机油，两指拉开，两指间应拉有 2 ~ 3 mm 的油丝，否则机油过稀。检查机油中是否含有汽油或水分，若掺有汽油或水分，则须进一步检查何处渗漏，并排除故障。

（6）拆检机油泵，检查机油泵齿轮副的端面间隙、径向间隙和啮合间隙，并进行油压、泵油量等性能的检测。

(7) 拆下发动机主油道螺塞或传感器，使发动机做短时间运转，查看喷油是否有力。若喷油无力，则应检查机油滤清器的滤芯、限压阀、旁通阀、机油进油管、集滤器、机油泵等工作是否正常；若喷油有力，则用新机油压力表和传感器做对比试验，检验原表是否失效。

(8) 在行驶中，若发现机油压力低于标准值，可直接卸下主油道上的螺塞，也可卸下空气压缩机进油接头或机油传感器，观察喷油是否有力。若喷油有力，则可继续行驶，待收车后再检查修复；若喷油无力，应立即进行检查并排除故障，以免酿成机械事故。

机油压力过低故障诊断流程如图 2－22 所示。

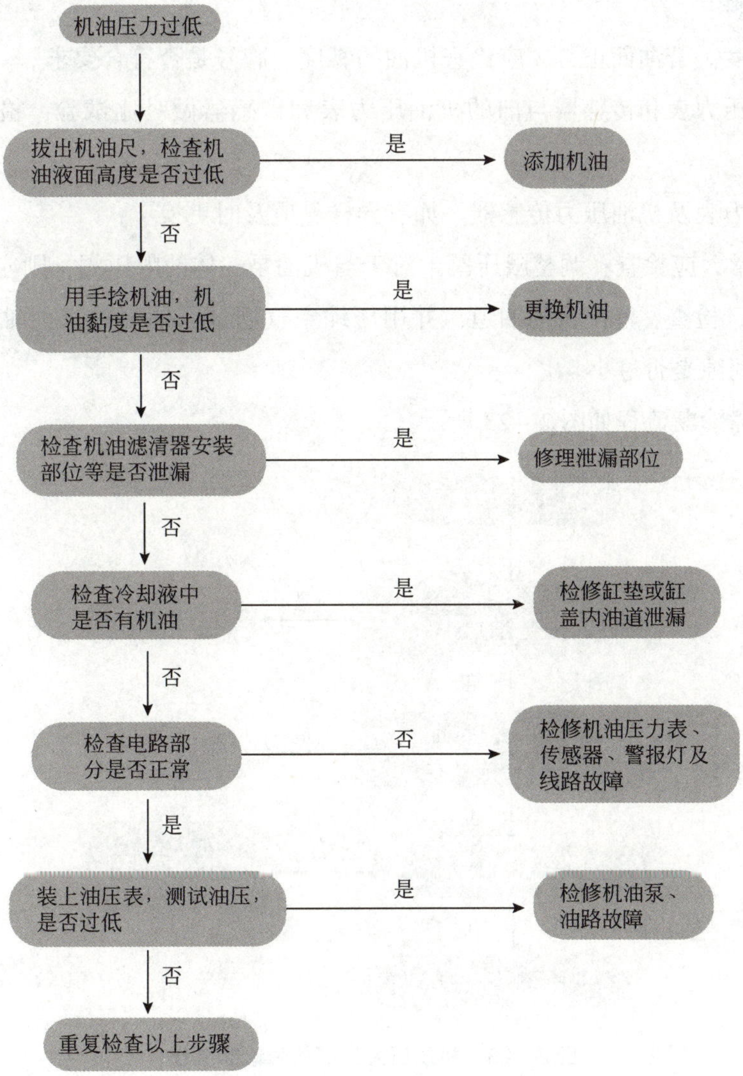

图 2－22 机油压力过低故障诊断流程

(二) 机油压力过高

1. 故障现象

(1) 发动机在运转中，机油压力表的指示数值突然增高。

(2) 有时机油压力表的指示数值增高后，又突然下降至过低。

(3) 接通点火开关，机油压力表即指示机油压力为 196 kPa，起动后增至 490 kPa 以上。

2. 故障原因

(1) 机油压力限压阀调整不当或卡滞。

(2) 机油压力表失准，传感器及油压指示装置失效。

(3) 汽缸体主油道被堵塞，积垢过多。

(4) 发动机各轴承的间隙过小。

(5) 机油的黏度过大，机油量过多。

(6) 机油滤清器的滤芯被堵塞，且旁通阀开启困难。

3. 故障诊断与排除

(1) 检查油面高度。若油面正常，应检查机油的黏度、牌号是否符合要求。

(2) 用新的机油压力表和传感器与旧的机油压力表和传感器做对比试验，检查机油压力表和传感器是否失效。

(3) 检修机油压力表及机油压力传感器。如有异样，应及时更换。

若以上检查均正常，应检查、调整限压阀。对于与机油泵一体的限压阀，则应拆检机油泵。

(4) 拆检发动机，检查、清洗机油油道，并用压缩空气吹通；同时检查曲轴主轴承、连杆轴承和凸轮轴轴承等的配合间隙是否过小。

机油压力过高故障诊断流程如图 2－23 所示。

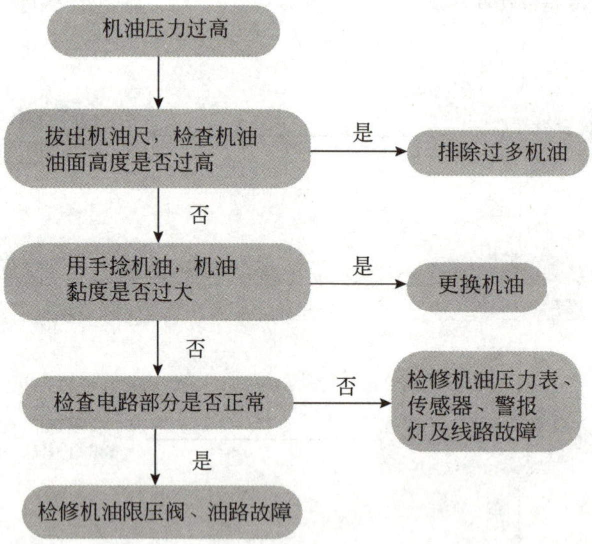

图 2－23　机油压力过高故障诊断流程

(四) 机油消耗过多

1. 故障现象

(1) 燃烧室积炭增多，湿储气筒放气时油沫增多。

(2) 排气管冒蓝烟，机油加注口脉动冒烟。

(3) 机油消耗量超过 0.5 L/100 km。

2. 故障原因

机油消耗过多的主要原因是漏油和烧机油，具体原因如下。

（1）扭曲活塞环被装错，或活塞环磨损严重，或活塞与缸壁间隙过大。

（2）进气门与气门导管磨损过大，或气门导管档油罩损坏，或曲轴箱通风阀失效。

（3）气门室盖、油底壳、放油塞、正时齿轮（链轮、带轮）、曲轴前后油封、凸轮轴油堵、机油滤清器及汽油泵等各部位的油封或密封垫损坏而漏油。

（4）空气压缩机的活塞与缸壁的间隙过大或空气压缩机的前后曲轴盖处漏油。

3. 故障诊断与排除

（1）检查发动机的上、下、前、后及侧部有无明显的漏油痕迹。

（2）使发动机高速运转，查看排气管是否冒蓝烟。有时也可看到从机油加注口处冒出脉动的蓝烟，这是机油进入汽缸燃烧所致，应拆卸活塞连杆组，进行检查分析；若仅是排气管处冒蓝烟，而在机油加注口处并无脉动的蓝烟，则是气门室的机油沿磨损过量的进气门导管被吸入燃烧室所致，须进行检修。

（3）检查曲轴箱的通风阀是否失效，失效则更换通风阀。

机油消耗过多故障诊断流程如图 2－24 所示。

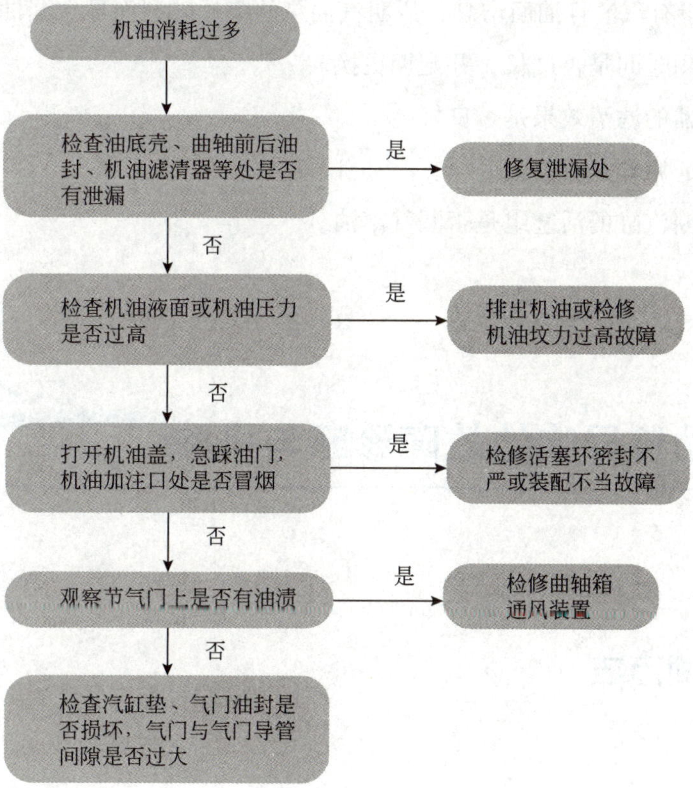

图 2－24　机油消耗过多故障诊断流程

（四）机油变质

1. 故障现象

（1）机油变稀，油面高度增加且有汽油味，并伴有混合气过稀或不来油现象。

（2）机油油面高度增加且呈浑浊的乳白色，并伴有发动机过热或个别汽缸不工作的现象。

（3）将机油滴在白纸上进行目测。若机油呈黑色并有杂质或油滴外缘呈黄色而核心为黑色，或用手捻搓机油感到机油失去黏性并有杂质感，则说明机油变质。

2. 故障原因

机油变质主要是机油高温氧化或混入冷却液、汽油及其他杂质所致。具体原因如下。

（1）机油品质差或使用时间过长。

（2）汽缸活塞组漏气、曲轴箱通风不良或机油受燃烧废气污染。

（3）燃烧炭渣、金属屑或其他杂质过多，落入油底壳使机油变质。

（4）汽油泵膜片破裂导致汽油漏入油底壳而稀释机油。

（5）汽缸垫损坏、汽缸体或汽缸盖破裂，致使冷却液漏入油底壳使机油变为乳白色。

（6）机油散热器工作不良或发动机过热，使机油温度超过 80 ℃，加速了机油的高温氧化。

3. 故障诊断与排除

（1）根据机油的颜色和特征，判断机油是否变质（经验法）；也可利用机油清净性分析仪、机油黏度检测仪测定机油的黏度、颜色，以判断机油中是否有汽油、水分和其他杂质。

（2）根据机油变质后的特征，确定故障原因和故障部位。如机油呈浑浊乳白色且油面增高，说明汽缸内进水；如机油中掺有汽油且油面增高，说明汽油泵的膜片破裂而导致漏油。

（3）检查机油的使用时间是否过长，并定期更换。

（4）检查机油滤清器的滤清效果是否良好。

（5）检查曲轴箱的通风阀是否失效。

（6）检测缸压，判断汽缸的活塞组是否漏气窜油。

第六节 发动机异响的故障诊断与排除

一、异响的判断方法

（一）比较判断法

比较判断法是利用断火或断油的方法，以及按不同部位、汽缸的响声的特点，比较多缸发动机各缸响声的差别。

（二）去除判断法

去除判断法是将怀疑存在响声的零部件取出，不让它们参与工作或减小其运动程度。

（三）扩大判断法

扩大判断法是在某个响声出现后，可以用改变被怀疑部位的工作条件或尺寸等方法，使响声更加明显，从而证实判断。但应注意，不能造成零件损坏。

（四）虚听与实听判断法

在发动机异常响声出现后，往往会出现这样的情况：站在不同位置感觉到的响声部位是不一样的，这种情况称为“虚听”。“实听”就是利用探杆接触被听诊的部位，以确定异常响声的部位。

（五）模拟判断法

模拟判断法是模拟汽车出现异常响声的环境和条件，如温度、转速、负荷、润滑条件、振动状态、运动状态和工作状态，尤其在不稳定的工作状态下，汽车的异常响声会更明显。

（六）异响的判定

异响的判定是指从声响中找出异响。在众多混杂的发动机运转声响中，应判定哪些是正常的声响，哪些是异响。异响中哪些是允许存在的，哪些是必须予以排除的，这些异响在诊断过程中首先应明确的。

1. 异响的判定原则

（1）若声响在低速运转时轻微、单纯，在高速运转时虽发出轰鸣声但平稳均匀，在加速和减速时声响过渡圆滑，则为正常声响。

（2）若声响中伴随着沉闷的“铿铿”声、清脆的“铛铛”声、短促的“嗒嗒”声、细微的“喇喇”声、尖锐的“喋喋”声和强烈的“嘎嘎”声等，即表明发动机存在不正常的异响。

2. 异响是否允许存在

（1）声响仅在怠速运转时存在，转速提高后即自行消失，在整个使用过程中声响又无明显变化，则属于危害不大的异响，允许暂时存在，待适当时机再修理。

（2）声响在突然加速或突然减速时出现，而且在中、高速运转期并不消失，同时引起机体振抖，则属于不允许继续存在的异响，应立即查明原因，予以排除。

（3）如果声响是在运转中突然出现的，且较猛烈，则不应继续运转或试听诊断，而应立即停机拆检。一般拆检顺序是先拆油底壳，再拆缸盖，最后拆气门室盖（罩）。

（七）异响的确诊

异响的确诊是指对异响进行特性分析，进而确定异响的部位、原因和程度。异响一般存在于怠速或低速运转期间、高速运转期间、整个运行期间等。

1. 怠速或低速运转期间

如果遇到怠速或低速运转期间出现的异响，可依以下顺序诊断。

（1）用单缸断火法检查异响与缸位是否有关联。若某缸断火后异响有明显的变化，说明故障在该缸；若某缸断火后异响并无明显变化，说明异响与该缸并无关系。继而逐缸检查异响与工作循环是否有关联，判定出故障所在部位。

（2）逐渐提高发动机转速，听查异响有无变化，根据异响随转速的变化，判断运动机件耗损的程度。

（3）在诊断过程中，还应注意观察发动机温度的变化对异响的影响。

通过上述诊断过程，基本可查明异响与发动机的负荷、工作循环、转速、温度之间的关系。若异响与某种异响特性相符合，则可得出确诊结论。

2. 高速运转期间

如果遇到此种条件下出现的异响，可依以下顺序诊断。

（1）从低速逐渐提高发动机转速，直至高速运转。在此过程中，注意异响出现的时机。

（2）当异响出现后，稳定于该转速运转，仔细听查异响，利用单缸断火法查明缸位。

（3）若难以查明缸位，则应用螺丝刀（或金属棒）听查法找到异响分布的区域。

二、影响发动机响声的因素

（一）转速对响声的影响

1. 加速运动

对于旋转运动的零部件，加速时，其响声变大，而且节奏很快，甚至变成一个长声音，同时发动机的机体会发生振动。

2. 减速运动

汽车减速运动时，有以下两种运动形式。

（1）汽车上坡行驶。这时，汽车处于大负荷的工作状态，零件之间的作用力很大，如果某部分间隙较大，尤其是零件定位不准，会造成异常响声。

（2）汽车滑行。这时汽车处于一种无正向负荷的状态，由于高低不平路面的影响，汽车可能会发出“咣铛”的响声，一般是零件间隙过大。

3. 匀速运动

匀速运动时汽车各处受力较均匀，响声一般很细密，车速较高时车身抖动明显，在车辆加速或减速时响声较小。一般是车辆上某个零件或总成内有动不平衡的零件。

（二）温度对响声的影响

一般汽车的异常响声与零件的温度有关。正常情况下，零件、部件、总成出现的响声随温度升高而降低。

（三）润滑条件对响声的影响

一般情况下，润滑条件下降，响声增大。机油压力是很关键的指标，机油压力下降时异响会明显加重，一定要判明原因才能重新起动发动机。

（四）发动机负荷对响声的影响

发动机负荷对异常响声影响极大。一般情况下，负荷越大，响声越大。

（五）零件刚度对响声的影响

受到外界作用力时，刚度小的零件变形量大，易产生振动而发出响声，尤其是事故车修复后，其车身的刚度下降。

（六）零件配合间隙对响声的影响

零件配合间隙的大小对响声的影响很大。一般情况下，间隙大，零件的响声大。在装配零件时，严格按技术要求的尺寸安装是减小响声的根本方法。

三、发动机异响故障诊断

（一）活塞敲缸故障诊断

1. 故障现象

发动机在怠速或低速运转时，汽缸的上部发出清晰而明显的“嗒嗒”的金属敲击声，在中速及中速以上运转时响声减弱或消失；发动机温度变化时，响声也变化。

多数情况下响声在冷车时明显，热车时减弱或消失，也有个别情况下活塞敲缸响声在温度升高后增大；负荷越大，响声也越大，但机油压力不降低；单缸断火，响声减弱或消失。

2. 故障原因

（1）活塞与汽缸壁配合间隙过大。

（2）活塞与汽缸壁间润滑条件过差。

（3）活塞在常温时反椭圆或椭圆度过小。

（4）活塞销与活塞销座孔装配过紧。

（5）活塞销与连杆小头衬套装配过紧。

（6）连杆轴承装配过紧。

（7）活塞圆柱度过大。

3. 故障诊断

（1）怠速或低速运转时，异响比较清晰；中速以上运转时，异响减弱或消失。

（2）负荷加大，响声加大。

（3）一般冷车时响声明显，热车后响声减弱或消失，即冷敲缸；严重时冷热均敲缸，并伴有振抖。

（4）将发动机置于异响明显的转速下，进行单缸断火试验，响声明显减弱或消失。

（5）曲轴转一圈，发出响声一次，且有节奏性，转速提高时响声频率提高。

（6）润滑不良时响声加重。

（7）将听诊器或听诊杆触在机体上部两侧进行听诊。若响声较强并稍有振动，再结合断火试验，即可确定异响汽缸。

（8）伴随现象：排气管排蓝烟、缸压降低等。将螺丝刀或听诊器抵紧汽缸侧部触试，有明显振动感。

发动机敲缸包括冷态敲缸、热态敲缸和冷热态均敲缸。发动机冷起动后活塞敲缸较重，热车后响声减轻或消失，称为冷态敲缸，其原因主要是配缸间隙过大或活塞变形。发动机冷态不响，热车后怠速发响，并伴有机体轻微抖动，且温度越高，响声越大，即热态敲缸。热态敲缸要及时排除，否则会转化成拉缸事故。热态敲缸的故障原因为连杆轴颈与主轴颈不平行、连杆弯曲、连杆衬套轴向偏斜等造成的活塞偏缸，活塞配合间隙过小、椭圆度过小或反椭圆、活塞变形等造成的活塞过紧，活塞环端隙、背隙过小造成的活塞环卡滞等。冷热态均敲缸的故障原因为活塞销与连杆衬套或连杆小头装配过紧，连杆轴承装配过紧，活塞裙部圆柱度超标等。冷态敲缸或热态敲缸较为严重时也会导致冷热态均敲缸。

（二）活塞销响故障诊断

1. 故障现象

发动机在怠速、低速和从怠速向低速抖动节气门时，可听到清脆而又连贯的“嗒嗒”的金属敲击声；响声严重时，随转速的升高而增大，随负荷的增大而加重；发动机温度变化，对响声影响不大；机油压力不降低；单缸断火时响声明显减弱或消失，复火瞬间响声又出现或连续出现两个响声。

2. 故障原因

（1）活塞销与连杆小头衬套配合松旷。

（2）衬套与连杆小头孔配合松旷。

（3）活塞销与活塞上的销座孔配合松旷。

3. 故障诊断

（1）转速变化时，响声也随之周期性变化，加速时响声更大，在发动机转速稍高于怠速时比较明显，比轴承响清脆。抖动节气门，从怠速向低速加速时，响声能随转速的变化而变化，且在转速升高的瞬间，发出清脆、连续而有节奏的响声。

（2）温度上升，响声不但没有减弱，反而更加明显。有时冷车时响声小，热车时响声大。

（3）单缸断火时，响声减弱或消失。复火时会明显出现一响或连续两响。严重时，在响声较大的转速下进行断火试验时，往往响声不消失且变得杂乱。

（4）用螺丝刀或听诊器抵触在发动机上侧部或汽缸盖上听查，同时变换转速，在汽缸壁上部听诊比在下部明显。若响声不明显，则将点火时间提前，这时响声会较前明显，特点是上下双响，声音较脆。

（5）根据以下不同征兆具体诊断。

① 若转速越高，响声越大，单缸断火时响声反而杂乱，则故障为活塞销与衬套间隙过大。

② 怠速运转时，响声为有节奏而较沉重的响声，提高转速后响声不减小，同时伴有机体轻微抖动，断火试验时响声增大，则说明活塞销自由窜动。

③ 若急加速时响声尖锐而清晰，断火试验时响声减轻或消失，则很可能是活塞销折断。

（三）汽缸漏气故障诊断

1. 故障现象

发动机运转时，从加机油口处听到曲轴箱内发出“嘣嘣”的漏气声；负荷越大，响声越大；转速越高，响声越小；当抬加速踏板或单缸断火时，响声减弱或消失。随着响声的出现，加机油口处脉动地向外冒烟，冒烟次数与发响次数相同。

2. 故障原因

（1）新换活塞环与汽缸壁的漏光度过大。

（2）活塞环和汽缸壁严重磨损。

（3）活塞环开口间隙过大或活塞环开口重合。

（4）活塞环弹力过弱或侧隙、背隙过小。

（5）活塞环卡死在环槽内。

（6）汽缸壁拉伤，出现沟槽。

3. 故障诊断方法

提高发动机转速至响声最明显并保持转速，打开机油加注口观察，若有烟向外冒出，可能是汽缸漏气响，否则是其他异响。用逐缸断火法检查，若某缸断火后响声减弱或消失，则表明该缸可能存在汽缸漏气响。拆下可能存在漏气的火花塞，向汽缸内注入少量机油，转动发动机数圈后，装好火花塞，重新起动发动机，若响声明显减小，则可确定是该缸漏气。

（四）点火敲缸故障诊断

1. 故障现象

发动机急加速或大负荷运转时，发出类似金属敲击的响声，随转速升高而逐渐消失。

2. 故障原因

敲缸响是由爆燃或早燃引起的。爆燃发生在火花塞点火之后，而早燃发生在火花塞点火之前，爆燃可引起早燃，早燃又促进爆燃。其主要原因为混合气过浓、汽油品质差、辛烷值太低、点火时间过早、压缩比过高、燃烧室积炭过多、发动机过热、负荷过大等。

3. 故障诊断

路试是诊断点火敲缸常用的可靠方法。热车后以最高档最低稳定车速行驶，然后将加速踏板急速踩到底，如在急加速中发出“嗒嗒”的强烈响声并长时间不消失，而当稍抬加速踏板时响声又会立即减弱或消失，再加速时又重新出现，即可确诊为点火敲缸。

点火敲缸与气门响的区别：气门响可发生在任何转速下（包括空转转速），而点火敲缸发生在汽车加速行驶、爬坡和满载等情况下。发动机产生点火敲缸后，适当推迟点火正时，即可继续运行。如响声仍不消失，应进一步查明原因，检查是否有机体过热或积炭过多等现象。

（五）气门响故障诊断

1. 故障现象

发动机怠速运转时发出连续不断且有节奏的“嗒嗒”（在气门脚处）或“啪啪”（在气门座处）的敲击声；转速增高时响声也随之增大，温度变化和单缸断火时响声不减弱；若有数只气门响，则声音显得杂乱。气门脚响和气门落座响统称气门响。

2. 故障原因

（1）气门脚响。

① 气门间隙过大。

② 气门间隙调整螺钉松动或该间隙处两接触面不平。

③ 配气凸轮过度磨损，造成缓冲段效能下降，加重了挺杆对气门的冲击。

④ 气门润滑不良。

（2）气门落座响。

① 气门杆与其导管配合间隙过大。

② 气门头部与其座圈接触不良。

③ 气门座圈松动。

④ 气门脚间隙过大。

3. 故障诊断方法

（1）转速增高，响声增大，节奏加快。怠速、低速时响声明显，中速以上变得模糊杂乱。

（2）负荷、温度、缸位对气门脚响无影响，断火试验时异响无变化。

（3）怠速下在气门室或气门罩处听诊异响非常明显，气门脚响清脆有节奏，在发动机周围就能听到较为清晰的响声。

（4）将气门室盖拆下，在怠速时用适当厚度的厚薄规插入气门间隙处，若响声消失或减弱即可确诊为该气门间隙过大。也可用厚薄规检查或用手晃试气门间隙，间隙最大的往往是最响的气门。为进一步确诊是气门脚响还是气门落座响，可在气门间隙处滴入少许机油，如瞬间响声减弱或消失，说明是气门脚响；如响声无变化，说明是气门落座响。

（5）插入厚薄规后，气门没有间隙，若响声不变，可用螺丝刀撬动气门杆；若响声消失，说明气门杆与导管磨损过度。

（六）曲轴主轴承响故障诊断

1. 故障现象

发动机突然加速时会发出沉重而有力的“铛铛”的金属敲击声，严重时机体发生很大振动；响声随发动机转速的提高而增大，随负荷的增加而增强，产生响声的部位在缸体下部的曲轴箱内；单缸断火时响声无明显变化，相邻两缸同时断火时，响声会明显减弱或消失；温度变化时响声不变化；响声严重时机油压力明显降低。

2. 故障原因

（1）主轴承盖固定螺钉松动。

（2）主轴承减摩合金烧毁或脱落。

（3）主轴承和轴颈磨损过甚，轴向止推装置磨损过甚，造成径向和轴向间隙过大。

（4）曲轴弯曲。

（5）机油压力过低或机油黏度过低。

3. 故障诊断方法

（1）改变发动机转速，转速增高，响声增大，中速向高速过渡时响声明显，急加速时异响明显。低速时，用手微微抖动并反复加大节气门，仔细听查异响，如响声随转速升高而增大，在加速的瞬间响声较明显，一般是主轴承松旷；如在怠速或低速时响声较明显，高速时杂乱，可能是曲轴弯曲；如在高速时有较大振动，油压显著降低，一般是主轴承松旷严重、烧损或减摩合金脱落。

（2）负荷增大（如爬坡、重载时），响声增大。负荷变化时，响声变化较明显。

（3）发动机温度变化时，异响变化不明显。

（4）单缸断火时，响声不变（若头道或末道主轴承响，则响声减弱）。相邻两缸均断火时，响声明显减弱。

（5）每个工作循环响两次。

（6）润滑不良时，响声加重，一般有明显的油压降低现象。

（7）反复抖动节气门，从机油口（或曲轴籍通风管口）处听诊，可听到明显的沉重有力的金属敲击声。将听诊器触在油底壳或曲轴箱与曲轴轴线齐平的位置上听诊，响声最大的部位即发出异响的主轴承。

（8）伴随现象：主轴承异响往往会伴随油压降低现象，严重时发动机振抖，尤其在高速或大负荷时明显。

（七）连杆轴承响故障诊断

1. 故障现象

当发动机突然加速时，有连续明显、轻而短促的“铛铛”敲击声，这是连杆轴承响的主要特征；轴承严重松旷时，怠速运转也能听到明显的响声，且机油压力降低；发动机温度变化时，响声不变化；发动机负荷变化时，响声随负荷增加而加剧，单缸断火，响声明显减弱或消失，但复火时又立即出现。

2. 故障原因

（1）连杆轴承盖的固定螺栓松动或折断。

（2）连杆轴承减摩合金烧毁或脱落。

（3）连杆轴承或轴颈磨损过甚，造成径向间隙过大。

（4）机油压力过低或机油黏度过低。

3. 故障诊断方法

（1）改变发动机转速，怠速时声响较小，中速时较为明显，稍微加大节气门就有连续的敲击声，急加速时敲击声随之增大，高速时因其他杂音干扰而不明显。诊断时使发动机怠速运转，然后由怠速向低速、由低速向中速、由中速向高速加大节气门进行试验，同时结合单缸断火法，并在机油口处听诊，响声随转速的升高而增大。抖动节气门时，在加油的瞬间异响突出。响声严重时，在任何转速下均可听到清晰、明显的敲击声。

（2）负荷增大，响声增大。

（3）发动机温度变化时，响声通常不变，但有时也受机油温度的影响。

（4）单缸断火，响声明显减弱或消失，但复火时又能立即出现，即“响声上缸”。但当连杆轴承过于松旷时，单缸断火后响声无明显变化。

（5）点火一次，发响两次，即每个工作循环响两次。

（6）连杆轴承响声在油底壳侧面较大。用听诊器触在机体上听诊，响声不太清晰。若在机油口处或曲轴箱通风管口处直接听查，可清楚地听到连杆轴承敲击声。

（7）伴随现象。连杆轴承响伴随有油压明显降低现象，严重时机体振抖，这有别于活塞销响和活塞敲缸。可用螺丝刀或听诊器抵住缸体下部或油底壳处，当触试相应的故障缸位时有明显振动感。

（八）液压挺杆响故障诊断

1. 故障现象

（1）发动机怠速运转时发出有节奏的金属敲击声，中速以上响声减弱或消失。

（2）用听诊器听查，凸轮轴附近响声明显；断火试验，响声无变化。

2. 故障原因

（1）挺杆与导孔配合面磨损严重。

（2）挺杆液压偶件磨损。

（3）润滑油供油不足。

3. 故障诊断与排除

改变发动机转速并用听诊器听查响声的变化。怠速时发动机顶部响声明显，中速以上响声减弱或消失，断火试验时响声无变化，即液压挺杆响。具体部位可用听诊器根据响声变化来判断。在起动时液压挺杆有不大的响声是正常的（润滑油未充分进入液压挺杆），发动机转速达到 2 500 r/min 后继续运转 2 min，若挺杆仍有响声，应先检查、调整机油压力。若机油压力正常，则应更换液压挺杆。

（九）正时齿轮响故障诊断

1. 故障现象

发动机运转时，在其前部发出一种连续的或节奏明显的响声；一般情况下，转速越高，响声越大；温度变化时响声不变化；单缸断火时响声不减弱。

2. 故障原因

（1）齿轮啮合间隙过大或过小。

（2）曲轴主轴承孔与凸轮轴轴承孔的中心距在使用或修理中发生变化。

（3）齿轮的齿形加工不准、热处理时变形或齿面过度磨损。

（4）齿轮啮合间隙不一致或齿轮发生根切。

3. 故障诊断方法

如果发动机冷车时响声较大，而温度升高后响声逐渐消失，则是温度太低造成的，可继续运行。如发动机热车后响声仍存在，可按图 2－25 所示流程的检查。

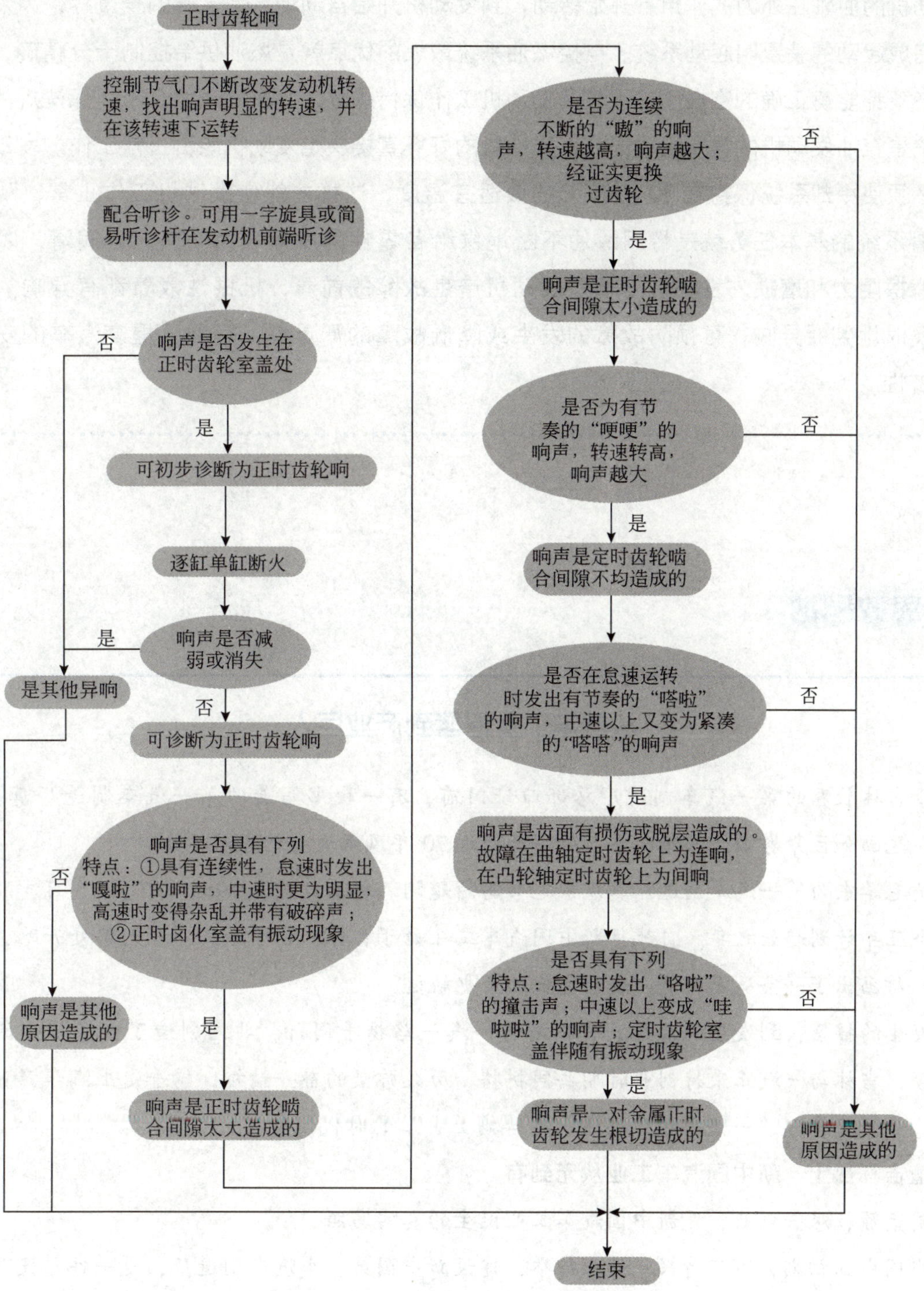

图 2－25　正时齿轮响故障诊断流程图

本章小结

本章主要讲述了起动系统的故障诊断与排除，燃油系统的故障诊断与排除、点火系统的故障诊断与排除、冷却系统的故障诊断与排除、润滑系统的故障诊断与排除、发动机异响的故障诊断与排除的内容。从发动机的曲轴在外力的作用下开始转动，到发动机开始自动地怠速运转的全过程，为发动机的起动过程，完成起动的装置叫起动系统。电控燃油系统最大的优点就是燃油供给控制十分精确，让发动机在任何状态下都能有正确的空燃比，不仅让发动机工作保持顺畅，其废气也能合乎环保法规的规定。汽车点火系统是汽油发动机的重要组成部分，其性能的好坏直接决定发动机能否正常工作。发动机在任何情况下都必须使冷却系统保持在80 ~90 ℃的最适宜温度，这样才能使发动机工作正常，从而延长其寿命。润滑系统的基本任务就是将润滑油不断地供给各零件的摩擦表面使其充分润滑，以减少运动机件间的摩擦阻力和磨损。发动机异响是发动机产生故障的前奏，机械性故障都有异响的前兆，因此正确、及时地判断异响，可预防故障的发生或降低故障的严重性，有利于提高汽车的安全性、可靠性和经济性。

思政园地

从汽车工业摇篮到产业巨人

位于吉林长春的第一汽车制造厂总部旧址门前，有一块书写着“第一汽车制造厂奠基纪念”的碑石。笔画如巨斧劈山，昂扬奋举，碑石历经近70年风雨变迁仍巍然屹立。

这是毛泽东为第一汽车制造厂奠基亲笔书写的题词。奠基日期是1953年7月15日，正是新中国第一个五年计划起始之年。自此，新中国汽车工业始于吉林，创于一汽，在无路处开路，于荆棘中前行，勾画出了一条从无到有、由弱变强的历史轨迹。

从诞生的摇篮，到发展的后盾，吉林省与一汽一路携手同行，共同创造了众多辉煌的历史时刻。如今，吉林与一汽正秉持创业时期共同拼搏、历久弥坚的奋斗精神，携手走上汽车产业创新重塑之路，共同肩负起“一定要把民族汽车品牌搞上去”的时代使命。

根植吉林热土　新中国汽车工业从无到有

脚踏荒原，艰苦创业，是新中国汽车工业诞生的真实写照。

新中国成立初期，百废待兴、百业待举，建设新中国第一个汽车制造厂，是一件与民族、国家命运紧密相连的大事，受到党中央的高度重视。

1950年，一汽选址工作就已开始。党中央对工厂选址、工厂设计、厂长任命等工作直接过问与决策，重工业部派工作组赴全国各地进行了大量勘测。最后，综合战略考虑，以及东北地区资源、交通、工业基础优势，1951年1月3日，周恩来总理批示：“吉斯制造厂（指一汽）设于东北长春附近。”

自此，吉林省成为中国汽车工业的摇篮。共同的奋斗历程，把吉林与一汽紧紧联系在一起。

吉林省对一汽建厂予以全力支援。建厂工程最紧张的时候，长春市的机关干部，大、中学校学生，部队战士组成3万多人的义务劳动大军，支援汽车厂建设。九台县饮马河农民为一汽赶制了冬季施工用的草帘子29 180片。一位老大娘把自己家鸡下的几十个鸡蛋也拿到工地上，一定要送给建设一汽的职工吃。

1954年，长春市第一届人代会出台支援一汽的方针："主动积极，尽先办理，只许办好，不许办坏。"当年长春市政建设费用的95%和1955年市政建设费用的84%，都用于支援一汽建设，完成了道路、桥梁、上下水道、煤气管道等15项配套工程。长春市商业部门职工说："只要六五二厂（一汽旧称）需要，不管大风大雨我们都要组织货源，把物资及时送到，比啥都高兴。"

当时，许多人为了建设一汽，选择将青春留在吉林大地，无怨无悔。

历经三次创业　追寻工业强国之梦

1958年，第一辆红旗轿车在一汽问世，成为重大国事活动的"国车"。此后，让轿车走入中国家庭，满足人民对乘用车的需求，就是无数一汽人苦苦追求的目标。

1987年7月15日，一汽首任厂长、中国汽车工业的奠基人饶斌参加一汽解放牌卡车出车30年纪念大会。会上，已是暮年的他激动地说："我老了，不能和大家一起投身第三次创业。但是，我愿意躺在地上，化作一座桥，让大家踩着我的身躯走过，齐心协力把轿车造出来，去实现我们中国几代汽车人的轿车梦！"说完，他的泪水潸然而下。十几天后，他在上海因病逝世，享年74岁。

饶斌口中的"第三次创业"，就是一汽实现"上轿车、轻型车"的过程。在此之前，一汽凭借艰苦奋斗、自主创新，完成了以解放卡车换型改造为代表的"第二次创业"。1986年9月29日，最后一辆"老解放"驶下总装线，生产30年之久的老产品"退役"，解放品牌踏上了创新引领的新征程。一汽与整个中国汽车工业的目光，都转向了轿车。

那时，改革开放春风般拂开了国门，当几十万辆外国车带着风靡世界的尖端技术装备，潮水般涌入中国大地时，一汽人被震撼了，也坚定了"产业报国，工业强国"的信念，要打破我国的汽车工业"缺重少轻，轿车近乎空白"的历史。

为了选择优秀合作伙伴和产品，一汽走出国门，对世界上6个国家22个车型进行反复对比，1988年8月，终于叩开了德国大众公司的大门。

1989年，3万辆奥迪先导工程起步，吉林省再次成为汽车产业的焦点。1990年4月，第一辆乳白色的奥迪轿车带着一汽发展我国轿车事业的雄心驶下了装配线，一汽人三年前发出的第一个宣言——从"中、高级轿车起步"，从此开始变为现实。

1991年2月，一汽－大众公司成立，一汽－大众公司15万辆轿车项目建设工程随之开始。这个总投资111.3亿元，年产15万辆的普及型轿车项目，成为一场与时间的角逐。为给项目提供重点支持，吉林省将15万辆轿车工程列为省一号工程，成立了由省市主要领导参加的领导小组，定期到现场办公，解决工程建设中遇到的困难和问题。

1994年8月，一汽－大众公司15万辆轿车项目总装车间首先建成投产。1995年底，冲压、焊装、涂装车间相继建成。1996年4月30日和7月10日，传动器和发动机两个关键车间建成投产，历时近5年，项目建设工程终于全面完成，成为一汽轿车发展史上的耀眼篇章。

在吉林省、长春市的大力支持下，一汽先后建设了一汽轿车、一汽－大众、一汽丰田等现代化轿车工业基地，形成了商用车、乘用车并举的产品格局，实现中国轿车工业的大跨越，开始与国际接轨。

三次创业，成为合资合作的开拓者，让一汽和中国汽车工业快速缩短与世界先进的差距，为回归自主创新、振兴民族汽车品牌打下了坚实基础。

矢志改革创新　产业巨人肩负时代使命

改革创新，是写在一汽深处的基因，也是推动中国汽车工业不断强大的力量。面对新的使命，也唯有改革创新，才能加速一汽发展、红旗振兴。

改革怎么变？一汽以市场为导向，变分散为集中，重新布局品牌架构，形成红旗、解放、奔腾三大拳头品牌，进一步强化自主品牌规划和打造。同时，通过发挥技术、研发优势，强化品牌竞争力，让旗下品牌跃迁成长。

几年来，中国一汽从顶层设计入手，将一汽原来的中央管控型的组织构架，通过改革优化核心价值链资源配置，实现各业务板块责、权、利、产、供、销一条龙，管理链条、执行效率大幅提高。在人事方面，通过“领导干部能上能下，员工能进能出，薪酬能高能低，机构能增能减”四能改革，激活企业的动力、活力、干劲。

中国一汽改革创新，得到了省委、省政府的全力支持，“举全省之力、聚全省之才、集全省之智”，持续不断地从政策、资源、资金、体制、环境、服务上为中国一汽发展创造良好条件，推动一汽实现配套回归、产能回归、排产回归、结算回归、创新回归、人才回归，坚定支持一汽做强做优做大，加快走出汽车产业发展新路。

政企融合、高效顺畅的央地关系，让吉林省成为中国一汽领跑汽车行业背后的属地服务力量。到2025年，中国一汽预计实现收入过万亿元，自主品牌汽车销量达两百万级。“十四五”期间，中国一汽预计在吉林省投资近千亿元。

面对电动化、智能化、网联化、共享化的汽车“新四化”趋势，吉林省与一汽紧密携手，再启新程，瞄准新一轮科技革命和新技术驱动下“超车”时机，掌握关键技术，以自主创新强势突围，谱写民族汽车工业崛起和吉林振兴发展的新篇章，从辉煌历史迈向新的风景。

不同的时代，不变的精神。

新中国汽车工业的摇篮，正孕育着一个崭新而热烈的新梦想。

（《吉林日报》华泰来）

思考练习

一、填空练习题

1. 起动系统常见故障有________、________、________、________等。

2. 起动系统一般由________、________、________、________组成。

3. 起动机一般包括________、________、________。

4. 静态油压偏高多是________变形或________损坏造成的。

5. ________的作用是根据发动机的________提供适当的汽油，并根据发动机 ECU 的指令完成________的调节。

6. 燃油系统一般由________、________、________、________、________、________、输油管等组成。

7. 若点火系统出现故障或技术状况不佳，会导致发动机________、________下降，________、________，甚至无法起动。

8. 点火高压必须________、________，具有足够的________以适应发动机的不同工况。

9. ________和________是保证发动机点火系统可靠工作的供电系统。

10. 发现________下部的泄水孔处漏水，说明________损坏。

11. ________损坏或性能不当，直接影响冷却液________的正确控制，故应定期检查。

12. 发动机冷却系统的常见故障有冷却液温度________或________、________等。

13. 机油要有合适的________，避免变质或消耗过多；润滑系统要有过滤________、________的能力，以保持机油清洁。

14. 润滑系统常见故障有________、________、________和机油变质等。

15. 润滑系统的主要作用是减少运动件的摩擦和________，同时兼有________、________、________、________作用。

16. 汽车发动机润滑系统一般采用复合润滑方式，主要由________、________、________、机油管和油道、________、________、________和机油报警器组成。

17. ________的判定，是指从________中找出________。

18. 异响的确诊是指对异响进行________，进而认定异响的________、________和________。

19. 一般情况下，润滑条件下降，其响声________。

二、思考训练题

1. 起动机性能检测主要检测哪些内容？

2. 电解液液面高度的检测有哪几种方法？

3. 如何对油泵及油泵控制电路进行检测？

4. 如何检查点火控制器故障？

5. 检查点火正时的方法有哪些？如何检查？

6. 发动机出现水温过高应该从哪些方面着手检查？

7. 发动机冷却液消耗量过大的原因有哪些？

8. 在发动机润滑系统中有几种润滑方式？各润滑哪些部位？

9. 如何对喷油器控制电路进行检测？

10. 如何对油泵及油泵控制电路进行检测？

第三章

汽车底盘的故障诊断与排除

本章导读

汽车底盘的技术状况关系到整车行驶的安全性、操纵稳定性、舒适性和通过性，影响发动机动力的传递和燃料的消耗。汽车底盘的技术状况变差主要表现为故障增多、性能降低和损耗增加。在汽车底盘的检测与故障诊断中，一般是根据故障现象查找故障部位，分析故障原因，然后进行相应的维护和修理。

学习目标

1. 能够对传动系统主要部件进行检测。
2. 掌握行驶系统部件的检测与调整方法。
3. 掌握制动系统常见故障的原因及诊断方法。
4. 能够对制动系统主要部件进行检测。
5. 掌握转向系统部件的检测与调整方法。
6. 能够对转向系统常见故障进行诊断、排除。

第一节　传动系统的故障诊断与排除

一、离合器的检查

（一）主动部分

离合器主动部分包括飞轮、离合器盖和压盘。

飞轮的失效形式有工作面产生磨损、沟槽、翘曲、烧蚀甚至裂纹。检修时，应把工作面清洗干净，不应有机油或润滑脂，否则将产生离合器打滑现象；如有轻微沟槽，可进行打磨；当出现严重磨损、沟槽、烧伤、破裂或失去平衡时，应更换。

离合器盖的失效形式有翘曲变形甚至裂纹。检修时，离合器盖接合面平面度误差应小于0.50 mm，否则应更换；目测离合器盖，若发现有裂纹，轻微时可进行焊补，严重时须更换。

压盘的失效形式有工作面产生磨损、沟槽、翘曲、烧蚀甚至裂纹。检修时，压盘表面平面误差度不得超过0.12 mm，否则应更换。

（二）从动盘

从动盘是离合器的主要易损部件，其常见失效形式有摩擦片磨损、烧蚀、开裂、铆钉松动或外露，从动盘本体翘曲、开裂、铆钉松动，从动盘毂花键磨损，扭转减振器弹簧过软或折断。

检修时，首先应将从动盘清理干净，如表面有轻微油污，可用喷灯火焰烧去或用汽油清洗。表面的轻微烧焦可用砂纸打磨，如摩擦片烧焦面积大而深或有严重油污，则需要换用新的从动盘。

（三）压紧装置

螺旋弹簧常见的失效形式有疲劳过软、弯曲甚至断裂。检修时，其自由长度应符合相关标准或规定，垂直度误差不得大于1 mm。膜片弹簧常见的失效形式有磨损、弯曲、弹力下降。膜片弹簧因长久负荷而疲劳，造成弯曲、磨损、开裂和弹力减弱，影响动力的传递。

（四）操纵机构

分离轴承是离合器的易损件，其失效形式有端面磨损、轴承发卡或异响。分离轴承内座圈磨损不得超过0.30 mm，用手转动应灵活，无尖锐响声或卡滞现象，如图3－1所示。分离轴承为封闭式结构，不能拆卸清洗或加润滑剂，若损坏应换用新件。

分离杠杆的失效形式有内端磨损、变形。检查时，若目测磨损严重或有明显变形，应更换离合器盖及压盘总成。

分离拨叉等杆件的失效形式有连接处磨损或杆件变形。检修时，可晃动杆件，若有明显松旷感，应更换相应杆件。若目测发现明显变形，可校正或更换。

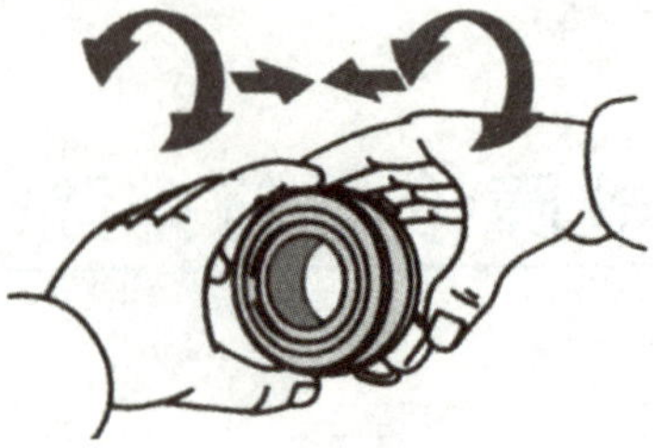

图 3－1　检查分离轴承

对于液压式操纵机构，其常见的失效形式是漏油。当主缸和工作缸出现活塞与缸筒的间隙超过 0.2 mm、皮碗损坏等情况时，将造成内泄漏，系统油压将无法达到正常值，应更换相应的零件。

二、自动变速器道路试验检查

道路试验是诊断、分析自动变速器故障的最有效手段之一，试验内容主要有：检查换档车速、换档质量及换档执行元件有无打滑现象。道路试验之前，应先让汽车以中低速行驶 5～10 min，使发动机和自动变速器都达到正常工作温度。在试验中，如无特殊要求，通常应将超速档开关置于“ON”位置（超速档指示灯熄灭），并将模式开关置于普通模式或经济模式位置。

（一）升档过程的检查

将选档杆拨至前进档 D 位，踩下加速踏板，使节气门保持在 1/2 开度左右，让汽车起步加速，检查自动变速器的升档情况。自动变速器在升档时发动机会有瞬时的转速下降，同时车身有轻微的闯动感。正常情况下，汽车起步后随着车速的升高，试车者应能感觉到自动变速器能顺利由 1 档升至 2 档，随后由 2 档升至 3 档，最后升至超速档。若自动变速器不能升至高档（3 档或超速档），说明控制系统或换档执行元件有故障。

（二）升档车速的检查

将选档杆拨至前进档 D 位，踩下加速踏板，并使节气门保持在某一固定开度，让汽车起步并加速。当察觉到自动变速器升档时，记下升档车速。一般 4 档自动变速器在节气门开度保持在 1/2 时，由 1 档升至 2 档的升档车速为 25～35 km/h，由 2 档升至 3 档的升档车速为 55～70 km/h，由 3 档升至 4 档（超档速）的升档车速为 90～120 km/h。若升档车速过低，一般是控制系统故障所致；若升档车速过高，可能是控制系统有故障，也可能是换档执行元件有故障。

（三）升档时发动机转速的检查

正常情况下，若自动变速器处于经济模式或普通模式，节气门保持在转速低于 3 000 r/min 状态，则在汽车起步加速直至升入高档的整个行驶过程中，发动机转速都将低于 3 000 r/min。通常加速至即将升档时发动机转速可达到 2 500～3 000 r/min，在刚刚升档后的短时间内发动机转速将下降至 2 000 r/min 左右。

如果在整个行驶过程中发动机转速始终过低，加速至升档时仍低于 2 000 r/min，说明升档时间过早或发动机动力不足；如果在行驶过程中发动机转速始终偏高，升档前后的转速在 2 500～3 000 r/min，而且换档冲击明显，说明升档时间过迟；如果在行驶过程中发动机转速过高，经常高于 3 000 r/min，在加速时达到 4 000～5 000 r/min 甚至更高，则说明换档执行元件（离合器或制动器）打滑。

（四）换档质量的检查

换档质量的检查主要是检查有无换档冲击。正常的自动变速器只能有不太明显的换档冲击，特别是电子控制自动变速器的换档冲击应十分微弱。若换档冲击过大，可能是油路油压过高或换档执行元件有故障，应做进一步的检查。

（五）锁止离合器工作情况的检查

液力变矩器中的锁止离合器的工作是否正常可以采用道路试验的方法进行检查。试验时，让汽车加速至超速档，以高于 80 km/h 的车速行驶，并让节气门开度保持在低于 1/2 的位置，使变矩器进入锁止状态。此时，快速将加速踏板踩下至 2/3 开度，同时检查发动机转速的变化情况。若发动机转速没有太大变化，说明锁止离合器处于接合状态；反之，若发动机转速升高很多，则表明锁止离合器没有接合，其原因通常是锁止离合器控制系统有故障。

（六）发动机制动作用的检查

将选档杆拨至前进低档（S、L 或 2、1）位置，在汽车以 2 档或 1 档行驶时，突然松开加速踏板；若车速立即随之下降，说明有发动机制动作用，否则说明控制系统或相关的离合器、制动器有故障。

（七）强制降档功能的检查

检查自动变速器的强制降档功能时，应将选档杆拨至前进档 D 位，保持节气门开度为 1/3 左右，在以 2 档、3 档或超速档行驶时突然将加速踏板完全踩到底，检查自动变速器是否被强制降低一个档位。在强制降档时，发动机转速会突然上升至 4 000 r/min 左右，并随着加速升档，转速逐渐下降。

若踩下加速踏板后没有出现强制降档，说明强制降档功能失效。若在强制降档时发动机转速异常升高达 5 000 r/min，并在升档时出现换档冲击，则说明换档执行元件打滑，应检修自动变速器。

（八）P 位制动效果的检查

将汽车停在坡度大于 9% 的斜坡上，选档杆拨至 P 位，松开驻车制动器，检查机械闭锁爪的锁止效果。

三、驱动桥的检查

（一）桥壳和半轴套管的检查

1. 桥壳和半轴套管不允许有裂纹存在。

2. 钢板弹簧座定位孔的磨损不得大于 1.5 mm，超限时先进行补焊，然后按原位置重新钻孔。

3. 整体式桥壳以半轴套管的两内端轴颈的公共轴线为基准，两外端轴颈的径向圆跳动误差超过 0.30 mm 时应进行校正，校正后的径向圆跳动误差不得大于 0.08 mm。

4. 分段式桥壳以桥壳的结合圆柱面、结合平面及另一端内锥面为基准，轮毂的内外轴颈的径向圆跳动误差超过 0.25 mm 时应进行校正，校正后的径向圆跳动误差不得大于 0.08 mm。

5. 桥壳承孔与半轴套管的配合及伸出长度应符合原厂规定。如半轴套管承孔磨损严重，可将座孔镗至修理尺寸，然后更换相应的修理尺寸的半轴套管。

（二）半轴的检查

1. 半轴应进行隐伤检查，不得有任何形式的裂纹存在。

2. 半轴花键应无明显的扭转变形。

3. 以半轴轴线为基准，半轴中段未加工圆柱体径向圆跳动误差不得大于1. 3 mm，花键外圆柱面的径向圆跳动误差不得大于0. 25 mm，半轴凸缘内侧端面圆跳动误差不得大于0. 15 mm。径向圆跳动超限，应进行冷压校正；端面圆跳动超限，可车削端面进行修正。

4. 半轴花键的侧隙增大量较原厂规定不得大于0. 15 mm。

（三）主减速器壳的检查

主减速器壳的主要检测项目如下。

1. 壳体应无裂损，各部位螺纹的损伤不得多于两牙，否则应更换。

2. 差速器左、右轴承孔同轴度公差为0. 10 mm。

3. 主减速器壳纵轴线对横轴线的垂直度公差：当纵轴线长度大于300 mm时，其值为0. 16 mm；当纵轴线长度小于或等于300 mm，其值为0. 12 mm。

（四）主减速器锥齿轮副的检查

1. 齿轮工作表面不得有明显斑点、剥落、缺损和阶梯形磨损。

2. 主动圆锥齿轮锥面的径向圆跳动公差为0. 05 mm，前后轴承与轴颈、轴承孔的配合应符合原生产厂家规定；从动锥齿轮的铆钉连接应牢固可靠；用螺栓连接的，连接螺栓的紧固应符合原生产厂家规定，紧固螺栓锁止可靠。

3. 齿轮必须成对更换。

（五）差速器的检查

1. 差速器壳产生裂纹，应更换。

2. 差速器壳与行星齿轮、半轴齿轮垫片的接触面应光滑、无沟槽。

3. 行星齿轮、半轴齿轮不得有裂纹，工作表面不得有明显斑点、脱落和缺损。

4. 差速器壳体与轴承、差速器壳与行星齿轮轴的配合应符合原生产厂家规定。

（六）滚动轴承的检查

1. 轴承的钢球（或柱）和滚道上不得有伤痕、剥落、严重黑斑或烧损变色等缺陷，否则应更换。

2. 轴承架不得有缺口、裂纹、铆钉松动或钢球（或柱）脱出等现象，否则应更换。

四、离合器常见故障诊断

离合器的常见故障有离合器踏板分离不彻底、离合器打滑、离合器异响和离合器接合不稳。离合器的常见故障部位主要有飞轮与从动盘接触面、从动盘、压盘、膜片弹簧、分离叉、分离套筒等。

（一）离合器分离不彻底

1. 故障现象

当汽车起步时，将离合器踏到底仍感挂档困难，虽强行挂入，但不抬踏板汽车就向前驶动或造成发动机熄火；当汽车行驶时，变速器挂档困难或挂不进档，并从变速器端发出齿轮撞击声。

2. 故障原因

离合器分离不彻底的具体故障原因如下。

（1）离合器踏板自由行程过大。

（2）离合器拉索发卡。

（3）液压操纵系统漏油、系统内有空气或油量不足。

（4）膜片弹簧断裂或内端因调整不当造成不在同一平面内。

（5）从动盘毂键槽与变速器第一轴键齿锈蚀，使从动盘移动困难。

（6）离合器压盘翘曲变形。

3. 故障诊断

离合器分离不彻底故障诊断思路如下。

（1）故障判断。将变速杆放到空档位置，踏下离合器踏板，用螺丝刀推动离合器从动盘。若能轻推动，说明离合器能分离开；若推不动，说明离合器分不开。

（2）检查离合器踏板自由行程，如自由行程过大，则要重新调整。

（3）检查操纵机构是否正常，拉索是否存在发卡现象，液压操纵机构是否存在泄漏、管路有空气等。

（4）如经过上述检查调整仍无效，应将离合器拆下分解，检查各机件的技术状况，必要时予以修理或换件。

离合器分离不彻底故障诊断流程如图 3－2 所示。

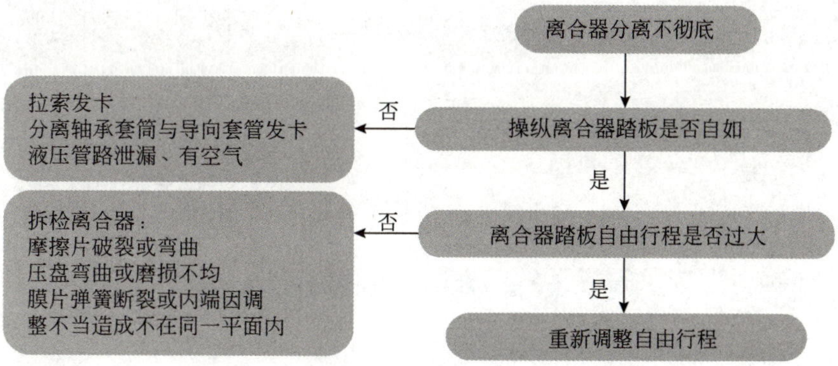

图 3－2　离合器分离不彻底故障诊断流程

（二）离合器接合不稳

1. 故障现象

汽车起步时，离合器不能平稳接合，使车身发生抖动。

2. 故障原因

离合器接合不稳的根本原因是从动盘摩擦片表面与压盘表面、飞轮接触表面之间正压力分布不均，在同一平面内接触时间不同，使得主、从动盘接合不平顺引起发抖。具体原因主要如下。

（1）操纵机构工作不畅。

（2）从动盘翘曲、厚度不均或中间花键的配合间隙过大。

（3）压盘变形。

（4）离合器盖松动。

（5）飞轮端面圆跳动超标。

（6）膜片弹簧本身弹力不均、断裂或内端因调整不当造成不在同一平面内。

3. 故障诊断与排除

（1）让发动机怠速运转，挂上低速档，慢慢松离合器踏板并踩下加速踏板起步，如车身有明显抖动，则为离合器发抖。

（2）检查变速器与飞轮壳、离合器盖飞轮固定螺钉是否松动，如松动，则紧固；如正常，则检查分离杠杆高度。

（3）检查操纵机构是否正常、拉索是否发卡、踏板回位是否正常。

（4）如上述部件正常，应拆下离合器，分别检查压盘、从动盘是否变形，如变形，则应更换；从动盘铆钉是否松动，各压紧弹簧的弹力是否在允许的范围之内。

离合器接合不稳故障诊断流程如图 3－3 所示。

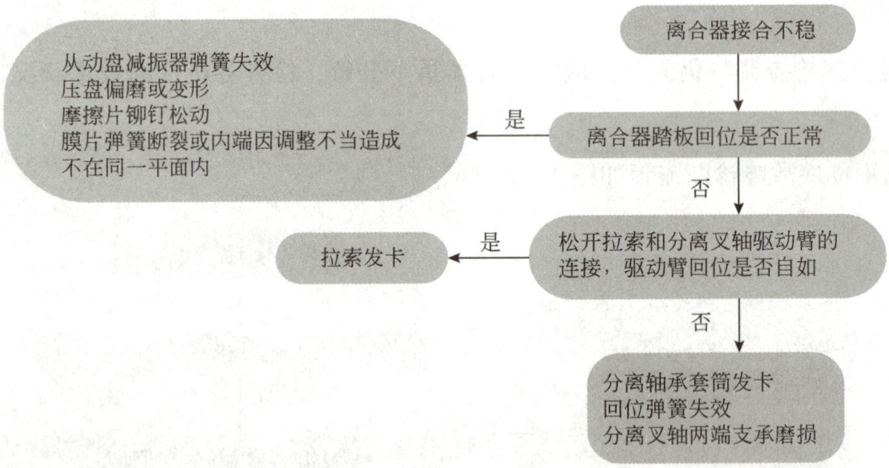

图 3－3　离合器接合不稳故障诊断流程

（三）离合器异响

1. 故障现象

在使用离合器时，有不正常的响声产生。

2. 故障原因

造成异响的根本原因在于离合器部分零件严重磨损及主、从动部件传力部位松旷，在离合器接合或分离的瞬间，由于惯性冲击的作用，造成不正常摩擦或撞击而产生异常响声。

离合器异响的具体原因主要如下。

(1) 分离轴承缺油或损坏。

(2) 分离轴承与膜片弹簧内端之间无间隙。

(3) 分离轴承回位弹簧过软、折断或脱落。

(4) 踏板自由行程过小。

(5) 踏板复位弹簧过软、脱落或折断。

(6) 从动盘本体铆钉外露或松动，本体碎裂或减振弹簧折断。

(7) 从动盘毂与变速器第一轴花键磨损严重。

3. 故障诊断

(1) 少许踩下离合器踏板，使分离杠杆与分离轴承接触，听到有“沙沙”的响声，为分离轴承响。如加油后仍响，则为轴承磨损松旷或损坏。检查分离轴承，如损坏或磨损过大，应换用新的轴承。

(2) 踩下、放松离合器踏板时，如出现间断的碰击声，为分离轴承前后滑动响，应检查分离轴承复位弹簧，如失效，则应更换。

(3) 将踏板踩到底时发响，放松踏板后响声消失，为离合器传动销与销孔磨损松旷。检查传动销磨损情况，如磨损严重，则应更换。

(4) 连踩踏板，在离合器刚接触或分开时响，应检查分离杠杆或支架销与孔之间是否松旷，或是否有铆钉松动和从动盘铆钉外露，如有则应更换。

(5) 发动机一起动就有响声，将踏板抬起后响声消失，为踏板复位弹簧失效，应更换压紧弹簧(注意：所有弹簧须同时更换)。

离合器异响故障诊断流程如图 3－4 所示。

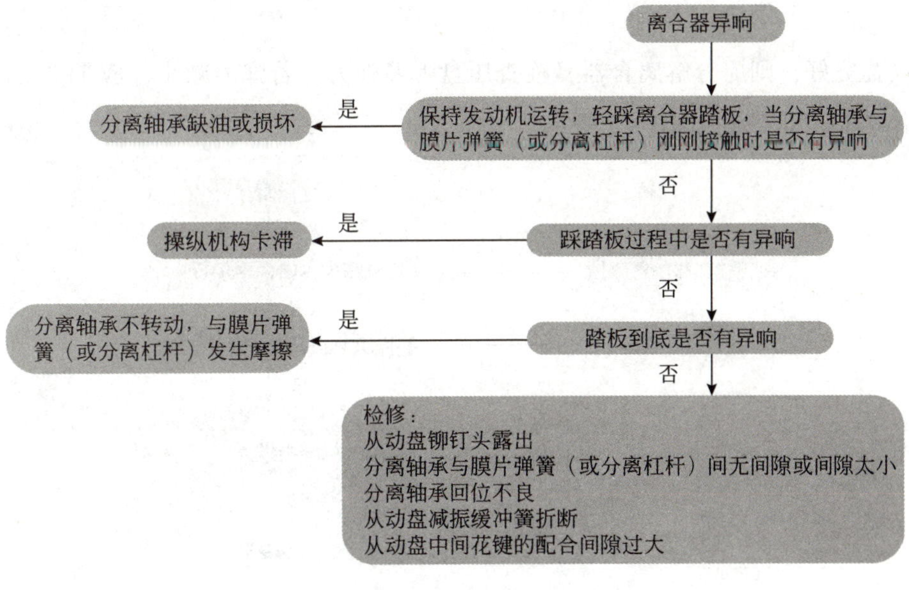

图 3－4 离合器异响故障诊断流程

(四) 离合器打滑

1. 故障现象

当汽车起步时，完全放松离合器踏板，发动机的动力不能完全传至变速器输入轴，使汽车动力下降、油耗增加和起步困难；汽车加速时，车速不能随发动机转速提高而加快，以及行驶无力；当负载上坡时，打滑较明显，严重时，会从离合器内散发出焦臭味。

2. 故障原因

离合器打滑的根本原因是压盘与从动盘之间的最大静摩擦力不足，具体原因及排除方法如下。

(1) 摩擦片烧损、硬化、有油污或磨损严重，应视情况予以修理或更换。

(2) 膜片弹簧疲劳、开裂或失效，应予更换。

(3) 分离轴承等操纵机构运动发卡，不能回位，应予润滑或更换。

(4) 压盘或飞轮变形、磨损，应予磨平或更换。

(5) 离合器操纵机构调整不当，导致踏板自由行程过小，应予调整。

(6) 离合器和飞轮连接螺钉松动，应重新紧固。

3. 故障诊断

(1) 拉紧驻车制动器，挂上低速档，慢慢放松离合器踏板，缓缓加大油门，若汽车不动，发动机仍继续运转而不熄火，说明离合器打滑。

(2) 检查离合器踏板自由行程，如不符合规定，应予调整。

(3) 若自由行程正常，应拆下离合器底盖，检查离合器与飞轮螺钉是否松动，如松动，应拧紧；如不松动，应检查离合器盖与飞轮之间有无调整垫片，并视情况减少或拆除垫片再予拧紧。

(4) 经上述检查调整后仍然打滑，应拆下离合器，检查从动盘的状况。若有油污，一般应拆下用汽油清洗并烘干，然后找出油污来源，并设法排除。若从动盘磨损过度或有铆钉头外露，应更换从动盘。

(5) 如从动盘完好，则应分解离合器，检查压盘弹簧弹力。若弹力减小，应予更换。

离合器打滑故障诊断流程如图 3－5 所示。

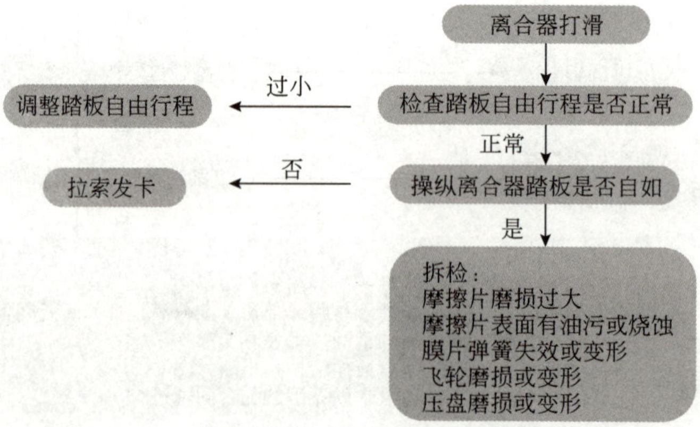

图 3－5　离合器打滑故障诊断流程

五、变速器常见故障诊断

变速器的常见故障主要包括变速器换档困难、变速器跳档、变速器乱档、变速器漏油和变速器异响。变速器的常见故障部位主要有同步器、自锁装置、互锁装置、轴承、花键等。

（一）变速器漏油

1. 故障现象

变速器壳体外围有油泄漏，变速器箱的齿轮油减少。

2. 故障原因

（1）油封磨损、变形或损伤。

（2）变速器壳龟裂、损伤或延伸壳破裂。

（3）通气口堵塞、放油螺塞松动。

（4）变速器的盖与壳体之间安装松动或密封垫损坏。

（5）齿轮油过多或齿轮油选用不当，产生过多泡沫。

（6）车速里程表接头锁紧装置松动或破损。

3. 故障诊断

（1）按油迹部位检查油液泄漏原因。

（2）检查调整变速器油量。检查齿轮油质量，如质量不佳，应更换合适的齿轮油。

（3）疏通堵塞的通气口。

（4）更换损坏的密封垫和油封。

（5）紧固松动的变速器盖、壳螺栓及放油螺塞。

（6）更换损坏的变速器壳和延伸壳。

（7）拧紧车速表接头锁紧装置，如果锁紧装置破损，应予以更换。

（二）变速器异响

1. 故障现象

变速器工作时，发出不正常声响，如金属的干摩擦声、不均匀的碰撞声等。

2. 故障原因

（1）变速器操纵机构各连接处松动，拨叉变形或磨损松旷。

（2）安装变速器与发动机时曲轴与变速器第一轴轴线不同心，或变速器壳体变形。

（3）壳体轴承孔修复后，轴心发生变动或使两轴轴线不重合，变速器壳体前端面与第一轴、第二轴轴线垂直度或第一轴、第二轴与曲轴同轴度超差。

（4）轴承缺油、磨损松旷、疲劳剥落或轴承滚动体破裂。

（5）第二轴、中间轴弯曲或花键与滑动花键毂磨损松旷。

（6）齿轮磨损严重，齿侧间隙太大，齿面有金属疲劳剥落或个别齿损坏、折断等。

（7）齿轮制造精度差或齿轮副不匹配，维修中未成对更换相啮合的两齿轮。

（8）变速器缺油，润滑油过稀、过稠或质量变差。

（9）变速器内掉入异物或某些紧固螺栓松动。

3. 故障诊断

(1) 当发动机怠速运转时，使变速杆处于空档，检查接合和分离离合器过程中有无异响，如离合器接合时发生异响，离合器分离时异响消失，说明异响发生在变速器。也可进行实车行驶，检查在变速档位有无异响。此时，应区别驱动与怠速时的异响。

在排除变速器异响时，要根据响声的特点、出现响声的时机和发响的部位判断产生响声的原因，然后予以排除。

(2) 变速器换入某一档位时，响声明显，应检查该档齿轮和同步器的磨损情况及齿轮啮合情况，若磨损严重，应予以更换。若齿轮接触不良，应酌情更换一对新齿轮。

(3) 发动机怠速运转，变速器挂空档时有异响，多为常啮合齿轮响，应酌情修理或更换。

(4) 变速器各档均有异响，多为基础件、轴、齿轮、花键磨损使形位误差超限，应酌情修理或更换。

(5) 变速器运转时有金属干摩擦声，多为变速器内润滑油有问题，应检查油面高度和油的质量。

(6) 变速器工作时有周期性撞击声，则为齿轮个别齿损坏，应更换该齿轮。

(7) 变速器工作时有间断性异响，可能为变速器内掉入异物所致。

(三) 变速器跳档

1. 故障现象

汽车在加速、减速或爬坡时，变速杆自动跳回空档位置。

2. 故障原因

(1) 变速杆没有调整好或变速杆弯曲，远程控制机构磨损或调整不良。

(2) 拨叉轴轴向自由行程过大或凹槽位置不正确，拨叉轴凹槽磨损及拨叉磨损、变形。

(3) 自锁钢球磨损或破裂，自锁弹簧弹力不够或折断。

(4) 变速器轴、轴承磨损松旷或轴向间隙过大，造成轴转动时齿轮啮合不足而发生跳动和轴向窜动。

(5) 齿轮或接合套严重磨损，沿齿长方向磨成锥形。

(6) 同步器磨损或损坏。

(7) 变速器壳松动或与离合器壳没对准。

3. 故障诊断

(1) 使车辆行驶，反复加速、减速，检查在各档位上变速杆是否容易脱出。如果这种方法效果不明显，可在爬陡坡、下陡坡（发动机制动）时进行检查。

(2) 发现某档脱档时，仍将操纵杆挂入该档，将发动机熄火。先检查操纵机构调整是否正确，然后拆开变速器盖检查齿轮啮合情况和同步器啮合情况。如果啮合情况不好，应检查轴承是否磨损松旷，拨叉是否变形，拨叉与接合套上的叉槽间隙是否过大，否则应更换或校正拨叉；如果啮合情况良好，应检查操纵机构锁止情况。如锁止不良，须拆下拨叉轴检查自锁钢球、弹簧，若弹簧过弱、折断或拨叉轴凹槽磨损，应予以更换或修复。

(3) 若齿轮啮合和操纵机构均良好，应检查齿轮是否磨成锥形，以及轴是否前后移动。齿轮磨成锥形应更换，前后移动应调整。

（4）对于变速器壳松动或与离合器壳没对准而引起的脱档，须按规定拧紧固定螺栓。

变速器跳档故障诊断流程如图 3－6 所示。

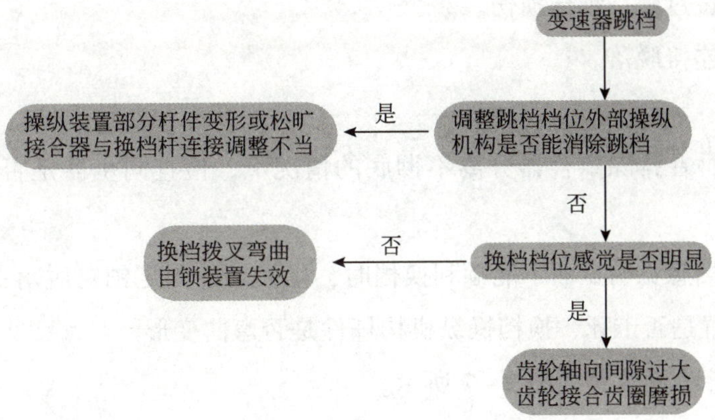

图 3－6　变速器跳档故障诊断流程

（四）变速器乱档

1. 故障现象

在离合器技术状况正常的情况下，变速器同时挂上两个档，或者虽能挂上档，但不能挂入所需要的档位，或挂入后不能退出。

2. 故障原因

（1）变速杆球头定位销磨损、折断，或球孔、球头磨损、松旷。

（2）变速杆下端工作面或拨叉轴上导块的导槽磨损过度。

（3）拨叉槽互锁销、球磨损严重或漏装。

3. 故障诊断

（1）使车辆行驶，操纵变速杆进行换档试验，检查是否同时挂上两个档或挂上的档位是不是所需要的档位。

（2）如果挂需要的档位时挂入别的档位，则应检查变速杆摆转角度，若其能任意摆动，且能打圈，则为定位销损坏或失效。须更换定位销，调整变速杆。

（3）如果变速杆摆动正常，仍挂不上或摘不下档，则多为变速杆下端工作面磨损或导槽磨损，使变速杆下端从导槽中脱出，应予以修复或更换。

（4）若同时挂上两个档，则为互锁装置磨损或漏装零件，应进行零件更换或装复。

（五）变速器换档困难

1. 故障现象

在进行正常变速操作时，变速杆不能挂入档位，或者勉强挂上档后又很难摘下来。

2. 故障原因

（1）同步器不良（磨损或损坏）。

（2）离合器调整不当或分离不彻底。

(3) 变速杆下端磨损或控制杆弯曲。

(4) 拨叉或拨叉轴磨损、松旷、弯曲。

(5) 变速器轴弯曲变形或花键损伤。

(6) 自锁或互锁弹簧过硬、钢球损伤。

(7) 控制连杆机构连接脱落。

3. 故障诊断

(1) 换档时有异响，在排除离合器分离不彻底的情况下，检查同步器是否损坏、润滑油油量是否充足或质量是否合格。

(2) 换档手柄的进档感觉明显而不能顺利换档时，是拨叉的固定销钉脱落；没有明显的进档感觉，则应检查自锁及互锁装置是否卡死、换档操纵机构杆件是否弯曲变形。

变速器换档困难故障诊断流程如图 3-7 所示。

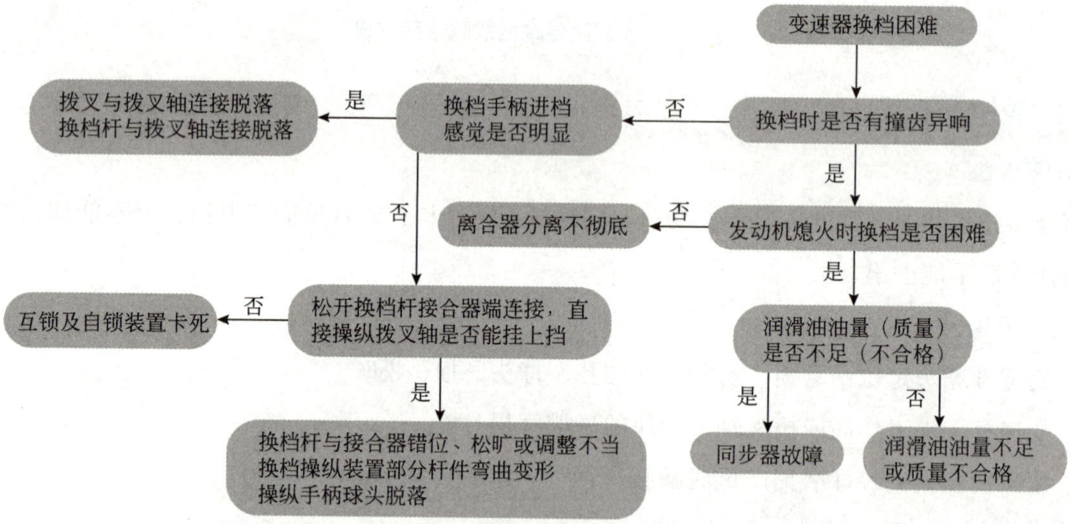

图 3-7 变速器换档困难故障诊断流程

六、驱动桥常见故障诊断

驱动桥的常见故障为驱动桥异响、漏油和过热等。

(一) 漏油

1. 故障现象

在驱动桥加油口、放油口螺塞处或油封、各接合面处可见到明显漏油痕迹。

2. 故障原因

(1) 加油口、放油口螺塞松动或损坏，通气孔堵塞。

(2) 油封磨损、硬化，油封装反，油封与轴颈磨成沟槽。

(3) 接合平面变形、加工粗糙，密封衬垫太薄、硬化或损坏，紧固螺栓松动或损坏。

(4) 桥壳有铸造缺陷或裂纹。

3. 故障诊断

（1）检查加油口、放油口螺塞是否松动，密封垫是否损坏，通气孔是否堵塞。对松动的螺塞按规定力矩拧紧或更换密封垫，对堵塞的通气孔进行疏通。

（2）检查油封是否磨损、损坏或装反，对磨损、损坏的予以更换，对装反的油封重新安装。

（3）检查桥壳，视情况进行修理或更换。

（二）异响

1. 故障现象

驱动桥在运行时发出不正常的响声，可分为驱动时发出异响、滑行时发出异响及转弯行驶时发出异响等。

2. 故障原因

驱动桥异响的主要原因是异常摩擦、配合松旷。

驱动桥异响故障原因如下。

（1）齿轮油油量不足、油质变差，特别是油内有较大金属颗粒。

（2）各类轴承损伤、严重磨损松旷，齿轮齿面磨损、点蚀，轮齿变形或折断。

（3）主减速器锥齿轮严重磨损，啮合面调整不当，啮合间隙不符合标准（太大或太小），啮合间隙不均或未成对更换。

（4）差速器壳与“十”字轴和行星齿轮轴孔与“十”字轴配合松旷。

（5）半轴齿轮与行星齿轮啮合间隙不符合标准（过大或过小），或半轴齿轮与半轴花键配合松旷。

3. 故障诊断

（1）汽车挂档行驶、脱档滑行均有异响。油量不足或油质、齿轮油型号不符合要求时，按规定高度加注齿轮油或更换齿轮油；主减速器或差速器轴承的预紧度不足时，按规定调整轴承的预紧度；若不是上述故障，则检查主减速器锥齿轮啮合间隙、轮齿变形、齿面磨损、齿面点蚀、轮齿折断等情况，对此应酌情进行修理、调整或更换。

（2）挂档行驶有异响，脱档滑行声响减弱或消失。该故障一般由主减速器锥齿轮齿面的正面磨损严重、齿面损伤或啮合面调整不当等引起，应酌情修复、调整或更换。

（3）转弯行驶有异响，直线行驶时声响减弱或消失。该故障一般由半轴齿轮或行星齿轮的齿面严重磨损、齿面点蚀、轮齿变形或折断、行星齿轮轴磨损、半轴弯曲等引起，对损伤严重的齿轮、行星齿轮轴应予以更换，对弯曲的半轴应进行校正或更换。

（4）汽车起步或突然换车速时发出“吭”的一声，或汽车缓速时发出“咔啦”的撞击声。该故障由驱动桥内游动角度太大引起，应予以调整。

（5）若异响时有时无，或有时呈周期性变化，则故障一般由齿轮油中杂物引起，应更换或滤清齿轮油。

驱动桥异响故障诊断流程如图 3－8 所示。

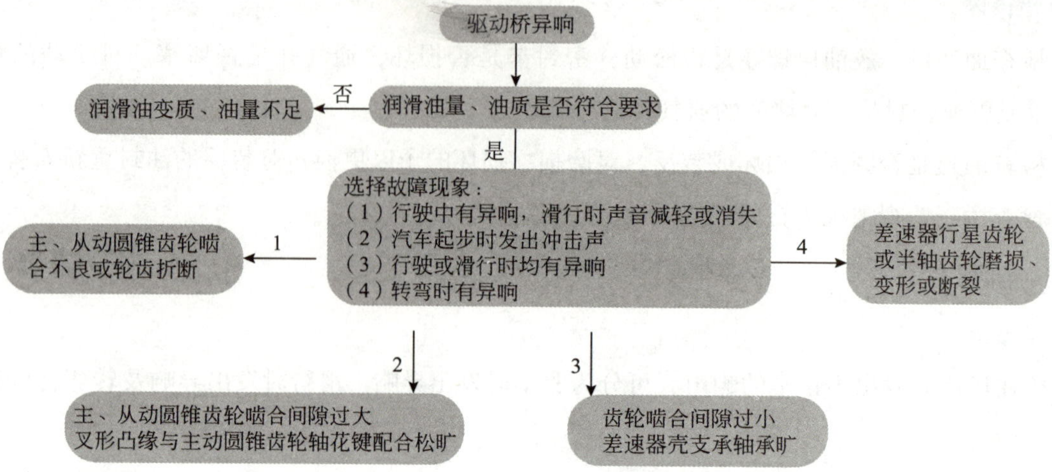

图 3－8　驱动桥异响故障诊断流程

（三）过热

1. 故障现象

汽车行驶一定里程后，用手探试驱动桥壳中部或主减速器壳，有无法忍受的烫手感觉。

2. 故障原因

驱动桥过热的主要原因是冷却不良或产生热量过多，具体故障原因如下。

（1）齿轮油变质、油量不足或牌号不符合要求。

（2）轴承预紧度过大或齿轮啮合间隙过小。

（3）止推垫片与齿轮背隙过小。

（4）油封过紧或各运动副、轴承润滑不良而产生干（或半干）摩擦。

3. 故障诊断

驱动桥过热故障诊断流程如图 3－9 所示。

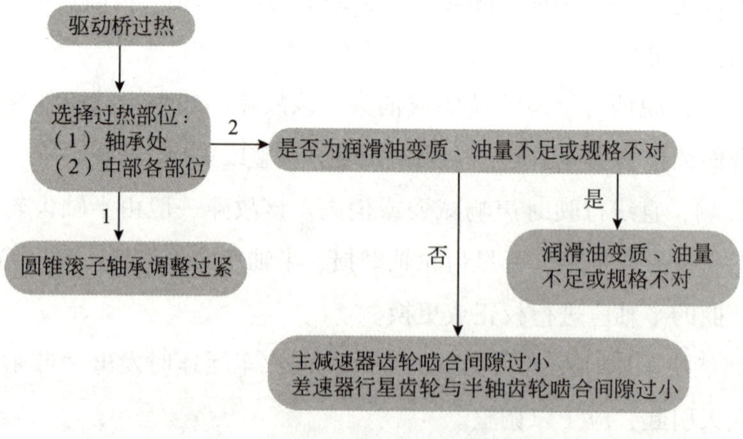

图 3－9　驱动桥过热故障诊断流程

（1）局部过热。油封处过热，则故障由油封过紧引起，应更换合适的油封；轴承处过热，则故障由轴承损坏或调整不当引起，应更换损坏的轴承或调整轴承；油封和轴承处均不过热，则故障由止推垫片与齿轮背隙过小引起，应调整好背隙。

（2）普遍过热。检查齿轮油油面高度，若油面太低，则故障由油量不足引起，应将齿轮油加至规定高度；若油量充足，则应检查齿轮油规格、黏度或润滑性能，如检查结果不符合要求，则故障由齿轮油变质或牌号不符引起，应排尽原来的齿轮油，冲洗桥壳内部，换上规定型号的润滑油；若不是上述问题，则应检查齿轮啮合间隙。先松开驻车制动器，变速器置于空档，然后轻轻转动主减速器的凸缘盘，若转动角度太小，则故障由主减速器齿轮啮合间隙太小引起；若转动角度正常，则故障由行星齿轮与半轴齿轮啮合间隙太小引起，应重新调整上述齿轮啮合间隙。

第二节　行驶系统的故障诊断与排除

一、轮胎的检查

轮胎的检查

（一）轮胎压力检查

将轮胎气门嘴盖卸下，在气门嘴上连接气压表，读取表上读数，如图 3－10 所示。检查气压时轮胎必须处于冷却状态，如果压力比规定值高，应按动释放按钮或轻轻放松气门嘴上的气压表释放一些空气；若比规定值低，应给轮胎充气，直到符合规定气压值。检查调整完成后，安上轮胎气门嘴盖。

（二）轮胎损坏检查

目视检查每个轮胎有无下列异常状况。

1. 轮胎花纹或侧壁凸起或膨胀，若有，则必须更换轮胎，如图 3－11 所示。

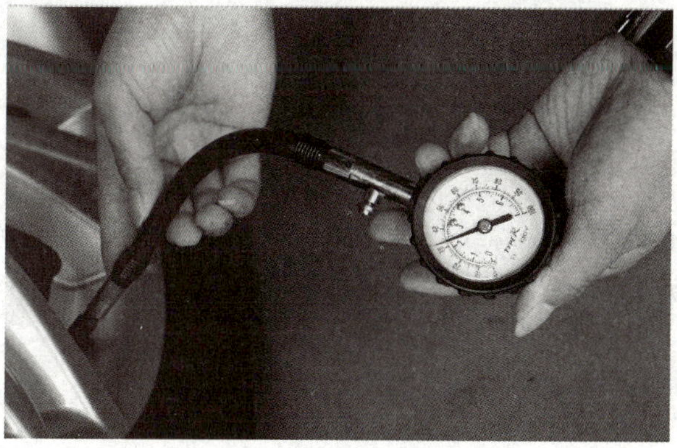

图 3－10　轮胎压力检测

图 3－11　轮胎侧壁凸起

2. 轮胎花纹或侧壁出现伤口或裂痕，若有，则必须更换轮胎，如图 3－12 所示。
3. 轮胎花纹沟内有石子、玻璃、金属片或其他异物，若有，则必须清除，如图 3－13 所示。

图 3－12　轮胎侧壁出现伤口

图 3－13　轮胎花纹沟内有石子

（三）磨损检查

轮胎的花纹沟深必须大于或等于 1.6 mm。轮胎上都有轮胎磨损指示标，以便在轮胎磨损达到极限时提供指示。这些指示标以带状形式绕在轮胎的周边，轮胎侧壁还标有轮胎磨损指示标位置的记号以便查找。可用胎纹深度尺或钢尺测量胎纹深度，发现有达到磨损极限的轮胎，应提示车主更换轮胎。

在正常情况下，车辆的轮胎应当均匀磨损。但是，某些问题会导致轮胎磨损不均匀。例如，轮胎中心的花纹比肩部的花纹磨损得更快，外侧花纹比内侧花纹磨损得更快，肩部花纹比中心花纹磨损得更快等。另外，前轮与后轮的磨损率不同，左轮与右轮的磨损率也不同；前轮驱动的车辆的前轮比后轮磨损得更快。

造成不均匀磨损的两个主要原因是轮胎气压不正常和前轮定位不正确。如果轮胎中心的花纹或肩部的花纹严重磨损，那么轮胎气压很可能不正常。检查轮胎的磨损程度时，目视检查四个轮胎，以确定其是否磨损不均匀。如果轮胎确实磨损不均匀，应检查轮胎气压并重做四轮定位。

二、车架与车桥的检查

（一）转向节与前轴的检查与调整

1. 损耗检查

检视转向节和前轴是否存在损伤、裂纹和变形，转向节轴端螺纹与螺母的配合是否良好；转向节轴外端螺纹损坏应不超过两牙。检查裂纹最好使用电磁和超声波探伤仪，无该设备时，可采用铜锤敲击法进行检查。

2. 间隙检查及调整

检查转向节主销与衬套的配合间隙，该间隙一般不能超过 0.20 mm。一般不解体的检查方法是：将车轮顶起，在前轴上夹持一个百分表，使其触针水平抵住制动底板下部，此时将百分表调到零位；然后放下被顶起的车轮，使其着地，此时百分表中读数的一半就是转向节主销与衬套的配合间隙值。间隙也可采用经验法进行检查：将车辆举升，用手抓住转向节晃动，体会是否有松旷的感觉。转向节与前轴的轴向间隙可通过在转向节与前轴间增减调整垫片的方法进行调整。

（二）前轮轮毂轴承的检查

车轮应能灵活地在轮毂轴承上旋转而无卡滞，轴向松动量不能过大或过小。轴向松动量过大，容易产生松旷、异响，一般是车轮轮毂轴承间隙过大或转向节衬套磨损引起的；轴向松动量过小，容易使车轮旋转卡滞发热。

图 3－14　转动车轮

检查时应先调整车轮轮毂轴承间隙，将一只手放在轮胎上面，另一只手放在轮胎下面，紧紧地推拉轮胎，以便检查是否有任何摆动。用手转动车轮，检查其是否能够无任何噪声地平稳转动，如图 3－14 所示。

如果出现摆动，应压下制动踏板再次检查其行程。若不再摆动，应为车轮轴承故障；若仍然摆动，可能是球节、主销或悬架有问题。

三、悬架的检查

（一）弹性元件的检查

1. 钢板弹簧

钢板弹簧失效的形式有钢片断裂、弹力减弱和磨损。检查时，可采用直观检视法。如发现钢板弹簧钢片存在裂纹、折断、明显变薄等情况，则应更换新件。检查钢片弹力时，可测量钢片在自由状态下的弧高，弧高应不小于 10 mm，否则应更换。检查钢片磨损时，可测量钢板弹簧的总厚度，总厚度应不小于 5 mm，否则应更换。

2. 螺旋弹簧

螺旋弹簧失效的主要形式是弹力减弱。检查时，可目视螺旋弹簧，检查是否有弯曲、裂纹，若有应更换。测量螺旋弹簧的自由高度，若比标准高度少 5% 以上，应更换。螺旋弹簧应左右同时更换，否则会造成左右悬架性能不平衡。

3. 空气弹簧和油气弹簧

空气弹簧和油气弹簧的失效形式主要是气体或油液泄漏，可通过直观检视法来检修。

（二）筒式减振器的检查

筒式减振器的失效形式主要有泄漏、变形、上端轴承损坏、橡胶档块损坏等。检查时，可通过直观检视法，查看减振器是否存在漏油现象。也可以对减振器进行性能试验，其拉伸阻力应大于压缩阻力，否则说明减振器内部损坏，减振器上端轴承与橡胶档块应进行拆检。压缩和拉伸减振器多次，减振器应无异常阻力或声音，运行阻力应正常，否则应更换。

（三）导向装置与横向稳定杆的检查

导向装置与横向稳定杆的失效形式主要是杆件变形、橡胶套筒损坏或老化等。检查时，可通过直观检视法，对杆件进行目视检查；若有变形，应进行校正或更换。举升车辆，双手抓住杆件并晃动，检查是否有松旷；若有，则应更换相应的橡胶套筒。对于横摆臂、横向稳定杆连接杆，其连接球头易磨损，维护时应注意检查其转动情况是否正常，并检查其防尘套是否损坏。

四、常见故障诊断

（一）车身横向倾斜

1. 故障现象

汽车车身左高右低或左低右高，出现倾斜。

2. 故障原因

车身横向倾斜的主要原因有以下方面。

（1）左右轮胎气压不一致。

（2）左右轮胎规格不一致。

（3）悬架弹簧自由长度或刚度不一致。

（4）下摆臂变形。

（5）发动机横梁和下摆臂的固定螺栓或衬套松旷。

（6）减振器或缓冲块损坏。

（7）发动机横梁变形。

（8）车身变形。

3. 故障诊断

车身横向倾斜诊断时，可先检查左右轮的气压、规格是否一致，再检查悬架、车身等部位，确定故障位置。车身横向倾斜故障的诊断流程如图 3－15 所示。

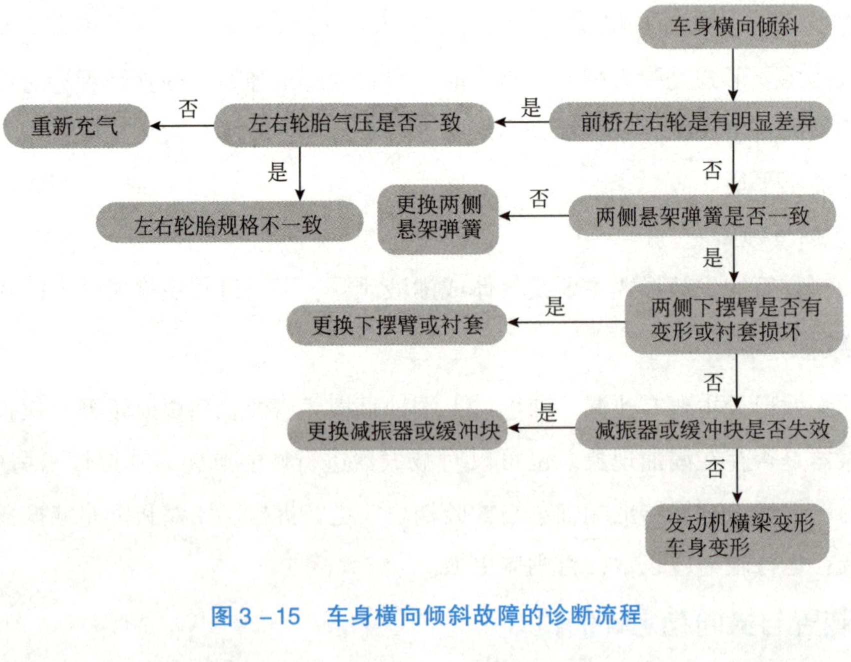

图 3－15　车身横向倾斜故障的诊断流程

（二）轮胎异常磨损

轮胎的常见故障是轮胎异常磨损。

1. 故障现象

轮胎磨损速度加快，胎面出现不正常的磨损形状。

2. 故障原因

轮胎异常磨损的故障树如图 3－16 所示。

- 维护不当
  - 胎压
  - 轮胎动平衡
  - 车轮定位
  - 轮胎换位
  - 连接松旷
- 使用不当：粗暴驾驶
- 其他，如转向梯形、轴距、制动施滞

图 3－16　轮胎异常磨损的故障树

造成轮胎异常磨损的具体原因主要如下。

（1）轮胎气压不符合要求、轮胎质量不佳或车轮螺栓松动。

（2）轮胎长期未换位或汽车经常行驶在拱度较大的路面上。

（3）前轮定位不正确或前轮旋转质量不平衡。

（4）纵横拉杆、轮毂轴承松旷或转向节与主销松旷。

（5）钢板弹簧“U”形螺栓松旷或钢板弹簧衬套与销松旷。

（6）经常超载、偏载、起步过急、高速转弯或制动过猛。

（7）转向梯形不能保证各车轮纯滚动，出现过度转向。

（8）前轴与车架纵向中心线不垂直或车架两边的轴距不等。

（9）前梁或车架变形。

（10）前轮放松制动回位慢或制动拖滞。

3. 故障诊断

轮胎异常磨损的诊断，应根据轮胎磨损的现象，凭经验确定故障原因，具体可参见表 3－1，然后针对故障原因加以排除。

表 3－1　轮胎异常磨损的特征及原因

特征	原因	特征	原因
 胎冠过度磨损	气压过高	 单边磨损	前轮外倾角失准，后桥壳变形

续表

特征	原因	特征	原因
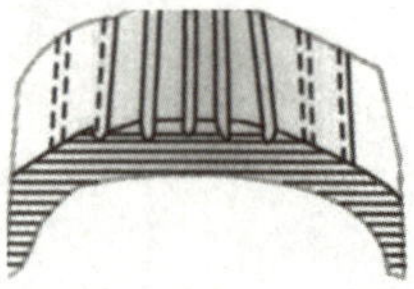 胎肩过度磨损	气压过低	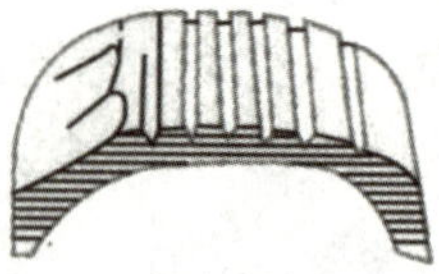 杯形（贝壳形）磨损	悬挂部件和连接车辆的部件（球节、车辆轴承、减振器、弹簧衬套等）磨损，车辆不平衡
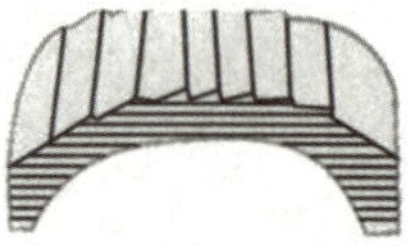 锯齿（羽毛）状磨损	前束失准，主销衬套或球节松旷	 第二道花纹过度磨损（只出现在子午线轮胎上）	轮辋太窄而轮胎太宽，不配套

（三）行驶平顺性不良

1. 故障现象

汽车行驶时出现振动，加速时出现窜动，驾乘人员感觉很不舒服。

2. 故障原因

汽车行驶平顺性不良的故障树如图 3－17 所示。

- 连接松旷
- 减振器故障
- 车辆故障
  - 轮胎气压
  - 车辆动平衡

图 3－17　汽车行驶平顺性不良的故障树

造成行驶平顺性不良的原因主要如下。

（1）前稳定杆卡座松旷或橡胶支承损坏。

（2）车轮动平衡超标。

（3）减振器或缓冲块失效。

（4）传动轴动不平衡。

（5）钢板弹簧支架衬套磨损松旷。

（6）车轮轴承松旷或转向横拉杆球头松旷。

（7）钢板弹簧“U”形螺栓滑牙或松动。

（8）发动机横梁和下摆臂的固定螺栓或衬套松旷。

（9）半轴内外万向节磨损松旷。

（10）轮胎气压过高、磨损不均。

3. 故障诊断

汽车行驶平顺性不良故障的诊断流程如图 3－18 所示。

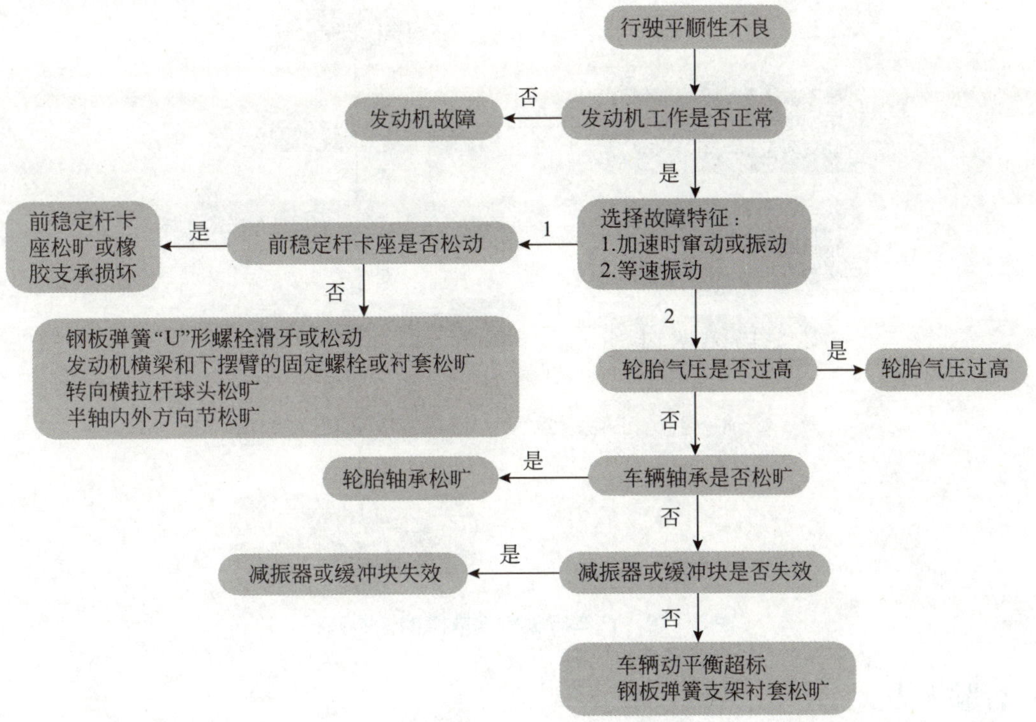

图 3－18　汽车行驶平顺性不良故障的诊断流程

（四）行驶跑偏

1. 故障现象

汽车正常行驶，不踩制动踏板时，必须紧握转向盘才能保持直线行驶，稍有放松便自动偏向一边。

2. 故障原因

造成汽车行驶跑偏的根本原因是汽车车轮的相对位置不正确，两侧车轮受到的阻力不一致。具体原因如下。

（1）两前轮轮胎气压不等、直径不一或汽车装载质量左右分布不均匀，应予调整或更换。

（2）左右两前钢板弹簧翘度不等、弹力不一或单边松动、断裂，应予更换。

（3）前梁、车架发生水平面内的弯曲，应予校正。

（4）汽车两边的轴距不等，应予调整。

（5）两前轮轮毂轴承的松紧度不一，应予调整。

（6）前轮定位不正确，应予调整或更换部件。

（7）车轮有单边制动或拖滞现象，应予检修。

（8）转向杆系变形，应予校正或更换。

（9）动力转向系统控制阀损坏或密封环弹性减弱，阀芯运动不畅或偏离中间位置，应予调整或更换。

3. 诊断与排除

图 3－19 为汽车行驶跑偏故障的诊断流程。

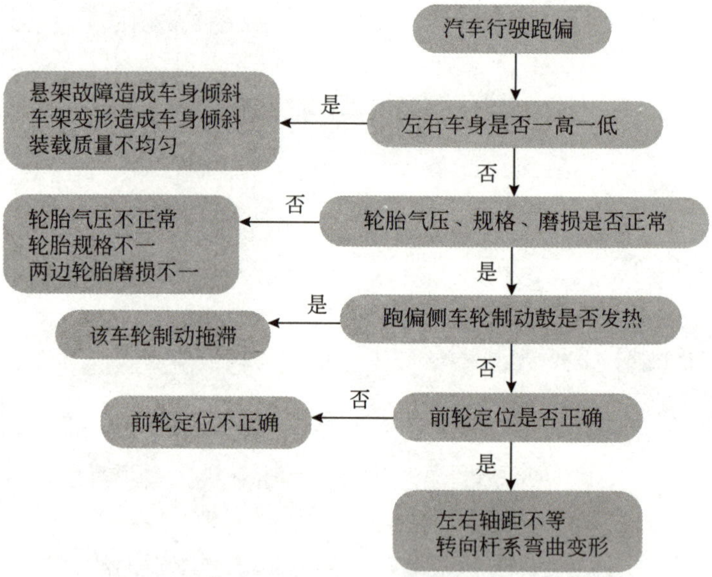

图 3－19　汽车行驶跑偏故障的诊断流程

（五）行驶无力

1. 故障现象

即使将加速踏板踩到底，汽车驱动力也不足，出现加速不良、爬坡无力等现象。

2. 故障原因

造成汽车行驶无力的根本原因是发动机无力，传动系统传动效率低，车轮受到的阻力过大。具体原因如下。

（1）发动机无力。

（2）离合器打滑。

（3）变速器缺润滑油，应予添加。

（4）变速器齿轮啮合间隙过小，应重新选配。

（5）万向传动装置中间支承轴承缺油、锈蚀甚至失效，应予润滑或更换。

（6）主减速器、差速器或半轴的传动齿轮（花键）啮合间隙过小，应予调整。

（7）驱动桥缺油或润滑油变质，应予添加或更换。

（8）轮胎气压严重不足，应予充气或修补后充气，必要时更换轮胎。

（9）车轮制动拖滞。

（10）驻车制动拉索回位不畅，造成后轮制动未完全释放，应予润滑或更换。

（11）轮毂轴承过紧，应予调整。

（12）前轮定位不正确，应予调整或更换部件等。

3. 诊断与排除

按照故障原因的可能性从大到小、检查从易到难的顺序。首先应检查轮胎气压是否严重不足；然后在排除发动机无力的情况下，检查影响传动系统传动效率的因素是否存在；最后检查排除车轮受到的阻力过大的因素。图 3－20 为汽车行驶无力的故障诊断流程。

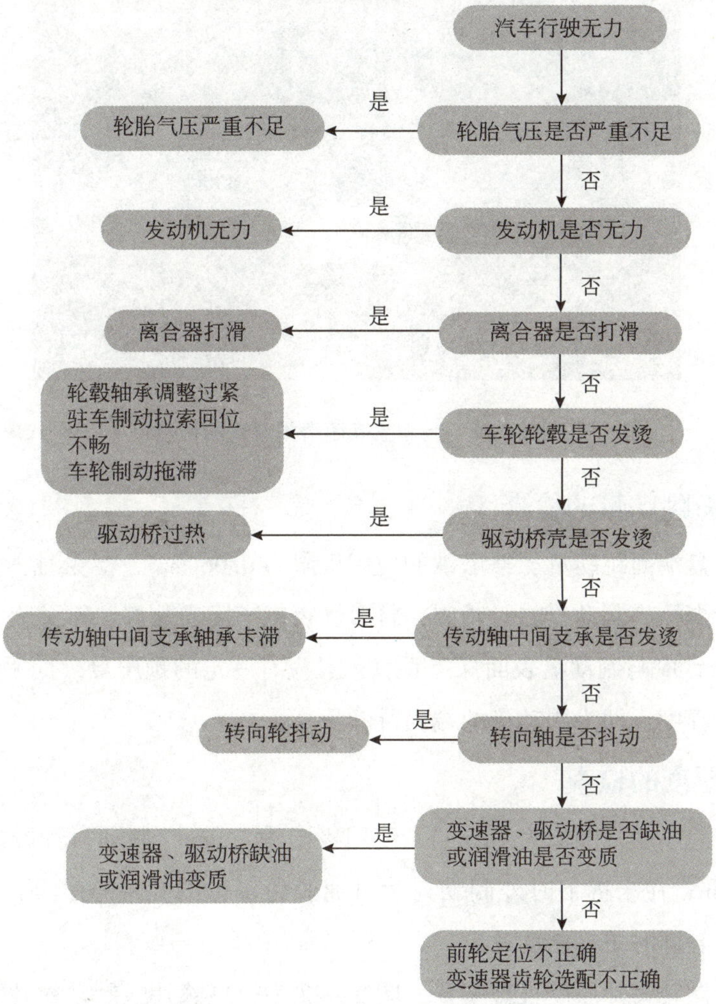

图 3－20　汽车行驶无力的故障诊断流程

第三节　制动系统的故障诊断与排除

一、前制动器的检查

（一）制动盘表面磨损厚度的检查

在制动盘的圆周上选择 6 个点测量其厚度和厚度差，最大厚度差为 0.013 mm，桑塔纳制动盘的标准厚度为 10 mm，使用极限为 8 mm，小于极限值时应更换，并且同一轴两个制动盘应同时更换，如图 3－21 所示。

图 3－21　制动盘表面磨损厚度的检查

(二) 制动盘端面跳动量的检查

用百分表检查制动盘端面跳动量，桑塔纳的使用极限为 0.06 mm。检测时，先将车轮、制动钳总成及制动片拆除，用车轮螺栓将制动盘临时紧固，将磁性表座牢固安装好，百分表指针应位于距离制动盘外边缘约 10 mm 处，指针应与制动盘表面保持垂直，且应有一定的预压量。用手转动制动盘约两圈，查看指针左右偏摆的最大幅度，即为制动盘的端面跳动量。

(三) 制动衬片厚度的检查

桑塔纳制动衬片的总厚度标准值为 14 mm，使用极限为 7 mm，制动衬片摩擦片厚度磨损极限的残余厚度应不小于 0.8 mm。在未拆下时外制动衬片可通过轮辐上的孔检查其厚度，或拆下车轮后检查。更换时，应注意左右车轮同时更换制动片。

制动器上一般具有制动衬片厚度报警装置，图 3－22 为机械簧片式制动衬片厚度报警装置。当制动衬片厚度达到极限值时，簧片将与制动盘接触，产生啸叫声，从而提醒驾驶员及时更换制动片。也有一些高级轿车上采用了电子式制动衬片厚度报警装置，当制动衬片厚度达到极限值时，组合仪表上相应的警告灯将点亮。

图 3－22　机械簧片式制动衬片厚度报警装置

（四）制动钳体与活塞的检查

用内径表检查制动钳体的内孔直径，用千分尺检查活塞的外径，并可计算出活塞与制动钳体的间隙，标准值为 0.04～0.16 mm，如图 3－23 所示。

图 3－23　制动钳体与活塞的检查

二、后制动器的检查

（一）后制动蹄衬片（摩擦片）厚度的检查

用卡尺测量后制动蹄衬片（摩擦片）的厚度，标准值为 5 mm，使用极限为 2.5 mm，其铆钉深度不得小于 1 mm，以免铆钉头刮伤制动鼓内表面。在未拆下车轮时，后制动蹄摩擦片的厚度可从制动底板的观察孔中检查。

（二）后制动鼓内孔磨损与尺寸的检查

应首先检查后制动鼓内孔有无烧损、刮痕和凹陷，若有可修磨加工，并用卡尺检查内孔尺寸，标准值为 180 mm，使用极限为 181 mm。用工具测量后制动鼓内径的不圆度，使用极限为 0.03 mm，超过极限应更换后制动鼓。

（三）后制动器定位弹簧及复位弹簧的检查

检查后制动器定位弹簧、上复位弹簧、下复位弹簧和楔形调整板拉簧的自由长度，若增长率达到 5%，则应更换新弹簧。

（四）后制动轮缸缸体与活塞的检查

首先应检查后制动轮缸缸体内孔与活塞外圆表面的烧蚀、刮伤和磨损情况；然后测出后制动轮缸缸体内孔孔径、活塞外圆直径，并计算出活塞与后制动轮缸缸体的间隙，标准值为 0.04～0.106 mm，使用极限为 0.15 mm。

三、制动主缸的检查

制动主缸可能出现的失效形式有皮碗损坏、活塞与缸筒磨损而造成的泄漏。检查时，首先进行拆检，观察皮碗是否有裂纹，活塞与缸筒是否有明显磨损；也可以用工具检查活塞与缸筒的配合间隙。主缸缸体内径用内径百分表测量，活塞外径用千分尺测量。桑塔纳的制动主缸与活塞的标准配合间隙为 0.04～0.09 mm，极限间隙为 0.15 mm，超过极限值时，应更换主缸。有些车辆的制动主缸不进行分解与修理，若有损坏，直接更换制动主缸总成。

四、真空助力器的检查

(一) 真空助力器性能检查

真空助力器的检查

检查真空助力器时，将发动机熄火。首先，用力踩几次制动踏板，以消除真空助力器中残留的真空度。用适当的力踩住制动踏板，并保持在一定的位置，然后起动发动机，使真空系统重新建立起真空，并观察踏板。若踏板位置有所下降，说明真空助力器正常；若踏板位置保持不动，则说明助力器或真空单向阀损坏。

(二) 真空助力器密封性检查

检查时需要“T”形管、真空表、软管及卡紧装置。检查过程如下：把与进气歧管相连的真空管从助力器单向阀上拔下，将“T”形管接于真空管、助力器单向阀和与进气歧管相连的真空管之间；起动发动机，怠速运转 1 min；卡紧与进气歧管相连的真空管上的卡紧装置，切断助力器单向阀与进气歧管之间的通路；将发动机熄火，观察真空表的变化，如果在规定时间内真空度下降过多，说明助力器膜片或真空阀损坏。

五、制动踏板行程的检查与调整

(一) 踏板自由行程的检查

踏板自由行程反映了制动主缸与推杆之间的间隙。检查时，首先在发动机停止后，踩下制动踏板几次，以便解除制动助力器的作用；然后使用手指轻轻按压制动踏板，当手感变重时，用钢板尺测出踏板下移的量，该量即踏板自由行程，如图 3－24 所示。

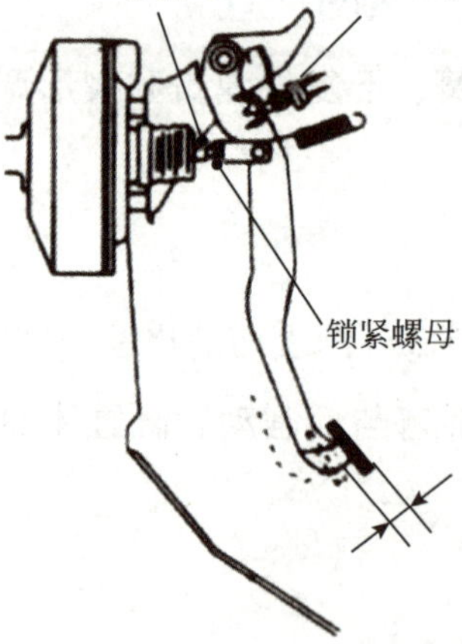

图 3－24　踏板自由行程

(二) 踏板行程余量的检查

将踏板踩到底后，踏板与地板之间的距离，即踏板行程余量。踏板行程余量减小的原因主要是制动间隙过大、盘式制动器自动补偿调整不良、制动管路内进气、缺制动液等。踏板行程余量过小或为零，会使制动作用滞后、减弱，甚至失去制动作用。发动机运转和驻车制动器松开时，踩下制动踏板，然后使用一把标尺测量踏板行程余量，以便检查其是否处于规定的范围内。

（三）制动踏板自由行程的调整

踏板自由行程的调整大多通过调节推杆长度的方法来实现，将推杆长度缩短，可以增大自由行程；加长则可以减小自由行程。还有一些汽车推杆与踏板通过偏心螺栓连接，调整自由行程时，可转动偏心螺栓，使推杆的轴向位置改变，从而使自由行程改变。推杆向踏板方向移动，可使自由行程增大；向主缸方向移动，可使自由行程减小。不论采用何种调整方法，调整完毕后，应将锁紧螺母锁止。

六、常见故障诊断

（一）制动失效

1. 故障现象

汽车行驶时，踩下制动踏板车辆不减速，即使连续踩几脚制动也无明显作用。

2. 故障原因

造成制动失效的主要原因如下。

（1）油液。制动主缸储液罐内油液严重缺失。

（2）主缸/轮缸故障。制动主缸、制动轮缸皮碗严重破裂。

（3）管路故障。制动软管、金属管断裂或接头处严重泄漏。

（4）机械连接松脱。制动踏板至制动主缸的连接脱开。

3. 故障诊断

制动失效容易造成严重交通事故，因此，应及时找到故障点，尽快排除修复。

制动失效故障诊断思路如下：踩下制动踏板，如无连接感，说明踏板与制动主缸的连接脱开。应检查系统管路有无泄漏或破裂（通常根据油迹）。管路泄漏或破裂会使回路中形成不了高压，使制动性能失效。如上述情况正常，则应检查制动主缸和制动轮缸。

液压制动系统制动失效故障的诊断流程如图 3－25 所示。

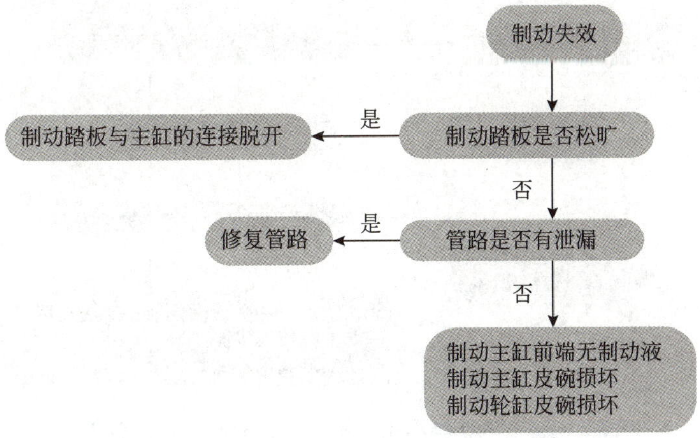

图 3－25 液压制动系统制动失效故障的诊断流程

（二）制动不灵

制动不灵又叫制动力不足。

1. 故障现象

汽车行驶中制动时，驾驶员感到减速度小；汽车紧急制动时，制动距离长。

2. 故障原因

造成制动不灵的具体原因如下。

（1）制动管路中有空气，或油管凹瘪，软管老化、发胀、内孔不畅通或管路内壁积垢太厚。

（2）储液罐制中动液不足或变质。

（3）制动主缸、制动轮缸的皮碗、活塞、缸壁磨损过甚。

（4）制动主缸、制动轮缸、管路或管接头漏油。

（5）制动鼓磨损过甚，或制动间隙调整不当。

（6）制动主缸出油阀、回油阀不密封或活塞回位弹簧预紧力太小，或者进油孔、补偿孔、储液罐通气孔、活塞前贯通小孔堵塞。

（7）制动主缸或制动轮缸皮碗老化、发黏、发胀。

（8）制动器摩擦片（制动盘）与制动鼓（制动钳）的接触面积太小，摩擦片质量欠佳或使用中表面硬化、烧焦、油污、铆钉头外露。

（9）增压器、助力器效能不佳或失效。

（10）制动踏板自由行程太大。

3. 故障诊断

液压制动系统制动不灵故障的诊断流程如图 3－26 所示。

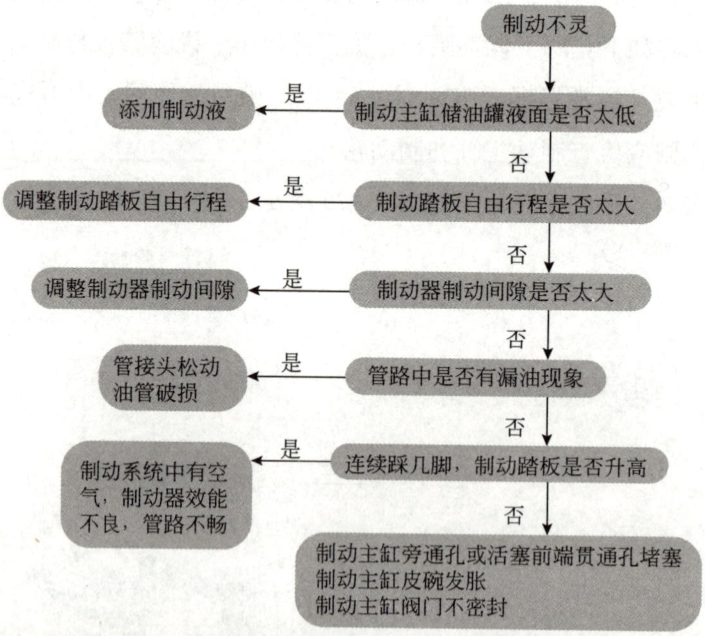

图 3－26　液压制动系统制动不灵故障的诊断流程

（三）制动拖滞

1. 故障现象

在行车制动中，当抬起制动踏板后，全部或个别车轮的制动作用不能完全立即解除，以致影响车辆重新起步、加速行驶或滑行。

2. 故障原因

（1）制动踏板无自由行程。

（2）踏板回位弹簧脱落、拉断、拉力不足或踏板锈蚀、卡住而回位困难。

（3）制动主缸皮碗发胀、发黏或活塞回位弹簧拉断、预紧力太小，造成回位不畅。

（4）制动主缸补偿孔被污物堵塞。

（5）制动蹄回位弹簧脱落、拉断、拉力太小而回位不畅。

（6）制动器制动间隙太小。

（7）制动油管凹瘪、堵塞或制动液太脏、太稠而使回油困难。

3. 故障诊断

制动拖滞诊断需根据个别车轮发热和全部车轮发热两种情况采取不同的检查方法。若个别车轮发热，应检查该轮制动轮缸是否回位不畅、管路是否不畅、制动器制动间隙是否太小、制动蹄（盘）是否回位不畅。若全部车轮发热，应检查制动踏板自由行程是否太小、制动器制动间隙是否太小、制动主缸是否回油慢（回油孔不畅，皮碗发胀）、真空助力器空气阀是否漏气。

液压制动系统制动拖滞故障的诊断流程如图 3－27 所示。

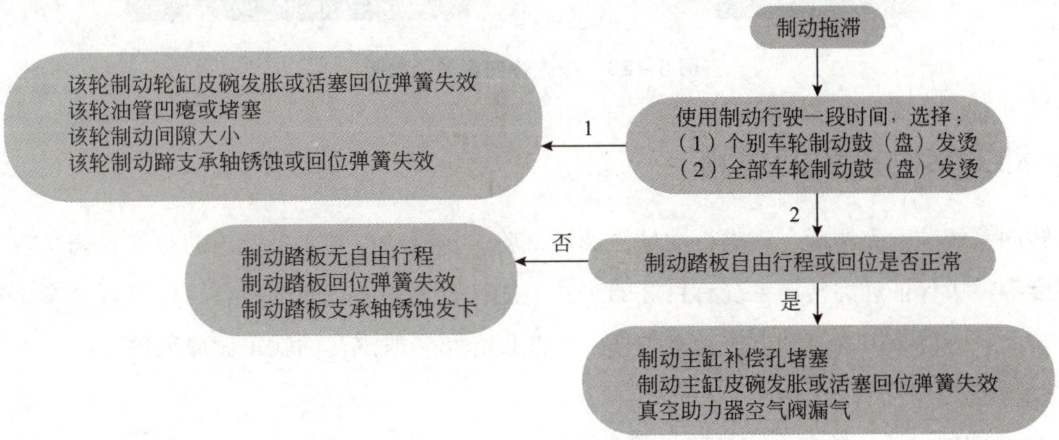

图 3－27　液压制动系统制动拖滞故障的诊断流程

第四节　转向系统的故障诊断与排除

一、转向盘的检查

在驾驶位置上下、前后、左右摇动转向盘，检查其是否松旷，如图 3－28 所示。驾驶车辆时，检查转向系统有无噪声或振动，转向操作有无异常。如果检查中发现转向盘松旷或转向盘间隙超出技术要求，首先应进行齿条导块调整；其次应检查转向系统的安装是否松旷，将松动部位紧固到规定的扭矩；最后再次检查松旷情况。若间隙仍然超标，则按下列项目检查：转向柱装配螺栓及螺母是否松动；转向盘螺栓及螺母是否松动；转向万向节螺栓是否松动；横拉杆球头球笼接头移动是否顺畅，接头有无损坏；转向机装配螺栓是否松动，转向机安装衬垫有无损坏等。

图 3－28　检查转向盘是否松旷

二、动力转向系统的检测

动力转向系统装配完毕后，应进行油量、油压试验，排除动力转向系统内的空气，调整转向油泵传动带张紧度等，以保证动力转向系统有良好的工作性能。若无动力转向试验台，可进行就车试验。不同车型动力转向系统的试验内容和方法基本类似，在此仅介绍一般汽车的就车试验程序。

1. 检查调整轮胎气压。

2. 检查调整转向桥、转向系统各部位配合间隙及转向盘的自由行程。

3. 检查调整转向车轮定位。

4. 检查调整转向油泵传动带张紧度。以原生产厂家规定的压力（约 98 N），在传动带中部按下传动带，传动带的挠度应符合原生产厂家规定，一般新传动带的挠度为 7～9 mm；在用传动带的挠度为 10～12 mm。

5. 检查发动机怠速提高能力。在发动机性能正常、怠速稳定的条件下，将转向盘转至极限位置；此时，夹紧空气量辅助控制阀软管，发动机转速应急速下降；放松空气量辅助控制阀软管时，发动机转速应急速上升。

6. 检查转向油罐液位，检查步骤如下。

（1）保持转向轮与地面接触，在发动机维持怠速转动（约 850 r/min）条件下，将转向盘反复从一侧极限位置转至另一侧极限位置，使液压油的温度升至 50～80 ℃。

（2）此时，转向油罐中油面应在上下限标线（HOT 和 COLD）之间，且油中无气泡。

（3）检查各部位确认无泄漏后，若需要补充液压油，应按原厂规定牌号补充液压油。

（4）更换液压油的程序。若需要更换液压油，应先顶起转向桥，从转向油罐及回油管中排出旧油；同时使发动机怠速运转，并将转向盘向左、向右反复转到极限位置，直至旧液压油排尽后 1 ~ 2 s，再加注新液压油。

7. 动力转向系统中的空气排放。动力转向系统在更换液压油之后和检查转向油罐中油位时发现有气泡冒出，说明系统内已渗入了空气，这将会引起转向沉重、前轮摆动、转向油泵产生噪声等故障，必须将系统内的空气排放干净。排放程序如下。

（1）架起转向桥。

（2）发动机怠速运转，同时反复向左、向右转动转向盘到极限位置，直至转向油罐内泡沫冒出并消除乳化现象，就表明液力转向系统内的空气已基本排除干净。

（3）发动机刚刚熄火后，转向油罐中应无气泡，液面不得超过上限；停机 5 min 之后，液面应升高不超过 5 mm。

8. 检查动力转向系统的油压。动力转向系统的油压可以反映转向油泵和流量控制阀的技术状况。为了检查系统油压，在检查转向油罐液位之前，应在系统内装入油压测试仪，油压测试仪由油压表和截止阀并联而成。

9. 测量动力转向器的有效油压。测量方法介绍如下。

（1）发动机维持怠速运转。

（2）截止阀完全打开，并将转向盘转至极限位置，此时油压表指示压力应符合原厂规定（一般不小于 7 MPa）。若油压过低或油压表指针抖动，说明转向器内部有泄漏。

10. 检验流量控制阀的工作性能。检查流量控制阀工作性能的方法有两种。一种方法是检验发动机在怠速范围内急加速时系统内的油压回降情况；另一种方法是检验无负荷时的油压差。

（1）检查系统油压降。仍将油压测试仪安装在动力转向器的进油管道上，使发动机处于稳定的怠速工况。用截止阀开度调整油压表，指示油压为 3 MPa。转向盘不动，在怠速范围内急加速，指示压力应随发动机转速的增大而提高。突然放松加速踏板，使发动机恢复稳定怠速工况，油压表指示油压仍能恢复到 3 MPa，说明流量控制阀性能可靠。否则，表明流量控制阀卡死或堵塞，须进行检修或更换流量控制阀。

（2）流量无负荷油压差。完全打开截止阀，分别测量发动机在 1 000 r/min 和 3 000 r/min 两个转速下的油压，若油压差小于 0.49 MPa，表明流量控制阀性能良好、动作灵活。否则，表明流量控制阀须检修或更换。

11. 系统防过载装置的调整。系统防过载装置由转向器限位螺栓和车轮最大转向角限位螺栓组成。前者用于限制扇形齿即摇臂轴的最大摆角；后者用于限制转向时转向轮的最大转角。要求在转向盘转到左、右极限位置时摇臂轴先碰抵转向器限位螺钉之后，转向节才碰抵最大转向角限位螺栓，防止转向车轮转角过大，造成液力转向系统油压突然升高而产生过载，损坏密封件或使管道胀裂。调整程序如下。

（1）油压测试仪仍然装在液力转向器的进油管道上，并使发动机继续处于稳定怠速工况。

（2）松开转向器限位螺栓，再将转向盘转至一侧极限位置。

（3）将转向器限位螺栓拧进至与齿扇刚刚接触后，再退回约 1/3 圈，此时指示油压应在 0 ~ 2 MPa 范围内。

(4) 调整最大转向角限位螺栓，使转向轮与最大转向角限位螺栓相抵时，指示油压不小于7 MPa。

12. 检查动力转向器的回油压力。把油压测试仪装在动力转向器回油管路中，发动机处于怠速工况，此时指示油压应小于0.5 MPa。若回油压力过大，会造成转向盘自动向左方转动，说明回油油管堵塞或压瘪，回油阻力过大。

13. 测量转向力。测量方法介绍如下。

(1) 落下前桥，将汽车停放在平坦地面上，两转向车轮处于平行位置。

(2) 发动机怠速运转。

(3) 测量从直行（中间位置）向左、向右转动转向盘所需的力矩。装有安全气囊的动力转向系统，其转向盘周缘的转动力一般不大于39 N，无安全气囊的一般不大于7.5 N。

三、机械转向系统的检测

(一) 转向器及转向操纵机构的检查

转向器及转向操纵机构以目视检查为主，具体检查内容及方法如下。

1. 目视检查转向小齿轮与齿条有无磨损与损坏，转向器壳体上是否有裂纹，若发现异常，则更换转向器。

2. 检查转向器内的轴承，查看是否有烧蚀现象，转动是否顺畅无异响，若发现异常，则更换轴承。

3. 检查转向器内衬套，查看是否有明显磨损，若有，则更换衬套。

4. 检查转向器内油封是否损坏，若损坏，则更换油封。

注意：转向器上的零件不允许焊接或校正，只能更换。

5. 检查转向操纵机构的杆件是否存在变形。目测转向轴，查看是否存在明显弯曲变形，若有，则更换转向轴；查看转向盘，检查是否存在明显失圆，若有，则更换转向盘。

(二) 转向传动机构的检查

用举升器将车辆顶起，进行以下检查：

1. 目测转向传动机构的杆件，查看是否存在明显变形，若有，则更换相应杆件。

2. 晃动转向横拉杆，查看是否有松旷的感觉，如图3－29（a）所示。若有松旷，说明球形铰链（球头）存在磨损，导致间隙过大，应紧固横拉杆接头或更换横拉杆球头。检查横拉杆球头防尘套是否破裂，如图3－29（b）所示。若破裂，则应更换横拉杆球头。

3. 转动转向盘，使用手电筒照射，检查转向横拉杆防尘套有无裂纹，若有，则应更换防尘套。

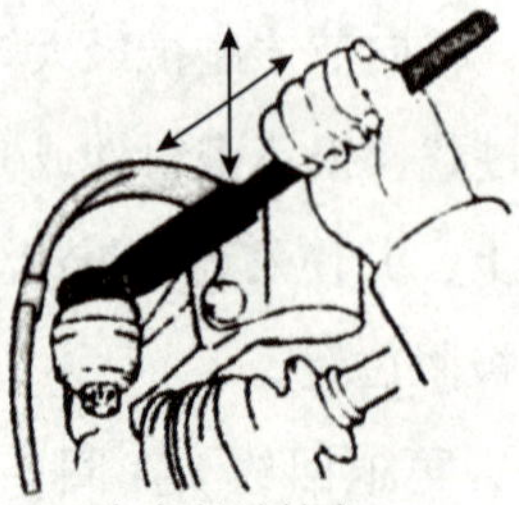

(a) 松旷检查

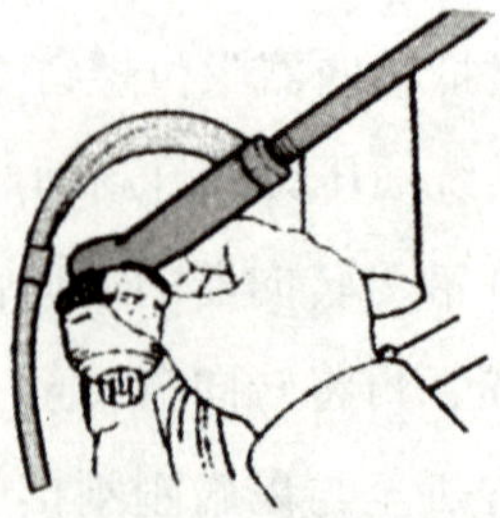

(b) 防尘套

图3－29 检查转向横拉杆

（三）转向盘转矩的测定与调整

如图 3－30 所示为转向盘转矩的测量，将轮胎充气到正确压力的车辆停放在水平干燥的水泥路面上，将车轮位置由直线行驶位置开始转动至 360 °时，用弹簧秤测定转向盘的转动力，与新车之差应在 ±5 N 之间（使用动力转向器时，在发动机怠速工况下，转向盘转动力应小于 40 N）。若达不到此值，则应调整转向器上的调整螺塞（先松开调整螺塞上的锁母再进行调整）。也可以在干燥水平的路面上进行道路试验，转向器如能自己回到直线位置，则把调整螺塞拧松一点；转向器如还有间隙，则把调整螺塞拧紧一点。

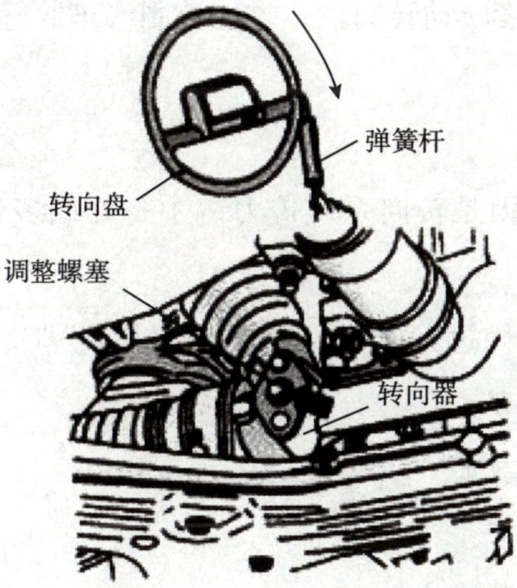

图 3－30　转向盘转矩的测量

（四）转向盘自由行程的检查

如图 3－31 所示，将车辆停放在水平干燥的水泥路面上，并让车轮处于直行位置上，在车轮不动的条件下，用卡尺或直尺检查转向盘的转动量，转向盘的自由行程应不大于 30 mm。若超过规定值，可能是有的螺栓松动或转向万向节、转向横拉杆球头销有故障。

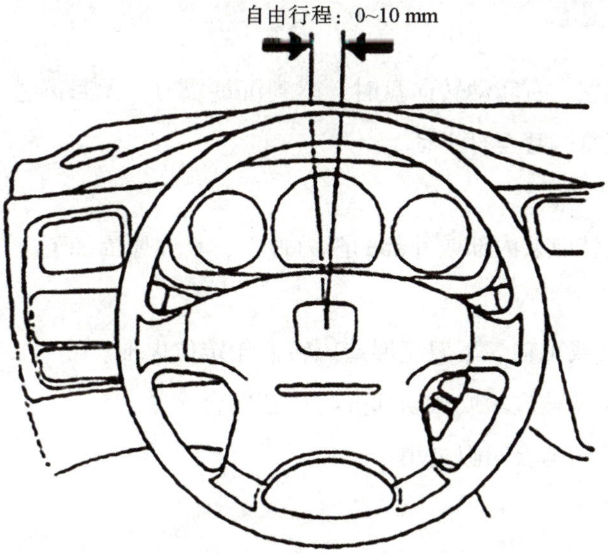

图 3－31　测量转向盘自由行程

四、常见故障诊断

（一）机械转向系统常见故障诊断

机械转向系统的常见故障主要包括转向沉重、转向盘自由行程过大和转向轮抖动等。

1. 转向盘自由行程过大

（1）故障现象。

汽车保持直线行驶位置静止不动时，转向盘左右转动的游动角度太大。具体表现为汽车转向时感觉转向盘松旷量很大，要用较大的幅度转动转向盘，才能控制汽车的行驶方向；而在汽车直线行驶时又感到行驶方向不稳定。

（2）故障原因。

转向盘自由行程过大的根本原因是转向系统传力链中一处或多处因装配不当、磨损等原因造成松旷。具体原因如下。

① 转向器主、从动啮合部位间隙过大或主、从动部位轴承松旷。

② 转向盘与转向轴连接部位松旷。

③ 转向摇臂与转向摇臂轴连接松旷。

④ 纵、横拉杆球头连接部位松旷。

⑤ 纵、横拉杆臂与转向节连接松旷。

⑥ 转向节主销与衬套磨损后松旷。

⑦ 车轮轮毂轴承间隙过大。

（3）故障诊断。

由于转向盘自由行程过大的根本原因是转向系统传力链中一处或多处配合间隙过大，诊断时，可从转向盘开始检查转向系统各部件的连接情况，看是否有磨损、松动、调整不当等情况，找出故障部位。

2. 转向沉重

（1）故障现象。

汽车行驶中，驾驶员向左、右转动转向盘时，感到沉重费力，无回正感。汽车低速转弯行驶和掉头时，转动转向盘感到非常沉重，甚至打不动。

（2）故障原因。

转向沉重的根本原因是转向系内部或外部的阻力过大，具体原因如下。

① 转向轮轮胎气压不足。

② 转向轮本身定位不准或车轴、车架变形造成转向轮定位失准。

③ 转向器主动部分轴承调整过紧或从动部分与衬套配合太紧。

④ 转向器主、从动部分的啮合间隙过小。

⑤ 转向器缺油或无油。

⑥ 转向器壳体变形。

⑦ 转向管柱、转向轴弯曲或套管凹瘪造成互相碰擦。

⑧ 转向纵、横拉杆球头连接处调整过紧或缺油。

⑨ 转向节主销与转向节衬套配合过紧、缺油或转向节止推轴承缺油。

（3）故障诊断。

机械转向系统转向沉重故障诊断流程如图 3－32 所示。

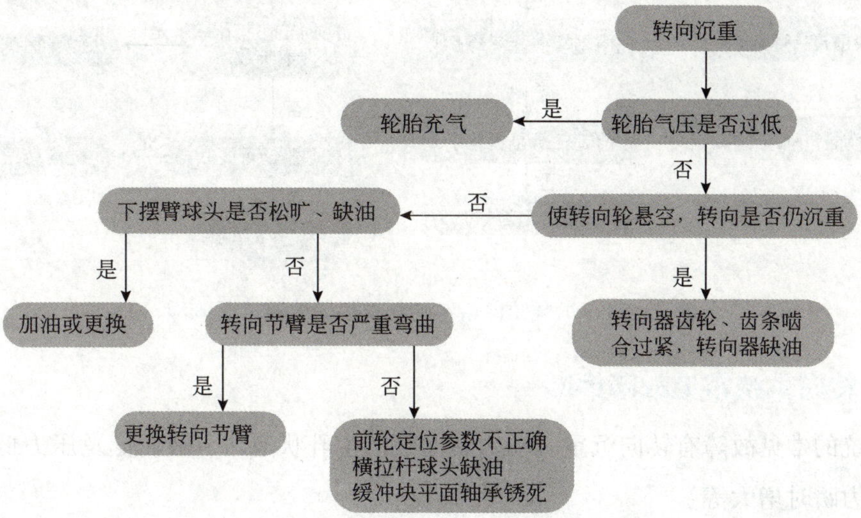

图 3－32　机械转向系统转向沉重故障诊断流程

3. 转向轮抖动

（1）故障现象。

汽车在某低速范围内或某高速范围内行驶时，出现转向轮各自围绕自身主销进行角振动的现象。尤其是高速行驶时，转向轮摆振严重，握转向盘的手有麻木感，甚至在驾驶室可看到汽车车头晃动。

（2）故障原因。

转向轮抖动的根本原因是转向轮定位不准、转向系统连接部件之间出现松旷、旋转部件动不平衡。具体原因如下。

① 转向轮旋转质量不平衡或转向轮轮毂轴承松旷。

② 转向轮使用翻新轮胎。

③ 两转向轮的定位不正确。

④ 转向系统与悬挂系统发生干涉。

⑤ 转向器主、从动部分啮合间隙或轴承间隙太大。

⑥ 转向摇臂与转向摇臂轴配合松旷或纵、横拉杆球头连接松旷。

⑦ 转向器在车架上的连接松动。

⑧ 转向轮所在车轴的悬架减振器失效或左右两边减振器效能不一致。

⑨ 转向轮所在车轴的钢板弹簧 U 形螺栓松动或钢板销与衬套配合松旷。

⑩ 转向轮所在车轴的左右两悬架高度或刚度不一致。

（3）故障诊断。

机械转向系统转向轮抖动故障诊断流程如图 3－33 所示。

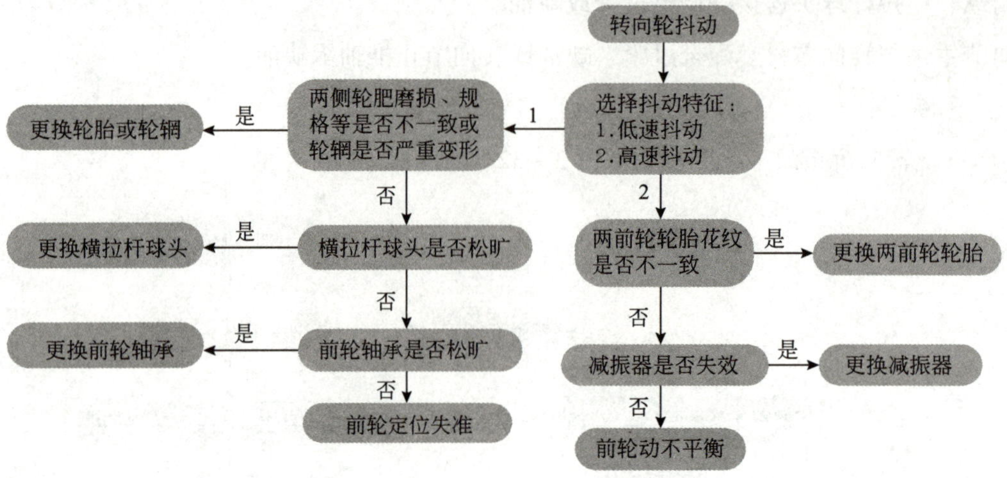

图 3－33　机械转向系统转向轮抖动故障诊断流程

（二）动力转向系统常见故障诊断

动力转向系统的常见故障有转向沉重、动力转向液产生乳状泡沫、液面低及压力低、向左或向右急转转向盘时转向力瞬时增大等。

1. 动力转向液产生乳状泡沫、液面低及压力低

（1）故障原因。

转向液中有空气，或由于泵内泄漏造成液体损耗。

（2）故障诊断。

检查有无漏油并加以解决，排除系统中的空气。若油面低，则过低的温度会使空气进入转向系统。如果油面正确，而泵仍然起泡沫，则应将泵从车上取下，将油箱和泵体分开，检查堵塞和壳体有无裂缝，如果堵塞松动或外壳开裂，则应更换壳体。

2. 向左或向右急转转向盘时，转向力瞬时增大

（1）故障原因。

① 泵内液面低。

② 油泵皮带打滑。

③ 内部泄漏过多。

（2）故障诊断。

① 按需要添油。

② 张紧或更换传动带。

③ 按压力试验的方法检查泵压。

3. 发动机运转时转向，特别是在原地转向时，转向盘颤动或跳动

（1）故障原因。

① 液面低。

② 泵传动带松动。

③ 打满转向盘时转向拉杆碰撞发动机油底壳。

④ 泵压不足。

⑤ 流量控制阀卡住。

(2) 故障诊断。

① 按需要添加转向液。

② 按规定调整张力。

③ 校正间隙。

④ 按压力试验方法检查泵压，如流量阀已坏，则予以更换。

⑤ 检查有无胶质或损坏，需要时更换。

4. 转向沉重

(1) 故障现象。

汽车行驶中，驾驶员向左、右转动转向盘时，感到沉重费力，无回正感。汽车低速转弯行驶和掉头时，转动转向盘感到非常沉重，甚至打不动。

(2) 故障原因。

动力转向系统转向沉重的原因包括助力不足，以及机械转向系统转向沉重的全部原因。

① 泵的传动带松动。

② 油面低。

③ 转向器与转向管柱未对正。

④ 下连接凸缘松动。

⑤ 轮胎充气不当。

⑥ 流量控制阀卡住。

⑦ 泵输出压力不够。

⑧ 泵内部泄漏过大。

⑨ 转向器内部泄漏过大。

(3) 故障诊断。

转向沉重故障应结合机械转向系统部分进行综合分析，下面仅列出助力不足导致的转向沉重的诊断流程，如图 3－34 所示。

5. 转向噪声

(1) 故障现象。

汽车转向时，转向系统出现过大的噪声。

(2) 故障原因。

装有动力转向系统的汽车，在发动机起动后，转向助力泵的溢流阀中出现液流噪声是正常的，但噪声过大甚至影响转向性能，则应视为故障。助力系统引起转向噪声的主要原因如下。

① 转向泵损坏或磨损严重。

② 转向泵传动皮带打滑。

③ 控制阀性能不良。

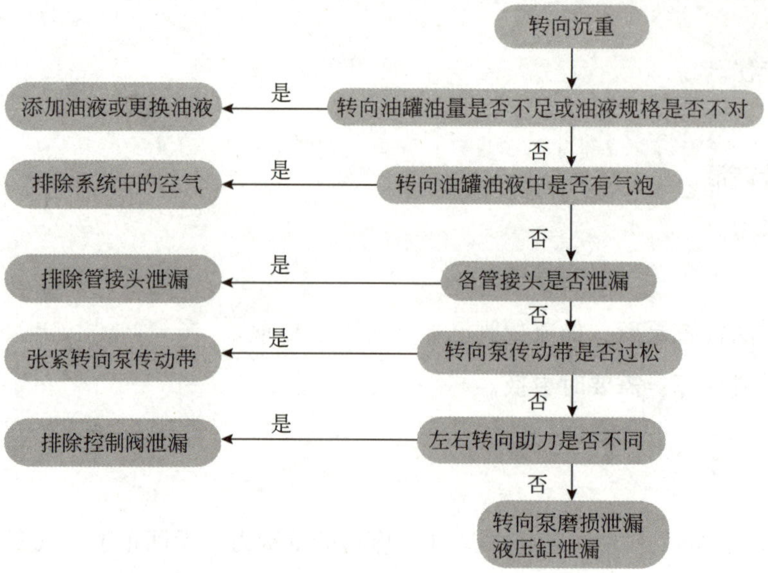

图 3－34　转向沉重诊断流程

④ 系统中渗入空气。

⑤ 管道不畅。

（3） 故障诊断。

转向时发出“咔嗒”声，在排除转向泵叶片噪声的情况下，原因是转向泵带轮出现松动。

转向时发出“嘎嘎”声，原因是转向泵传动带打滑。

转向时转向泵发出“咯咯”声，原因是系统中有空气；发出“嘶嘶”声，而且系统不漏气，转向泵传动带张紧度也合适，原因是油路不畅或控制阀性能不良。

本章小结

本章主要讲述了传动系统的故障诊断与排除、行驶系统的故障诊断与排除、制动系统的故障诊断与排除、转向系统的故障诊断与排除等内容。传动系统作为汽车的重要组成部分，应保证汽车具备在各种行驶条件下所必需的牵引力、车速，以及保证牵引力与车速之间协调变化等，使汽车具有良好的动力性和燃油经济性。汽车行驶系统接收汽车传动系统输出的转矩，通过驱动轮与路面的接触，转化为路面对汽车的驱动力，以保证汽车正常行驶。汽车制动系统的功能是使汽车减速或在最短的距离内停车，保障汽车的行驶安全，并使汽车可靠停在坡道上。为了保证汽车能在安全条件下具有高速行驶的能力，制动系统一般应具有良好的制动性能和制动稳定性，且制动不跑偏、不侧滑，制动可靠。汽车在行驶过程中，需要经常改变其行驶方向。汽车转向系统是用于保持或改变汽车行驶方向的装置。转向系统性能的好坏，直接影响汽车行驶的稳定性和安全性。

思政园地

大力推动科技创新　稳健前行开新局

2016 年 1 月，习近平总书记在重庆调研时强调："加强技术研发与合作，不断攻克高精尖难题，形成能随时掌握主动权的技术优势，并把技术优势转化为产品优势、效益优势。"

重庆干部群众牢记嘱托，着力提升产业链供应链现代化水平，大力推动科技创新，加快关键核心技术攻关，打造未来发展新优势。

进入"十四五"时期，重庆聚焦补齐关键核心技术短板，着力优化产业链，梳理出新型显示、集成电路、智能终端等 33 条重点发展产业链。市经信委主任蓝庆华介绍，重庆围绕关键技术需求，明确补链强链路径，针对重点产业链关键共性技术需求，强化自主创新、关键核心技术攻关和成果转化，努力取得实效。

21 条生产线马力全开，每天 30 万块液晶显示控制板下线，只需半小时，宇隆光电这家专精特新"小巨人"企业的产品，就能运抵京东方重庆工厂。"两家工厂在同一个园区，物流成本低，配套协作便利。"重庆宇隆光电科技股份有限公司副总经理徐建伟探出头去，指向不远处的京东方重庆工厂。

超薄、超清、可弯曲，第六代 AMOLED（有源矩阵有机发光二极体）柔性屏是京东方的高端显示技术产品。不久前，京东方投资 465 亿元打造的柔性屏生产线正式量产，为重庆新型显示产业注入新动能。作为新型显示行业龙头企业，京东方落户重庆后，带来一批上下游配套企业。在两江新区水土高新技术产业园区，一座座厂房鳞次栉比，千亿元级新型显示产业初步形成。

把一堆石英砂变成一块手机显示屏，上游的优质电子玻璃必不可少，两江新区引进一家行业龙头企业，落地玻璃基板熔炼项目；集成电路产业链条里，晶圆制造产能是短板，西永微电子产业园引进华润微电子 12 英寸芯片制造项目……在电子信息领域，重庆"芯屏器核网"全产业链不断壮大。2021 年，全市电子信息产业增加值增长 17.3%，新集聚大数据智能化企业 1 000 余家。

提升产业链水平，既要补短板，也要锻长板。重庆以科技创新推进产业优化升级，增强产业链竞争力。全市拥有 21 家汽车整车企业、1 000 余家配套企业，但产品技术含量不够高。在市经信委和两江新区管委会等引导支持下，长安汽车等龙头企业正在向产业链高端迈进。

2021 年 5 月，长安汽车与重庆青山工业有限公司共同研发的新型变速器下线，这是重庆企业自主研发的首款大扭矩汽车自动变速器，既可提升汽车性能，又能降低整车油耗。"不只是变速器，重庆汽车还重点瞄准电动化和智能化发力。"市经信委汽车工业处处长介绍，重庆主要车企近年来着力提升中高端车型研发能力，"重庆造"汽车单台均价提升 20% 以上。

西永微电园里，重庆联合微电子中心与电子科技大学合作，正在攻关芯片设计，研发硅基光电子技术。联合微电子中心副总经理郭进说，传统"电芯片"里嵌入的是电路，而"光芯片"嵌入的是光纤，特点是高性能低功耗。2021 年 8 月，联合微电子中心获工信部批复，成为国家级制造业创新中心，目前已申请 125 项专利，承担 9 项重要科研项目。

围绕产业链部署创新链，围绕创新链布局产业链，让重庆产业基础更坚实。2021 年，重庆规模以上工业增加值增长 10.7%，高技术制造业和战略性新兴产业分别增长 18.1%、18.2%。全市规模以上工业企业研发投入强度已达 1.61%，在全国名列前茅，创新能力持续提升。

更多的科技创新在路上。2022 年 1 月发布的《重庆市科技创新"十四五"规划（2021—2025 年）》提出，到 2025 年，重庆基本建成区域协同创新体系，成为更多重大科技成果诞生地和重要的创新策源地。

（《人民日报》王斌来　刘新吾　常碧罗）

思考练习

一、填空练习题

1. 离合器主动部分包括________、________和________。

2. 变速器由________和________组成。

3. 变速器壳体的主要损伤形式有壳体的________、________及轴承孔、螺纹孔的________等。

4. 检查气压时轮胎必须处于________，如果压力比规定值高，应按动释放按钮释放一些________。

5. 转向节与前轴的________可通过在转向节与前轴间增减________的方法进行调整。

6. 钢板弹簧失效的形式有________、________和________。

7. 后制动鼓的检查主要是检查后制动鼓内孔________、________和________。

8. 踏板自由行程反映了________与________的间隙。

9. 制动器上一般具有制动衬片________报警装置。

10. 动力转向系统装配完毕后，应进行________、________试验，排除动力转向系统内的________，调整________传动带张紧度等。

11. 机械式转向系统常见故障主要包括________、________和________。

12. 动力转向系统常见故障有________、动力转向液产生________、液面低及________、向左或向右急转转向盘时________瞬间增大等。

二、思考训练题

1. 造成离合器异响的原因有哪些?

2. 变速器换档困难的故障原因是什么?

3. 筒式减振器的失效形式及检测方法有哪些?

4. 盘式制动器的检测项目有哪些?

5. 制动拖滞的故障原因是什么?

6. 动力转向器的结构有哪些类型?

7. 转向沉重的故障原因及排除方法是什么?

第四章

汽车电气系统的故障诊断与排除

本章导读

汽车电气系统的作用是保证驾驶辅助系统工作的可靠性和汽车基本功能的使用，同时也为了给汽车娱乐和通讯设施供电，随着科学技术和汽车工业的不断发展，汽车电气电子设备日趋复杂，用电设备的数量和功率不断增加，产品质量及性能日益提高，并且正向电子化、智能化、信息化方向迅速发展。电气系统是汽车的重要组成部分之一，其性能好坏直接影响着汽车的动力性、经济性、可靠性、安全性、舒适性以及排放等性能。本章主要讲述了汽车电气系统，包括电源系统、空调系统、安全系统、防盗系统、照明系统、ESP 系统以及其他电动系统的故障诊断与排除的方法。

学习目标

1. 掌握蓄电池的充电方法。
2. 掌握发电机部件的检测方法。
3. 掌握空调系统故障的诊断方法。
4. 能够正确分析汽车安全系统的故障诊断。
5. 掌握防盗系统的检测方法。
6. 掌握前照灯的调整方法。
7. 能够正确分析汽车采写 ESP 的故障诊断。
8. 能够正确分析汽车舒适性系统的故障诊断。

第一节 电源系统的故障诊断与排除

一、蓄电池的检测

蓄电池一般安装在发动机室内，其检测项目主要是检测蓄电池的电量情况及电压。蓄电池的检测方法如下。

蓄电池的检测

（一）外观检查

蓄电池一般都是比较规则的，如果发现蓄电池两侧出现明显的变形或鼓包的情况，肯定是需要检查更换了，另外，观察蓄电池接线桩的地方，如果桩头周围出现一些白色或绿色粉末状的物体，则说明蓄电池出现问题了，因为这些粉末状的物体是蓄电池里的氧化物，一般比较新的或者质量不错的蓄电池是不会出现这种状况的。

（二）电量检查

大部分蓄电池上都会有一个观察口，一般是在蓄电池的正上方，从观察口可见的颜色分为三种：绿色、黄色和黑色。绿色代表电量充足，黄色代表略微亏电，黑色则代表快报废了需要更换。不过，观察口反应的信息只能作为参考。

（三）电压检测

电池的状况可以从蓄电池的电压值来判断。汽车蓄电池的电压一般在 12 V 左右，车辆发动后会提升到 13 ~ 14 V 之间，这些都是正常的电压值，平时可以通过电压测量仪或万用表来测量蓄电池的电压。另外，现在一些车载充电转接头上面有屏显电压值，可用于观察电压的大小。如果车辆未启动前电压低于 12 V 或者启动后电压低于 13 V，都说明蓄电池的损耗比较多了。

二、蓄电池的充电

（一）充电种类

蓄电池的充电种类有初充电、补充充电和去硫化充电等。

1. 初充电

新蓄电池或更换极板后的蓄电池在使用之前的首次充电为初充电，具体操作步骤如下。

（1）按规定将一定密度的电解液加注到蓄电池中，加入电解液的温度不得超过 35 ℃，加入电解液后，要静置 3 ~ 6 h，再将电解液液面调整到高出极板 10 ~ 15 mm。

（2）待蓄电池内温度低于 30 ℃时，将充电机正极与蓄电池的正极相连，充电机负极与蓄电池的负极相连，准备充电。

充电时容易过热，所以初充电的电流较小，充电分两个阶段进行。

第一阶段：充电电流约为蓄电池额定容量的1/15，充电至电解液中有气泡析出，蓄电池单格端电压达到2.4 V。

第二阶段：充电电流约为蓄电池额定容量的1/30（第一阶段电流的一半）。

充电过程中，应经常测量电解液的密度和温度。充电初期密度会有降低情况，不需要调整，当液面高度低于规定值时，用相同密度的电解液调至规定值。如果充电时电解液的温度上升到40 ℃，则应将充电电流减半；如果温度继续上升到45 ℃，则应停止充电，采用人工降温，待冷至35 ℃以下时再继续充电。初充电大约需60 h，充电过程中如减小充电电流，则应适当延长充电时间。

初充电接近终了时，如果电解液密度不符合规定，应用蒸馏水或密度为1.40 g/cm^3的稀硫酸进行调整，再充电2 h；若电解液密度仍不符合规定，应再调整并充电2 h，直至电解液密度符合要求为止。

2. 补充充电

蓄电池在使用中，如果发现下列情况之一，必须进行补充充电。

（1）起动机运转无力，灯光比平时暗淡，电喇叭声音小。

（2）冬季放电超过25%，夏季放电超过50%。

（3）蓄电池电解液密度下降到1.15 g/cm^3以下。

（4）存储不用已近一个月的普通蓄电池。

另外，由于在汽车上使用的蓄电池进行的是定电压充电，不可能使蓄电池充足电，为了有效防止硫化，最好2～3个月进行一次补充充电。补充充电的过程和方法与初充电相同，也分两个阶段。

第一阶段：充电电流约为蓄电池额定容量的1/10，充至冒气泡，单格电压为2.3～2.4 V为止。

第二阶段充电电流约为额定容量的1/20，充至蓄电池内产生大量气泡，电解液呈“沸腾”状态，单格电压为2.5～2.7 V，电解液密度达到规定值，并且在2～3 h内基本不变。此时表示电池电已充足，时间约为15 h。

3. 去硫化充电

蓄电池发生极板轻度硫化时，可用去硫化充电法加以消除。具体操作如下。

（1）首先倒出原有的电解液，并用蒸馏水清洗两次，然后加入足够的蒸馏水。

（2）接通充电电路，用初充电电流进行充电，当密度增大到1.15 g/cm^3时倒出电解液，加入蒸馏水再进行充电，如此反复多次，直到电解液密度不再增大为止。

（3）以10 h放电率放电检查蓄电池容量，当蓄电池容量达到额定值的80%以上时，说明硫化已基本消除，可上车使用。

（二）充电方法

蓄电池的充电方法有定流充电、定压充电和脉冲快速充电三种。下面介绍蓄电池的充电方法。

充电方法

1. 定流充电

蓄电池在充电过程中，充电电流保持恒定不变的充电方法称为定流充电。由于充电过程中蓄电池电动势逐渐升高，因此充电过程中要不断调整充电电压。当充到蓄电池单格电压升到2.4 V（电解液开始冒气泡）时，将充电电流减小一半后保持恒定，直到蓄电池完全充足。

定流充电时，被充电的蓄电池采用串联的方式进行充电，如图4－1所示。

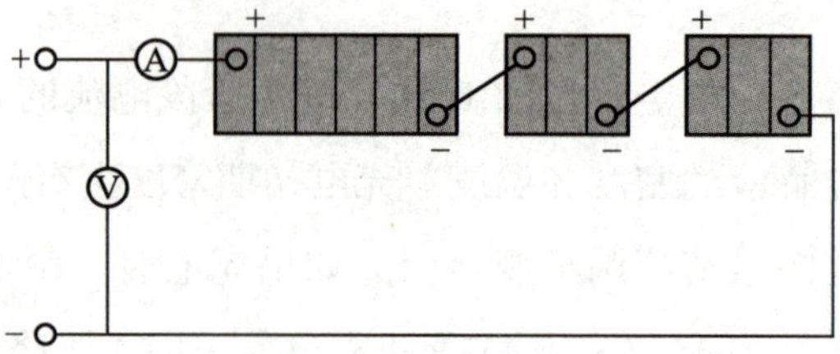

图4－1　定流充电时蓄电池的连接

2. 定压充电

在充电过程中，加在蓄电池两端的充电电压保持恒定不变的充电方法，称为定压充电。

定压充电的特点是：充电开始时，充电电流很大，随着蓄电池电动势的不断提高，充电电流逐渐减小；充电终了时，充电电流将自动减小到零。

定压充电具有充电时间短、充电过程中不用调整充电电压的特点，因此适合于蓄电池的补充充电。定压充电时，蓄电池采用并联接法，如图4－2所示。

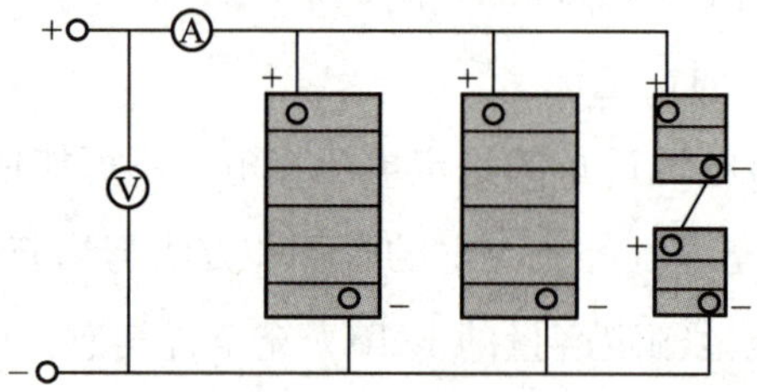

图4－2　定压充电时蓄电池的连接

3. 脉冲快速充电法

脉冲快速充电法也称分段充电法。充电初期采用大电流，使电池在较短的时间内达到额定容量的60%左右。当单格电压上升到2.4 V，电解液开始分解并冒出气泡时，在充电设备的控制下，进行脉冲充电。

脉冲快速充电法的优点是：充电速度快，可缩短充电时间；增加蓄电池容量，极板去硫化明显。缺点是：出气率高，即充电过程中产生大量的气泡，对极板活性物质的冲刷力强，易使活性物质脱落，对蓄电池的使用寿命有一定的影响。

三、交流发电机的检测与维护

（一）交流发电机的检测

一般来说，交流发电机每运转700～800 h（约30 000 km）后，应拆开检修一次。主要检查电刷和轴承的情况，新电刷的高度是14 mm，磨损至7～8 mm时应更换新电刷；轴承如有明显松动，应予以更换。

（二）交流发电机的维护

交流发电机的维护，具体操作方法如下。

（1）经数次维护后，应将发电机解体，检查发电机的滑环有无脏污；清洗并检查轴承是否缺油；检查碳刷的磨损情况及弹簧压力，碳刷的长度应不短于 5 mm，视情况修理或更换。

（2）用万用表检查整流二极管的性能是否正常。

（3）用万用表检查定子线圈，其三个接头中任意两个都应连通；中性点的引线接头与线圈接头也应连通，否则表明断路。每个接头与铁芯间则应绝缘。

（三）交流发电机在使用及维护中应注意的问题

（1）交流发电机搭铁的极性与蓄电池搭铁的极性必须相同，否则蓄电池将通过二极管放电，使二极管被烧毁。在安装蓄电池时通常先装正极，后装搭铁线。

（2）发电机运转时，不要用试火花的方法检查发电机是否发电，因为这样做容易损坏二极管。

（3）发电机不运转时，应将点火开关断开。否则，蓄电池电流将长期流经磁场绕组和调节器磁场线圈，并将线圈烧坏。

（4）发电机与蓄电池之间的导线要连接可靠，如突然断开，将会产生过电压，易损坏二极管。

（5）发电机有故障（不发电或充电电流很小）时应及时排除，不应长期继续运转，否则会导致其他二极管或定子绕组被烧坏。

（6）整流器的六只硅二极管与定子绕组相连接时，绝对禁止用兆欧表（摇表）或 220 V 交流电源检查发电机的绝缘情况，否则将使二极管被击穿而损坏。

（7）发电机的表面应清洁且通风。传动带松紧适宜，用 98 N 的力按压传动带时，其挠度应在 9 ~ 11 mm。

四、常见故障诊断

（一）蓄电池常见故障的诊断

蓄电池常见的故障有极板硫化、自行放电、存电不足等。

1. 极板硫化

（1）故障现象。

① 在极板上生成坚硬、不易溶解的白色大颗粒物质。

② 蓄电池容量降低，用高率放电计检测，单格电压迅速下降。

③ 电解液的密度下降到规定的正常数值以下。

④ 蓄电池在开始充电及充电完毕时电压过高，可达 2.7 V 以上。

⑤ 蓄电池在充电时过早地产生气泡，甚至一开始充电就有气泡。

⑥ 蓄电池在充电时电解液温度上升过快，易超过 45 ℃。

⑦ 蓄电池放电时电压下降过快，过早地降至终止电压。

(2) 故障原因。

① 蓄电池在放电后长期放置不用，硫酸铅在电解液中不断交替进行溶解与结晶两个相反的过程产生，经过多次再结晶，便在极板上形成粗大的不易溶解的硫酸铅晶体。

② 蓄电池经常过量放电或小电流深放电，从而在极板细小孔隙的内层生成硫酸铅。

③ 电解液液面过低，极板上的活性物质露在空气中被氧化，汽车行驶时电解液波动使其接触氧化了的活性物质，生成了粗晶粒的硫酸铅。

④ 蓄电池初充电不彻底或使用期间不进行定期补充充电，使其在半充电状态下长期使用，极板上的放电产物硫酸铅长期存在，也会通过再结晶形成粗大的颗粒。

⑤ 电解液不纯或其他原因导致蓄电池自行放电，均会产生硫酸铅，从而为硫酸铅再结晶提供物质基础。

(3) 诊断与排除。

① 用全充电全放电循环方法，使活性物质还原。

② 消除极板上的硫酸铅。

③ 放电切勿超过规定的电流。

④ 电解液密度不应超过规定值。

⑤ 补充电解液至规定的高度。

2. 自行放电

(1) 故障现象。

充足电或使用正常的蓄电池放置几天时间后，在无负荷的情况下，出现电量低，甚至无电的现象。

(2) 故障原因。

① 电解液不纯，电解液中的杂质沉附于极板上产生局部放电。

② 电池溢出的电解液堆积在盖板上，使正负极桩形成通路。

③ 蓄电池内部短路、隔板破裂或极板活性物质脱落，下部沉淀物过多使正负极板短路，引起自行放电。

④ 蓄电池放置不用，硫酸下沉，下部密度比上部大，极板上下部发生电位差引起自行放电等。

⑤ 与蓄电池相连的线路有短路现象。

(3) 诊断与排除。

断开蓄电池搭铁线，将欧姆表测试笔分别连接接地电缆与蓄电池正极电缆，其电阻值若小于100 Ω，说明与蓄电池相连的线路有短路，应检查电气线路；若电阻值大于100 Ω，说明蓄电池内部短路，应按下面的步骤进行处理。

① 将蓄电池完全放电或过放电，使极板上的杂质进入电解液中，然后倒掉原电解液。

② 用蒸馏水清洗几次，然后加入新的电解液进行充电。

③ 充足电后如仍有自放电现象，则重复上述步骤，直到故障消除为止。

3. 存电不足

(1) 故障现象。

汽车起动时，起动机转动无力；按喇叭声音弱；开启大灯，灯光很暗；平时发现电解液耗损过快。

（2）故障原因。

① 使用新蓄电池前未按要求进行充电。即充电时未经过充、放电循环，蓄电池未达到规定容量。

② 发动机调节器电压调得过低，使蓄电池经常充电不足；或蓄电池接线与极板的连接断开，致使充电电阻增大。

③ 电解液密度过低。

④ 蓄电池极板短路，或隔板被击穿、损坏。

⑤ 电解液的密度过高，充电电流过大，致使极板硫化。

⑥ 经常长时间运行起动机，造成大电流放电，致使极板损坏。

（3）诊断与排除。

① 首先检查蓄电池的外部，看外壳是否良好，有无裂纹，表面是否清洁，极板上是否有腐蚀及污物。如有，则为蓄电池外部自放电故障，应予以排除。

② 检查蓄电池搭铁接线、极柱的连接夹子有无松动，蓄电池接线极柱与极板连接处有无断裂。如有，则为输出电阻过大，电压降低。

③ 蓄电池充电后检查电解液密度，若出现两个相邻电池中电解液的密度有明显差别，则说明单格电池内部有短路，不能使用。

④ 检查电解液的液面高度，若液面高度不足，且在极板上有白色结晶物质存在，则可能存在极板硫化故障。

（二）发电机常见故障的诊断

1. 电源系统不充电

（1）故障现象。

发动机起动后，仪表盘上的充电指示灯始终亮着，这说明发电机出现了不充电故障。

（2）故障原因。

① 发电机磁场绕组短路、断路或搭铁，导致磁场电流减小或没有。

② 定子绕组短路、断路或搭铁故障。

③ 整流器故障。

④ 电刷与滑环接触不良。

⑤ 调节器故障。

⑥ 发电机的传动带过松而打滑，发电机不转或转速过低而不发电。

（3）诊断与排除。

当充电指示灯常亮时，说明点火开关、熔丝及充电指示灯技术状态良好。起动发动机并将其转速逐渐升高，此时用万用表检测发电机端子 B 与发电机壳体间的电压，如万用表指示的电压高于蓄电池电压，说明发电机发电，发电机端子 B 与蓄电池正极的线路可能断路。如电压为零或过低，说明充电系统有故障，应按如下方法继续检查：断开点火开关，检查发电机传动带的挠度是否符合规定（5 ~ 7 mm），挠度过大应调整。如传动带的挠度正常，则继续检查，拆下调节器接线端子上的导线，接通点火开关，用万用表检测调节器接线柱上的导线电压，如电压为零，充电指示灯亮，说明仪表盘与调节器之间的线路搭铁，应予检修。如电压正常，则跨接发动机端子 B 与 F，如发电正常，则故障在调节器或调节器到发电机的线路；如还是不发电，则故障在发电机，应拆检发电机。

2. 充电指示灯时亮时灭

（1）故障现象。

接通点火开关和发动机正常运转时，充电指示灯不稳定，时亮时灭。

（2）故障原因。

① 发电机传动带挠度过大而出现打滑现象。

② 发电机整流二极管断路、定子绕组连接不良或断路导致发电机输出功率降低，发电机电刷磨损过多。

③ 调节器调节电压过低。

④ 相关线路接触不良。

（3）故障排除。

① 检查传动带的挠度是否符合规定。

② 检查相关线路连接情况，如不正常，则检修。

③ 拆下调节器和电刷组件总成，并按前述方法检查调节器和电刷，如不正常，则检修或更换。

④ 检修发电机总成。

3. 充电电流不稳定

（1）故障现象。

发动机怠速运转时，电流表指针不断摆动。

（2）故障原因。

充电电流不稳故障主要有以下原因引起。

① 接线的各连接处松动，接触不良。

② 发电机故障。发电机 V 带过松；励磁绕组或定子绕组有故障；电刷压力不足，接触不良；接柱（接线柱）松动，接触不良。

③ 调节器故障，如果是电磁振动式调节器，其故障可能是触点脏污、接触不良，线圈、电阻有故障，附加电阻断路。如果是晶体管式调节器，其故障可能是连接部分松动，电子元件性能变坏，继电器工作不良。

（3）诊断与排除。

充电不稳，对内搭铁发电机，将调节器上“+”与“F”两接柱上的导线拆下悬空，试灯跨接在发电机“+”与“F”接柱之间，然后逐渐提高发动机转速，注意观察试灯。对外搭铁发电机，把“试灯”接在“F”与“-”接柱之间，试灯正常发亮，表明故障在发电机外部，充电电路连接不良，接头松动；试灯闪烁发光，表明故障在发电机内部，励磁电路接头松动。

4. 发电机工作中有异响

（1）故障现象。

发电机在运转过程中有不正常的噪声。

（2）故障原因。

① 风扇传动带过紧或过松。

② 发电机被卡住或松旷缺油，轴承钢球保护架脱落及轴承走外圆。

③ 发电机转子与定子相碰，俗称“扫膛”。

④ 电刷磨损过大，或电刷与滑环接触角度偏斜，电刷在电刷架内倾斜摆动。

⑤ 发电机总装时部件不到位使机体倾斜或发电机电枢轴弯曲。

⑥ 发电机传动带与轴松旷，使传动带盘与散热片碰撞。

（3）诊断与排除。

发电机工作中有异响可按以下步骤进行判断与排除。

① 检查风扇传动带松紧度。

② 检查发动机传动带轮与发电机安装是否松旷。

③ 用手触摸发电机外壳和轴承部位，确认是否烫手或有震动感，若烫手，说明定子和转子相碰或轴承损坏。借助听诊器或旋具听发电机轴承部位，声音清脆、不规则，说明轴承缺油或滚柱已损坏。

④ 拆下电刷，检查其磨损和接触情况。

⑤ 拆检发电机，检查其内部机件配合和润滑是否良好。如果发电机噪声细小而均匀，应检查硅二极管和励磁绕组是否断路或短路。

5. 蓄电池充电不足故障

（1）故障现象。

闭合点火开关，发动机起动时充电指示灯会亮，发动机起动后充电指示灯也熄灭，但是蓄电池很快出现亏电现象，并且起动发动机时起动机运转无力，夜间行车时前照灯灯光暗淡。

（2）故障原因。

① 发动机传动带过松或损坏。

② 发电机端子 B 与蓄电池正极柱之间的线路短路或导线端子接触不良。

③ 发电机电刷与滑环接触不良。

④ 调节器的调节电压过低或其内部电路有故障。

⑤ 发电机转子绕组短路使磁场变弱而导致发电机输出功率降低。

⑥ 发电机整流器故障或定子绕组有短路、缺相故障，导致发电机输出功率降低。

⑦ 蓄电池使用时间过长、极板硫化、损坏或活性物质脱落。

（3）诊断与排除。

出现蓄电池充电不足现象时，具体诊断方法如下。

① 检查蓄电池的技术状态是否良好，如使用时间过长或负载电压低于9.6 V，则需要更换蓄电池。

② 检查传动带的挠度是否符合规定（5 ~ 7 mm）。

③ 检查发电机端子 B 至蓄电池正极的线路是否断路或导线端子是否接触不良。

④ 拆下发电机总成，检查电刷组件，如电刷高度过小，则更换电刷；如电刷弹簧卡滞或弹力不足，

应更换弹簧。

⑤ 检测调节器的调节电压，如调节电压过低（低于 14.2 V）或调节器损坏，应予更换。

⑥ 如上述部分均良好，则断开所有电气开关，拆下蓄电池正极电缆端子，并在该端子与蓄电池正极柱之间串联一个电流表，检测全车电路有无漏电现象。如有漏电，可将驾驶室内和发动机罩下的熔断器上的熔丝逐一拔下，检查漏电发生在哪一条线路，然后进行排除。

6. 发电机充电电流过大

（1）故障现象。

汽车灯泡易烧坏，蓄电池温度过高且其电解液消耗过快。

（2）故障原因。

发电机充电电流过大的原因是电压调节器调节电压过高或调节器失效。

（3）诊断与排除。

确认灯泡易烧、蓄电池电解液温度过高或电解液消耗过快而无其他原因时，起动发动机并加速到 1 500 r/min，用万用表测量发电机端子 B 的电压，如果超过最大值的 20%，可确认调节器出现故障，应更换调节器。

第二节 空调系统的故障诊断与排除

一、空调系统的检测

（一）汽车空调系统的检测方法

检查汽车空调系统的方法很多。其中，“一看、二听、三摸、四测”的经验方法较实用，下面对其进行介绍。

1. 看

用眼睛观察空调系统各零件是否处于正常工作状态。通过储液干燥器的观察窗，观察制冷剂是否适量。起动空调，让空调系统处于最大制冷状态，观察储液干燥器的观察窗。如果观察窗几乎透明，制冷剂流动稳定，发动机转速变化时可能会出现气泡，说明制冷剂是适量的。观察各接头处是否有油污和灰尘。如果有油污和灰尘，则制冷剂可能已经泄漏。观察冷凝器表面是否脏污，散热片是否变形。

2. 听

听电磁离合器有无刺耳的噪声。如果有噪声，则可能是电磁线圈老化，吸力不足，通电后由于打滑而产生噪声，也可能是离合器片因磨损而造成间隙过大，使离合器打滑。听压缩机是否有液击声，如果有液击声，可能是制冷剂过多或膨胀阀开度过大所致，应释放部分制冷剂或调整膨胀阀。

3. 摸

高压管路的表面一般比较热，如果某处特别热或进出口温差特别明显，说明这个地方可能发生堵塞。用手感觉压缩机的进气管和排气管之间应该有明显的温差，前者发凉，而后者发烫。用手感觉冷凝器的进入管和排出管的温度，在正常情况下，前者热一些，冷凝器上部温度比下部温度要高。用手摸储液干燥器，其前后的温度应该一致。压缩机输出管到膨胀阀输入端之间是制冷剂的高温高压区，其温度应该均匀一致。

低压管路比较凉，用手摸膨胀阀前后应有明显的温差，即前热后凉。膨胀阀出口到压缩机之间软管的温度应该低而不结霜，正常情况下应为结霜后即化，用肉眼看到的只是化霜后结成的水珠。用手感觉车内出风口应有凉风，车内外保持 7 ~ 8 ℃的温差。

4. 测

通过看、听、摸，只能发现比较明显的不正常现象，对于一些复杂的故障，还要借助仪器对制冷系统进行测试。对微机控制全自动空调系统，还要结合自诊断系统进行综合分析和判断，确定故障部位并进行排除。下面介绍各种常用的检测工具。

（1）检漏仪。用检漏仪检查整个系统各接头是否有泄漏。

（2）歧管压力表。将歧管压力表的高、低压表分别接在压缩机的排气、吸气口的维修阀上，检查制冷系统的压力。运转压缩机，使发动机的转速保持在 2 000 r/min，然后观察歧管压力表的读数。

（3）万用表。用万用表可以检查出空调电路故障，判断电路是断路还是短路。

（4）温度计。用温度计可以判断冷凝器、蒸发器、储液干燥器是否有故障。

（5）蒸发器。正常情况下，蒸发器的表面温度在不结霜的前提下越低越好。

（6）冷凝器。正常情况下，冷凝器的入口温度为 70 ℃，冷凝器的出口温度为 50 ℃左右。

（7）储液干燥器。正常情况下，储液干燥器的温度应为 50 ℃左右。如果其上下部分的温度不一致，说明储液干燥器堵塞。

（二）压缩机及电磁离合器的检测

由于压缩机的零配件购置困难，且装配要求高，一般的汽车修理厂只承担电磁离合器打滑、线圈烧坏、压缩机卡死、压缩不良、泄漏、异响等常见故障的修理，如有上述故障，可以直接更换电磁离合器或压缩机缸体部分。

1. 电磁离合器的检测

电磁离合器的常见故障是离合器打滑、分离不彻底、不能吸合、线圈烧坏等。离合器打滑可能是由于前板与带轮之间的间隙过大，可用垫片调整，也可能是压缩机故障。分离不彻底可能是前板与带轮间隙过小。不能吸合的原因可能是电路故障、断路等，也可能是压缩机卡死。线圈烧坏可能是线圈短路或压缩机卡死造成的。

在对电磁离合器进行修理时，一定要注意不能将制冷循环打开，而且在某些特殊情况下，不拆压缩机也可对电磁离合器进行修理。如果必须拆下压缩机维修电磁离合器，则在拆卸之前，必须使用冷媒回收与加注设备将制冷剂回收，断开蓄电池的接地线。在维修结束连接蓄电池后，还要按照维修手册检查车辆设备。电磁离合器的检测方法如下。

（1）检查压盘是否变色、剥落或损伤。如果有损伤，应更换离合器。

（2）用手转动皮带，检查带轮轴承的间隙和阻力，如果出现噪声或间隙过大、阻力过大，则应更换离合器。

（3）用百分表测量带轮与压盘之间的间隙。将百分表归零，然后给电磁离合器施加蓄电池电压。在施加电压时，测量压盘的位移。如果间隙不在规定的范围内（间隙为0.35~0.6 mm），需要使用调整垫片进行调整。调整垫片有多种厚度可供选择，如0.1 mm、0.3 mm和0.5 mm等。

（4）测量带轮与压盘之间的间隙，可以使用间隙规来测量，之后选择不同的垫片来增大或减小间隙。

（5）测量励磁线圈的电阻，如果电阻不符合技术要求，则应更换励磁线圈。在20 ℃时，电阻应为4~5 Ω。

2. 压缩机的检测

压缩机卡死、泄漏、异响及压缩不良是压缩机的常见故障。

（1）卡死的检测。

所谓卡死，就是压缩机不能转动，卡死通常是冷冻机油润滑不良或由其引起的其他故障造成的。如果电磁离合器或皮带打滑，可能是压缩机卡死所致，这时应立即将空调关掉，检查系统是否有泄漏；若不是，则可能是冷冻机油油路有问题。

（2）泄漏的检测。

压缩机常在缸盖、缸垫、轴封、垫片、O形圈、管接头、缸体裂纹等处发生泄漏。压缩机上有明显油迹，就是压缩机泄漏造成的。对于这种故障可以先用观察法初步查找泄漏点，一般在泄漏的部位有油迹。如果查找不到，可以用检漏仪及其他方法查找。

（3）压缩不良的检测。

压缩机压缩不良故障通常表现为用压力表检查压缩机的吸气和排气压力，两者几乎相同。这可能是进、排气阀和汽缸衬垫等零件损坏。当排气阀或进气阀破损时，压缩机怠速运转时会发出“啪嗒”声；当汽缸衬垫损坏时，会造成从排气阀出来的高压高温蒸汽通过缸垫的缺口又窜回到吸气室，进行再次压缩，产生温度更高的蒸汽，这样反复地在压缩机内部循环压缩，蒸汽温度便会越来越高，最后把冷冻机油烧焦，造成压缩机严重损伤甚至报废；进、排气弹簧片破损或变软，将造成压缩机不压缩制冷剂或压缩不良，这种故障的表现只是吸气压力和排气压力相同或相差不多，而压缩机不会发热。

（4）异响的检测。

尖叫声主要由离合器吸合时打滑引起，但是皮带过松或皮带被磨光打滑也会造成这样的问题。压缩机的振动及轴的振动也是噪声过大的原因之一。若发现压缩机振动过大，首先要检查其支承是否发生断裂，紧固螺栓是否松动。引起压缩机振动的原因还有皮带过紧和带轮轴线不平行。离合器带轮轴承润滑不良也会引起噪声过大。出现上述故障，如果是压缩机或电磁离合器的原因，可直接更换压缩机或电磁离合器。

（三）冷凝器及蒸发器的检测

1. 冷凝器的检测

（1）冷凝器的常见故障。

冷凝器的常见故障有冷凝器散热片脏污、堵塞、变形或破损，冷凝器管路连接处有破损、泄漏等。

（2）检测。

① 用观察法或检漏仪等设备检查冷凝器是否有泄漏。

② 检查冷凝器散热片表面是否有脏污，若有，则用刷子刷洗。不要用蒸汽或高压水枪冲洗，以免损坏冷凝器散热片。

③ 仔细检查冷凝器表面有无脱漆、变形、破损等。如果有破损、裂纹或变形，会影响冷凝器密封性及内部制冷剂的正常流通，须更换冷凝器。

④ 检查冷凝器管路内是否清洁，有没有出现管路变形现象。

⑤ 检查导风罩是否完好，冷凝器与水箱之间的距离是否合理（两者之间的距离不应超过 5 cm，否则空气在其间循环会产生紊流，影响散热）。

2. 蒸发器的检测

（1）蒸发器的常见故障。

蒸发器的常见故障有蒸发器脏污、堵塞、变形或破损，蒸发器管连接处有破损、泄漏等。

（2）检测。

① 使用检漏仪或其他方法检查蒸发器是否有泄漏。

② 仔细检查蒸发器表面有无破损、裂纹和变形等，若有，应修理或更换。

③ 检查蒸发器表面是否有脏污，若有，应用软毛刷刷洗。

④ 观察蒸发器管路是否清洁、通畅。

⑤ 检查膨胀阀毛细管与蒸发器出口管路是否贴紧，隔热保温层是否包扎牢固。

⑥ 检查膨胀阀动力头的毛细管连接处是否有泄漏，进出口滤网是否被堵塞。

（四）储液干燥器及集液器的检测

1. 储液干燥器及集液器常见故障

储液干燥器及集液器的常见故障是滤芯被脏物堵塞或吸水饱和，从而使制冷剂流通不畅，造成制冷系统制冷不足或不制冷。

2. 检测

对于储液干燥器来说，可以用手触摸储液干燥器进出管路，并观察视窗。如果进口很烫，而且出口接近大气温度，从视窗中看不到或很少有制冷剂流过，或者制冷剂很混浊，就很有可能是储液干燥器中的滤网堵了或干燥剂散了并堵住了干燥器出口；如果是因为储液干燥器或集液器的故障而造成空调制冷不足或不制冷，则必须更换储液干燥器或集液器。更换完毕后要确认前后接口有无泄漏，检查易熔塞是否熔化、各接头处是否有油污，还要检查视窗是否有裂纹、周围是否有油污等，同时整个空调系统安装好后应从视窗处仔细观察制冷剂的流动情况。

（五）节流减压装置的检测

1. 热力膨胀阀的检测

（1）热力膨胀阀的常见故障。

膨胀阀出现阻塞或节流作用失效的故障，会造成系统不制冷或制冷不足。热力膨胀阀常见的故障有膨胀阀及其温度敏感元件或膜片失效、毛细管安装位置松动移位等，造成此故障的可能原因是干燥剂失效脱落或系统中有污物。

（2）检测。

① 将压力表连接到制冷系统中，起动发动机，并使其转速稳定在 1 000 ~ 1 200 r/min，在冷凝器前放一个大风扇，以模拟汽车行驶时的气流。

② 打开空调制冷开关，并将控制开关调节到最大制冷位置，使系统工作 10 ~ 15 min；观察压力表的示值，低压表压力应为 130 ~ 180 kPa。如果在检测中发现低压表压力过低，则将膨胀阀阀体置于 52 ℃恒温温箱内，看低压表压力是否升高。如果低压表压力升高，说明系统内有湿气，应进行除湿操作；如果低压表压力不升高，则进一步检测。

③ 将感温包从蒸发器中拆下，放置于 52 ℃恒温温箱内，看低压表压力是否升高。如果压力升高，说明感温包安装不当，应重新安装，并重新对系统进行检测；如果低压表压力不升高，则说明膨胀阀已失效或堵塞，须拆检或更换膨胀阀。

④ 如果在检测中发现低压表压力过高，则将感温包从蒸发器中拆下，放置于 0 ℃的冰水中，观察低压表压力是否降低；如果低压表压力降低到正常值或接近正常值，则可能是感温包绝热性能不好或安装位置不当，应重新包裹或安装，并重新对系统进行检测；如果压力不降低，则说明膨胀阀已失效，须更换膨胀阀。

2. 节流孔管的检测

（1）节流孔管的常见故障。

节流孔管的主要故障是堵塞，一旦发生堵塞，只能更换，同时还要更换集液器。

（2）检测。

① 将歧管压力表组与空调系统连接，同时把发动机转速调至 1 000 ~ 2 000 r/min，然后将空调控制器调至最冷位置，让系统运行 10 ~ 15 min。

② 查看低压表读数，若无其他问题，且制冷剂量合适，那么如果低压表读数偏低，就说明节流孔管可能堵塞。

③ 将低压开关短路，在节流孔管周围包上约 52 ℃的湿布。

④ 若低压表读数上升至正常值或接近正常值，说明系统内有水，节流孔管正常，应更换集液器；若低压表读数仍然偏低，甚至出现真空，则说明节流孔管有脏堵，应更换节流孔管。

二、常见故障诊断

汽车空调系统是一个完全密封的循环系统。其中任何一个零部件出现故障都会使汽车空调系统不能正常运行，空调系统出现故障时是不能随便拆卸零部件的。作为汽车空调维修技术人员，掌握常见故障的分析判断方法是很重要的。虽然不同的空调系统维修作业的具体修理技术及修理方法有所不同，但故障原因及分析方法却大同小异。根据这些判断及分析方法，可以较快找到故障的症结，确定具体的修理方案。汽车空调常见的故障有暖风系统故障、制冷系统故障两大类。

（一）暖风系统故障的诊断及排除

1. 不供暖或暖气不足故障诊断

（1）送风系统故障及排除。

① 鼓风机或其控制电路故障：用万用表检查鼓风机电动机电阻，如鼓风机电动机电阻过大或过小，则应更换。

② 鼓风机继电器、调温器故障：用万用表测继电器线圈电阻和调温器电阻，如为零或无穷大，则应更换。

③ 热风管道堵塞故障：清除堵塞物。

④ 温度门真空驱动器故障：检查真空驱动管路是否漏气，检查相关真空部件是否正常。若正常，则更换真空驱动器。

（2）加热器系统故障及排除。

① 加热器漏风故障：应更换加热器壳。

② 加热器芯内部有空气：应排出其内部空气。

③ 加热器翅片变形造成通风不良故障：校正或更换翅片。

④ 温度门加热器管道积垢堵塞故障：应除垢使管道畅通。

（3）冷却液管路故障及排除。

① 冷却液流动不畅：应维修或更换。

② 热水开关或真空驱动器失效故障：应检修或更换。

③ 发动机冷却液石蜡节温器失效故障：应更换节温器。

④ 冷却液不足：应补足冷却液，并检查散热器盖是否漏气。

2. 不送风故障诊断

（1）鼓风机电路或其控制电路熔丝熔断或开关接触不良：更换熔丝或开关。

（2）鼓风机电动机绕组短路或断路：维修或更换鼓风机电动机。

（3）鼓风机调速电阻断路、鼓风机继电器故障、鼓风机电路导线连接故障等：应维修或更换相应部件。

3. 管路泄漏故障诊断

（1）管路老化故障：更换软管。

（2）接头不牢、密封不严故障：检修紧固接头。

（3）热水开关不能闭合故障：修复热水开关。

4. 供暖过热故障诊断

（1）调风门调节不当：应重新调整。

（2）发动机节温器损坏：应更换节温器。

（3）风扇调速电阻损坏：应更换调速电阻。

5. 除霜热风不足故障诊断

（1）除霜门调整不当：应重新调整。

（2）出风口堵塞：应清堵。

6. 操作不灵敏故障诊断

（1）操作机构卡死故障：应重新调整。

（2）风门过紧：应修理风门。

（3）真空驱动器失灵：应检查真空系统是否漏气，如真空系统正常，则更换真空驱动器。

（二）制冷系统故障的诊断及排除

1. 系统不制冷故障诊断

起动发动机，打开空调开关，打开鼓风机开关，温度设置较低，如出风口无冷风吹出，则应从电气和机械两方面去分析。

（1）电气方面故障。

系统不制冷主要是压缩机没工作，压缩机电磁离合器基本控制电路主要是由空调 A/C 开关、高压开关、低压开关及温度控制器组成的串联电路，只要有一个元件发生故障，空调压缩机就会停止工作。

排除电气方面的故障应进行如下检查。

① 检查压缩机主电路及其控制电路熔丝是否熔断，若熔断，应用万用表电阻档分段检查相关线路对地电阻，找出线路中非正常搭铁点，排除故障。

② 拔下压缩机电磁离合器线束插头，直接将电源正极连到电磁离合器线圈电路接头上，若电磁离合器工作，说明电磁离合器正常；否则，应更换或维修电磁离合器。

③ 检查电路中的 A/C 开关（风扇调速开关）、高压开关、低压开关、冷气继电器触点及温控器等，在接通电源时，分别短接所要检查的开关，如短接某开关时空调离合器工作，则该开关有故障。

（2）机械方面的故障。

① 压缩机驱动皮带断了，压缩机停止工作。

② 制冷系统堵塞，制冷剂无法循环，导致系统不制冷。用歧管压力计检测系统内压力，如果低压侧压力很低，高压侧压力很高，则系统最可能产生堵塞的部位是储液干燥器和膨胀阀。

③ 膨胀阀感温包破裂，内部液体流失，造成膨胀阀膜片上方压力为零，阀针在弹簧力作用下将阀孔关闭，制冷剂无法流向蒸发器，因此系统无法制冷。感温包破裂后，膨胀阀一般要换新件。

④ 系统内制冷剂全部泄漏。用歧管压力表测系统压力，若高、低压侧压力都很低，说明制冷剂已经泄漏，应用检漏仪详细检查确定其泄漏部位，并进行修复。修复后要对系统抽真空，然后按规定加足制冷剂及冷冻润滑油。

⑤ 压缩机进、排气阀片损坏，制冷剂无法循环。用歧管压力表检测系统内压力，若高、低压侧压力几乎相等，则说明阀片损坏。阀片损坏后，要拆卸压缩机，对其进行修理或更换新件。

2. 系统制冷不足故障诊断

(1) 制冷剂和冷冻润滑油。

① 系统内制冷剂不足。制冷剂不足时，从膨胀阀喷入蒸发器的制冷剂减少，从而导致蒸发器蒸发时吸收热量减少，故系统制冷能力下降。当制冷剂不足时，如果从视液镜中看到偶尔冒出的气泡，则说明制冷剂稍少；如果出现明显的翻腾气泡，则说明制冷剂缺少很多。

② 制冷剂注入过多。制冷剂多，影响散热效果，因制冷效果和散热效果是热力学吸热和放热的两个过程，所以散热不好将直接影响制冷效果。如果从视液镜中看不到气泡，制冷系统高、低压两侧压力都提升，则可用歧管压力表排出多余的制冷剂。

③ 制冷剂和润滑油中含有脏物。当脏物较多时，过滤器滤网上会出现堵塞现象，使制冷剂流量减少，影响制冷效果。用手摸干燥器两端，正常情况下是没有温差的，如感觉温差明显，则说明干燥器堵塞。可用歧管压力表检测，如高压侧压力过高，低压侧压力过低，则说明高压侧堵塞。否则，说明干燥器堵塞，须更换。

④ 制冷剂中含有空气。空气是导热不良物质，在系统压力和温度下，它不能溶于制冷剂，制冷剂中混有空气影响其散热；有些空气随制冷剂在系统中循环，使膨胀阀喷出的制冷剂量下降，导致制冷能力下降。当制冷剂通过膨胀阀节流孔时，由于其压力和温度迅速下降，导致空气中的水分在膨胀阀小孔处产生“冰阻”现象。停机一会儿，待冰融化后系统又恢复工作。这种情况须抽真空，重新充注制冷剂。

(2) 机械方面的因素。

压缩机工作性能下降的故障诊断及排除方法见表 4－1。

表 4－1　压缩机工作性能下降的故障诊断及排除方法

故障现象	诊断	排除
低压侧压力高	压缩机内部泄露、磨损	折卸压缩机缸盖，检查压缩机，必要时更换阀板总成
高压侧压力低	缸盖密封垫漏气	更换密封垫
制冷效果不良	压缩机皮带打滑	调整皮带轮

① 检测压缩机进排气口温度，如果温差不大，则用歧管压力计检测进、排气口压力；如果高压侧压力偏低，低压侧压力偏高，则可诊断为压缩机漏气，原因为压缩机使用时间较长，汽缸及活塞磨损，汽缸间隙增大及进、排气阀片关闭不严。压缩机漏气会使压缩机实际排气量远小于理论排气量。解决方法：更换压缩机。

② 压缩机驱动带松弛，工作时打滑，传动效率低。有同步传感器的空调控制系统，可自动监控压缩机转速与发动机转速是否比例恒定，如超过某差值，将自动切断压缩机电磁离合器电路。解决方法：调紧驱动带。

③ 电磁离合器压力板与带轮的接合面磨损严重或有油污，工作时出现打滑。电磁离合器线路电阻过大或供电电压太低也会使电磁离合器线圈吸力不足，造成离合器打滑。解决方法：观察离合器压力板与带轮的间隙是否均匀，压力板是否扭曲，如无法维修，则更换离合器。

④ 冷凝器散热性能下降。出现此现象的原因为冷凝器表面有污泥，被杂物覆盖或堵塞，翅片变形，冷却风扇驱动带松弛或转速过低等。解决方法：调整驱动带张力，清除冷凝器表面污物及覆盖物，修整好弯曲的翅片。

⑤ 出风口吹出的冷气量不足。蒸发器表面结霜或鼓风机转速下降都会使吹出的冷气量不足。解决办法：检查鼓风机调速开关、鼓风机电动机、鼓风机继电器等电路。

3. 制冷系统有噪声故障诊断

（1）制冷剂过量引起的高压管、压缩机的敲击声故障，此时应排放制冷剂，直至高压侧显示值正常。

（2）制冷剂不足引起蒸发器进口的“嘶嘶”声故障，此时应查清有无泄漏，如有泄漏，则应先补漏，然后加足制冷剂。

（3）制冷系统水分过量故障，此时应更换干燥器，排出原制冷剂，系统再次抽真空，充注制冷剂。

（4）压缩机离合器噪声异常的故障诊断及排除方法见表 4－2，空调系统的异响主要来源于压缩机和电磁离合器。

表 4－2　压缩机离合器噪声异常的故障诊断及排除方法

故障现象及原因	排除方法	故障现象及原因	排除方法
传动带打滑	拉紧传动带	压缩机油封泄漏	更换油封
传动带不平行	调整平行度	零部件匹配不当	更换匹配良好的零部件
离合器打滑	调整间隙或更换离合器轮毂	离合器压力板有油污	查找油污来源，修理或更换
轴承损坏	更换轴承或离合器组件		

（5）尖叫声。尖叫声主要由离合器接合时打滑发出，或者由皮带过松或磨损引起。

（6）振动。压缩机的振动及轴的振动也是异响的来源之一，应检查其支撑件是否断裂，紧固螺栓是否松动。引起压缩机振动的原因还有皮带过紧或皮带轮轴线不平行，压缩机的轴承磨损过大会引起轴的振动，皮带轮轴承润滑不良也会引起异响。

第三节　安全系统的故障诊断与排除

一、安全气囊的故障诊断与排除

安全气囊系统（SRS）主要由安全气囊电控单元、碰撞传感器、安全气囊组成。其中电控单元连接着汽车自诊断系统，若汽车自检系统检测到安全气囊系统存在故障，则仪表板上安全气囊指示灯会点亮，以提示安全气囊系统存在故障，需要进行检修。

当点火开关接通到 ON 位或 ACC 档位置后，安全气囊系统将进入自检测过程。如果安全气囊指示灯点亮或闪亮 6 s 后自动熄灭，表示安全气囊系统功能正常。

（一）故障现象

1. 汽车起动时，安全气囊系统自检结束后，仪表板上安全气囊系统指示灯持续点亮。

2. 汽车行驶过程中，仪表板上安全气囊系统指示灯点亮。

（二）故障原因分析

1. 传感器和诊断模块与组合仪表失去通信。

2. 组合仪表未针对车辆配置进行设置。

3. 预紧器或安全气囊总成已展开。

4. 传感器和诊断模块中的储备能量被启用（蓄电池电压低于 7.5 V 时）。

5. 控制单元内部故障。

6. 碰撞传感器故障。

7. SRS 指示灯电路故障。

8. 插接器插头之间线路断路或短路，熔丝熔断。

（三）故障诊断方法与步骤

1. 通过故障检测仪或解码器连接汽车诊断插座，读取安全气囊相关故障码、数据流，通过故障码提示判断安全气囊系统故障范围。

2. 如果提示故障码，根据故障码信息检查 SRS 电控单元线路连接、传感器连接、过电机构是否可靠，检查各线路插接器是否有损坏。检测步骤如下。

（1）将点火开关置于 LOCK 位置，断开蓄电池负极线。

（2）打开中央通道护板。

（3）断开仪表插接器。

（4）连接蓄电池负极，将点火开关置于 ON 位置。

（5）检查仪表插接器电源进线端子电压是否为 12 V 左右。

（6）检查仪表插接器诊断 K 线端口电压是否正常。

（7）检查安全气囊电控单元、诊断接口、SRS 指示灯、仪表之间的插接器导通情况。

3. 检查碰撞传感器是否存在故障。更换新的碰撞传感器，如果故障消失，则说明碰撞传感器存在故障，应更换。

4. 拆下转向盘衬垫（带安全气囊）进行下述项目的目视检查。

（1）检查转向盘衬垫上的表面凹槽部分是否有刻痕、裂纹或明显的污渍。

（2）检查插接器和配线是否有切痕、裂纹或碎片。

（3）检查转向盘扬声器按钮接触板是否变形。

（4）检查转向柱、转向盘是否松动、受损或变形。

（5）检查保险杠、车身覆盖件和车身骨架等是否裂损、变形。

二、安全带的故障诊断

汽车座椅安全带是车辆发生事故时配合安全气囊保护车内乘员最有效的设备，随着汽车使用时间的延长，安全带也会老化，最主要的表现是内部卷簧器老化，安全带会过松或不能及时拉紧。因此，需要对安全带进行定期的维护。另外，如果安全带在使用中曾承受过一次强拉伸负荷，即使未损坏，也应更换，不能继续使用。碰撞事故发生后，不论安全气囊是否起爆，都应对相关安全系统做一次全面检修。

当乘客坐到座椅上，起动车辆自检时，座椅位置占用传感器会监测到这个信号并传递给电控单元，电控单元接通安全触发开关，检测安全带是否插好。如果安全带感应器插座松动，连接线束断路或短路，电控单元或仪表自身出现故障时，安全带指示灯会长亮，以提示车主安全带系统存在故障，需要进行检修。

（一）故障现象

1. 汽车行车途中（车速 20 km/h 以上，因车而异），在系好安全带的情况下，仪表板上安全带系统指示灯长亮。

2. 汽车上电后但未发动时，自检过程中，安全带指示灯始终不亮。

3. 使用安全带时，带身无法自如地拉伸。当安全带复位时，带身无法流畅地复位。

（二）故障原因分析

1. 感应器插接器松动。

2. 安全带卡扣开关故障。

3. 传感器、电控单元、仪表通信故障。

4. 安全带固定插槽松动。

（三）故障诊断方法与步骤

1. 通过故障检测仪或解码器连接汽车诊断插座，读取安全带相关故障码、数据流，通过故障码提示判断安全带系统故障范围。如果提示故障码，根据故障码信息检查安全带传感器、电控单元和仪表通信是否存在故障，检查各线路插接器是否有损坏。

2. 检查安全带是否能自如地拉出，当收紧器从安装位置缓慢地倾斜 15 °时，确保安全带不会被锁住。

3. 将安全带从自动收卷器或腰带调整舌中完全拉出来，检查带身是否清洁完整，必要时用中性肥皂液清洗。

4. 检查自动收紧器的锁止功能，当缓慢拉出安全带时，确认安全带不会被锁住，正常情况下，安全带只有突然停车或受冲击时才会锁住，将安全带带身用力从自动收紧器拉出来，若无锁止作用，需要将安全带连同锁扣整体进行更换。

5. 检查锁扣是否有裂缝或裂开，把锁舌推入锁扣，直至可听见两者啮合的声音，用力拉动带身，检查锁止机构是否连接牢靠；用手指按压锁扣上的按钮来松开安全带，在带身松开时，锁舌必须自动从锁扣中弹出来。

6. 检查导向板和锁舌是否变形、裂开。

7. 检查安全带系统连接线束及其插接器有无破损。

8. 检查安全带电路中熔丝、传感器、电控单元是否有故障。

三、中控门锁控制系统的故障诊断

现代汽车一般都装备有中控门锁控制系统。当开启（或锁住）驾驶人侧车门时，其他几个车门及行李舱门都能同时开启（或锁住）。同时，乘员仍能用车门的机械锁来开关车门。配备有速度控制功能的中控门锁，在汽车行驶速度达到一定数值后（如 15 km/h），中控门锁能自动闭锁，同时中控门锁按键上的锁止指示灯点亮。

（一）故障现象

1. 操作中控门锁开关时，所有门锁均不动作。

2. 操作中控门锁开关时，个别车门不动作。

3. 装备有速度控制功能的车辆，速度控制失灵，当达到规定车速后，不能自动闭锁。

（二）故障原因分析

1. 对于所有门锁均不动作的故障，一般由电源电路故障引起。

2. 个别车门不能动作，可能是相应车门门锁的连接线路断路、门锁电动机或电磁铁式执行器损坏、门锁连杆操纵机构损坏等。

3. 速度控制失灵，一般是速度控制电路连接、车速传感器或电控单元等存在故障。

（三）故障诊断方法与步骤

1. 对于所有门锁均不动作的故障

（1）首先检查熔丝是否熔断，若熔丝熔断，则更换。若更换后又立即熔断，则说明电源与门锁执行器之间的线路有搭铁或短路故障，用万用表查找出搭铁位置，排除故障。

（2）若熔丝良好，则检查线路插接器是否松动、搭铁是否可靠和连接线路是否断路，可在门锁控制开关电源接线柱、定时器或门锁继电器电源接线柱上测量该处的电压，判断输入电动门锁的电源电路是否良好。

2. 个别车门不能动作

（1）首先检查相应车门门锁的连接线路是否存在断路现象。

（2）检查门锁电动机或门锁连杆操纵机构等是否损坏。

3. 速度控制失灵

（1）首先检查速度控制电路中各插接器是否松脱、搭铁是否可靠和电源线路是否存在故障等，若存在故障，则按相应故障进行排除。

（2）若线路正常，则检查车速传感器是否工作正常。可用试验法或替代法判断，更换新的车速传感器，若故障排除，则说明故障在车速传感器。若更换车速传感器后，故障仍然存在，则检查速度控制电路中其他元器件是否存在故障。

第四节 防盗系统的故障诊断与排除

为了有效防止或减少汽车被盗，越来越多的汽车安装了防盗系统。但汽车防盗系统在使用过程中，其性能会随着汽车行驶里程的增加或其他因素等出现各种各样的问题，从而使得汽车防盗系统检测成为现代汽车检测与诊断工作中的一个重要项目。下面以桑塔纳轿车为例，讲述防盗系统的检测方法。

一、防盗系统的检测

（一）故障自我诊断功能

桑塔纳轿车的汽车防盗系统属于电子控制系统，设有故障自我诊断功能和匹配功能。必须使用专用的上海大众故障检测仪和相应的操作程序来诊断故障和进行防盗器匹配。

1. 检测条件

（1）检查所有熔丝是否正常。

（2）检查蓄电池电压是否正常（至少 11 V）。

（3）将大众专用故障检测仪 V. A. G1552 的插头与车内变速器操纵杆前的诊断插口连接。

（4）打开点火开关。

2. 操作步骤

（1）点火开关打开后，进入操作 1——车辆系统测试，屏幕显示如图 4－3 所示。

Test of vehicle Insert address word XX	HELP
车辆系统测试 输入地址码XX	帮助

图 4－3　车辆系统测试

（2）输入防盗器地址码“25”，屏幕显示如图 4－4 所示。

Test of vehicle 25–Immobiliser	Q
车辆系统测试 25–防盗 器	Q

图 4－4　输入防盗器地址码

（3）按“Q”键确认，约 5 s 后，屏幕显示如图 4－5 所示。

330 953 253 IMMO VWZ6ZOT 0123456 V01	→
Coding　00000	WSC 01205
330 953 253 IMMO VWZ6ZOT 0123456 V01	→
Coding　00000	WSC 01205

图 4－5　按“Q”键确认

显示屏上的“330 953 253”为防盗系统控制单元零件号；“IMMO”为发动机停机防盗系统的英文缩写；“VWZ6ZOT 0123456”为防盗控制单元的 14 位数编码；“V01”表示防盗控制单元软件版本；“Coding 00000”为编码号；而维修站编码为“WSC 01205”。注意在使用故障检测仪检测防盗系统时，必须先输入维修站编码。

（4）按“→”键，屏幕显示如图 4－6 所示。如果显示屏上显示的内容与上述显示内容不一样，应阅读故障检测仪的使用说明书。

（5）根据所要进行的操作，输入相应的编号。比如要退出系统，按“0”和“6”键，选择结束输出功能，断开点火开关，并且拔出 V. A. G1552 的插头。

Test of vehicle	HELP
Select function XX	
车辆系统测试	帮助
选择功能XX	

图 4－6　按“→”键

（二）查询故障代码

查询故障代码步骤如下。

1. 连接 V. A. G1552，选择防盗器电子系统，屏幕显示如图 4－7 所示。

Test of vehicle	HELP
Select function XX	
车辆系统测试	帮助
选择功能XX	

图 4－7　查询故障代码

2. 输入数字“02”，查询故障功能，并按“Q”键确认，屏幕显示如图 4－8 所示。

X Fault recognized
发现X个故障

图 4－8　查询故障代码

3. 按“→”键可以逐个显示故障代码和故障内容，直到全部故障显示完毕为止。如屏幕显示“NO Faults recognized”即未发现故障，按“→”键，则退回到功能菜单。

（三）清除故障码

清除故障码的步骤如下。

1. 在排除故障后，需要清除故障码，这时应先查询故障存储器，并进入功能选择界面，屏幕显示如图4－9所示。

Test of vehicle	HELP
Select function XX	
车辆系统测试	帮助
选择功能XX	

图4－9　清除故障码（1）

2. 按“0”和“5”键，选择清除故障存储器，按“Q”键确认输入。此时屏幕显示如图4－10所示。

Test of vehicle	→
Fault memory is erased	
车辆系统测试	→
故障存储已被清除	

图4－10　清除故障码（2）

3. 按“→”键，返回初始位置。此时屏幕显示如图4－11所示。

Test of vehicle	HELP
Select function XX	
车辆系统测试	帮助
选择功能XX	

图4－11　清除故障码（3）

4. 按“0”和“6”键，选择结束输出功能，断开点火开关，并且拔出V. A. G1552的插头。

5. 关于清除故障码的几点说明如下。

（1）在更换确认有故障的零件之前，首先按照电路图规定检查用于这些零件的电源线和插头连接及搭铁状况。

（2）在维修之后，必须经常使用V. A. G1552故障检测仪查询发动机控制单元的故障存储器，同时清除发动机控制单元的故障存储器内容。

（3）故障存储器会输出静态故障和偶发误差两种信息。如果一个误差至少出现2 s，那么就被识别为静态故障；如果一个误差此后不再出现，那么就被识别为偶发误差，并在显示屏右边出现一个“/SP”标记。

(4) 接通点火开关后出现的所有故障都作为偶发误差加以处理，只有故障在检验之后继续出现，才作为静态故障加以存储。

(5) 如果一个偶发误差在 50 个点火周期（点火开关必须在 2 s 内接通）内不再出现，则清除该误差。

(6) V. A. G1552 输出的 5 位数故障代码仅出现在打印输出中。

（四）读数据流

1. 输入数字“08”，启动“读测量数据块”功能，按“Q”键确认，屏幕显示如图 4－12 所示。

2. 输入显示组号“22”，按“Q”键确认，屏幕显示如下。

Read measuring value block Enter display group number ××	HELP
读测量数据块 输入显示组号 ××	帮助

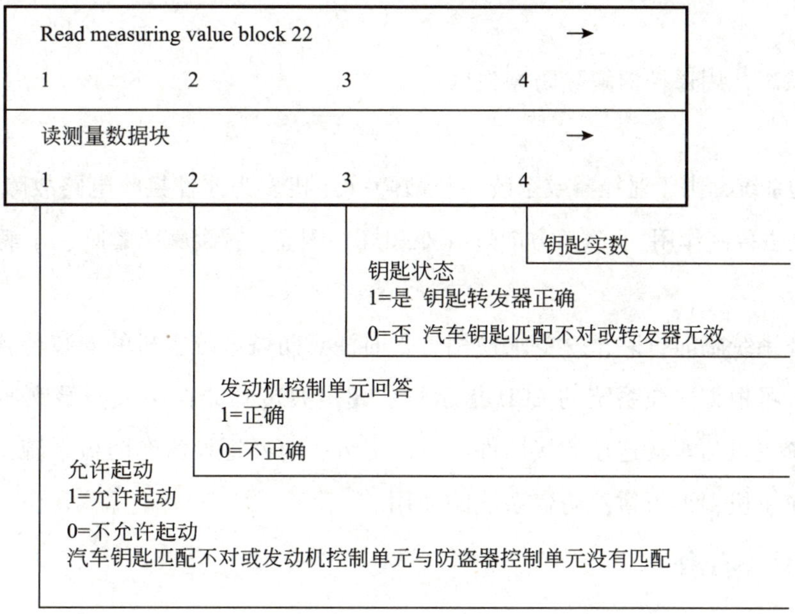

图 4－12 读数据流

二、常见故障诊断

（一）遥控器某一功能键失效

1. 故障现象

遥控器某一功能键失效，按该键时 LED 指示灯不亮。

2. 故障原因

某功能键失效（其他功能键正常）多为该功能键损坏，或按键端子与电路板的焊点脱焊、接触不良等。

3. 诊断与排除

遥控器的按键多为微型开关，平时使用时用力要轻，并注意防水、防摔和防重压。出现故障建议更换遥控器，没有修理的价值。

（二）自动熄火并进入报警状态

1. 故障现象

车辆行驶 30 ~ 40 s 自动熄火并进入报警状态，解除防盗功能后，行驶中重复出现上述情况，如此反复。

2. 故障原因

此现象是在车内操作遥控器，引起二次自动防盗所致。

3. 诊断与排除

按解除防盗功能键后，再开关一次车门，问题即可解决。汽车防盗系统用遥控器受体积限制，功能按键一般不超过 4 个，因此每个按键常被赋予几项功能，或某项功能由多个按键配合完成，使用时应特别注意。

（三）用遥控器解除防盗失效

1. 故障现象

车辆处于防盗状态，用遥控器解除防盗失效。

2. 故障原因

处于防盗状态的系统，由于遥控器或系统主机故障（主机多为遥控接收电路故障），引起解除防盗失效（遥控器对系统失去控制作用）、汽车方向灯（双蹦灯）闪亮、报警喇叭常鸣、车辆无法起动行驶。

3. 诊断与排除

此时只能将防盗系统临时拆除，这要求使用者平时注意防盗系统主机的安装位置，如果对防盗系统主机的位置不了解，可根据防盗系统的 LED 指示灯、超声波传感器探头或报警喇叭等元件，找到系统主机，拔下防盗系统主机与车辆连接的接插件即可。另外，有些遥控汽车防盗系统主机设置了紧急解除功能，不必拆除系统主机，即可暂停防盗系统的使用。

（四）遥控操作不起作用

1. 故障现象

遥控操作不起作用，按遥控器各功能按键时，遥控器的红色 LED 指示灯不亮。

2. 故障原因

此故障多在遥控器本身，有以下几种情况。

（1）电池电量用尽。

（2）电池正、负极簧片生锈或接触不良。

（3）遥控器被雨淋或进水、进油等。

3. 诊断与排除

更换电池或检修电池连接器。如遥控器被雨淋或进水、进油等，可将电路板取出，用工业酒精清洗后，再用家用电吹风吹干或待其自然干燥，就可以继续使用。

（五）遥控距离越来越短

1. 故障现象

遥控距离越来越短，发射信号时，遥控器的 LED 指示灯亮度变暗或闪烁。

2. 故障原因

此现象多是电池电量不足所致。

3. 诊断与排除

更换电池即可。除此之外，建议不要自己调整或更换遥控器的元件，以免造成更大的损失。如果更换电池后仍有此现象，可能是遥控器有问题，可更换一个遥控器，重新学习一下。一般 7 号碱性电池可以使用 1 ~ 2 个月，建议使用 7 号 AAA 碱性电池，不要使用一般锌锰干电池。

（六）遥控器按一下符号全显示

1. 故障现象

遥控器按一下按键，所有符号全显示一遍，并且发出与装电池时一样的响声。

2. 故障原因

出现此问题最大的可能性为遥控器电池已没有电，当遥控器发射信号需要的电流较大，有些品牌的电池低压特性不好，电池电压降低很多，引起复位。

3. 诊断与排除

一般 7 号碱性电池可以使用一个月左右，当电池电压不足时，遥控报警距离会变短，更换电池即可，建议使用 7 号 AAA 碱性电池，不要使用一般锌锰干电池。如果更换电池后仍有此现象，可能是遥控器主板有问题，更换一个遥控器，重新学习一下即可。

（七）遥控器上没有显示

1. 故障现象

遥控器上没有显示或显示状态不会改变，按遥控器，主机有反应，上下锁正常，遥控器不会报警。

2. 故障原因

（1）主机发射报警电路有问题。

（2）遥控器报警接收电路有问题。

（3）主机有问题。

3. 诊断与排除

汽车在行驶状态下，按遥控器上下锁时，遥控器上显示的状态不会改变，此属正常现象，因为在此状态下没有必要改变显示，改变显示容易引起混乱。但在其他状态下，遥控器上的显示应该随防盗状态不同而改变。如果按遥控器，主机有反应，但遥控器上显示不改变或无显示，可换另外一个遥控器。如果另外一个遥控器也有相同的现象，可能是主机发射报警电路有问题。如果另外一个遥控器正常，则说明原来的遥控器报警接收电路有问题。

（八）遥控报警距离有时近有时远

1. 故障现象

遥控报警距离近，或者遥控报警距离有时近有时远。

2. 故障原因

遥控报警距离有时远有时近，有可能是周围环境中存在电磁波干扰。如果地处无线电台、电视台附近，或者移动电话中继站、雷达站或其他发射台站附近，电磁干扰很大，距离较近属正常。一些工业设备如高周波塑压机等也可产生很大干扰，如果在这些设备附近，也会出现这种故障。排除这些干扰后，检查一下接收天线接触是否良好，天线安装位置是否正确。如果天线安装在金属柱子或铁板上，会对距离有很大影响，天线应该安装在玻璃内侧离边缘 5 ~ 10 cm 处。另外，安装位置应该避开贴太阳膜的部分，因为太阳膜中含有金属成分，也会对遥控报警距离产生影响。

一般情况下，在空旷地带，620C – FM 型直线遥控距离在 1 000 m 左右，报警距离在 1 500 m 左右（800 m、900 m、1 100 m 都属正常）；6208 – AM – FM 混合型遥控距离在 100 ~ 200 m（50 ~ 100 m 也属正常），报警距离为 1 000 m（700 ~ 1 000 m 都属正常）。

（九）遥控器报警时，开锁和关锁符号同时出现

1. 故障现象

遥控器报警时，开锁和关锁符号同时出现。

2. 诊断与排除

出现这种现象有两种情况。一是此遥控器没有进入防盗状态，用另外一个遥控器进入防盗状态，当有报警时，此遥控器开锁和关锁两个符号同时显示；二是在行驶状态下，用遥控器进入防抢状态，遥控器上开锁和关锁两个符号同时显示。

（十）经常有震动报警

1. 故障现象

平时偶尔或经常有震动报警。

2. 故障原因

此种情况一般是震动感应器太灵敏所致。

3. 诊断与排除

可以先拔掉震动感应器看是否还有此现象，如果还有应是主机的问题，如果没有则是震动感应器的问题，降低灵敏度应该可以消除此现象。

注意：不要把震动感应器灵敏度调得太高，这样经常会出现莫名其妙的震动报警。

（十一）自动进入防抢状态

1. 故障现象

行驶过程中车灯闪，喇叭叫，一段时间后会熄火。

2. 故障原因

（1）可能在行驶过程中有意或无意按了两次遥控器的查询键，就会进入防抢状态。

（2）受到强烈干扰，使主机工作混乱。

3. 诊断与排除

按取消防盗键即可消除此状态。如果由于受到强烈干扰使主机工作混乱进入此状态，可先减速把车停到一边，再熄火按遥控器把此状态取消，不过强烈干扰使主机工作混乱的可能性很小。

（十二）遥控器偶尔不起作用

1. 故障现象

遥控器偶尔失灵。

2. 故障原因

锁芯故障使防盗电脑不能准确检测钥匙是否在点火开关内。

3. 诊断过程

（1）故障验证。门锁遥控器有时不起作用，有时正常，没有规律。

（2）排除过程。例如，故障车为新车（500 km），观察此车，玻璃已贴膜，铺了地胶，后装了一套GPS。开始怀疑贴膜导致车内进水受影响，几天后故障现象仍然存在，更换防盗电脑，设定频率有时设定不上，设定上了故障也未排除。查阅资料得知，只有在所有车门关闭，钥匙不在点火开关内，防盗电脑电源工作正常，遥控发射器有频率发出时，遥控门锁才能正常工作。检查发现电脑电源线路和开关都正常。电脑检测钥匙是否在钥匙孔内是靠点火开关上的一个小触点开关，来回插入钥匙检测此开关锁芯，发现里面少了一个回位弹簧，加装一个回位弹簧后，故障被排除。

（十三）震动不报警

1. 故障现象

进入防盗状态后震动不报警。

2. 诊断与排除

进入防盗状态后震动不报警，首先应检查震动感应器灯能否点亮，连线是否正确，插座是否可靠连接，灵敏度调节是否合适（灵敏度调到最低时根本不能触发）。震动感应器采用双段调节，轻震动报警时间短，重震动报警时间长。如果还不行，可更换感应器试一下。如果更换感应器后仍不能报警，可能是主机问题。

第五节 照明系统的故障诊断与排除

一、前照灯的检测

目前，前照灯检测方法主要有屏幕法和前照灯检测仪检测法两种。屏幕法只能检测光束照射位置，而前照灯检测仪检测法能同时检测发光强度和光束照射位置，下面以前照灯检测仪检测法为例讲述前照灯的检测。

（一）检测方法

前照灯的检测参数为发光强度和光轴的偏斜量（光束照射位置），其检测的具体步骤如下。

1. 检测前的准备

（1）检测仪的准备。

① 在不受光的状态下，检查光度计和光轴偏斜指示计的指针是否能对准机械零点。若指针没有指零，则用调整螺钉进行调整。

② 检查聚光透镜和反射镜的镜面上有无污物或模糊不清的地方。如果有，则用柔软的布料或镜头纸擦拭干净。

③ 检查水准器的技术状况。若水准器无气泡，应进行修理或更换；若气泡不在红线框内，可用水准器调节器或垫片进行调整。

④ 检查导轨是否沾有泥土等杂物。若有，应扫除干净。

（2）车辆的准备。

① 用柔软的布料清除汽车前照灯上的油污。

② 检查轮胎气压，应符合汽车制造厂的规定。

③ 检查汽车蓄电池电压，应处于电量充足状态。

2. 检测步骤

前照灯检测仪的类型各不相同，其检测的具体方法也不尽相同。这里仅以自动追踪光轴式前照灯检测仪的检测步骤为例进行介绍。

（1）被检汽车尽可能按与前照灯检测仪的轨道保持垂直的方向驶近检测仪，使前照灯与检测仪受光器相距 3 m。

（2）将车体摆正，用汽车摆正找准器使检测仪与被检汽车对正。

（3）开亮前照灯，接通检测仪电源，用控制器上的上下、左右控制开关移动检测仪的位置，使前照灯光束照射到受光器上。

（4）按下检测开关，受光器随即追踪前照灯光轴，根据光轴偏斜指示计和光度计的指示值，即可得出光轴偏斜量和发光强度值。

（5）检测完一只前照灯后，用同样的方法检测另一只前照灯。

（6）检测结束后，前照灯检测仪沿轨道或沿地面退回护栏内，汽车驶出。

（二）检测结果分析

前照灯检验不合格有两种情况，一种情况是前照灯发光强度偏低；另一种情况是前照灯光束照射位置偏斜。

1. 左右前照灯发光强度均偏低

（1）检查前照灯反光镜是否明亮，如昏暗或镀层剥落、发黑，应予更换。

（2）检查灯泡是否老化、质量是否符合要求，老化、质量不符合要求、光度偏低的应更换。

（3）检查蓄电池端电压是否偏低，如电池端电压偏低，应先充足电再检测。仅靠蓄电池供电，前照灯发光强度一般很难达到标准规定值，检测时发电机应供电。

2. 左右前照灯发光强度不一致

检查发光强度偏低的前照灯的反射镜是否灰暗、灯泡是否老化、质量是否符合要求，一般多为搭铁线路接触不良。

3. 前照灯光束照射位置偏斜

光束照射位置发生偏斜，一般说明前照灯的安装位置出现了偏移，应进行紧固、调整。

（三）前照灯的调整

如果检测结果不合规定，应利用前照灯检测仪前照灯进行调整。调整光束照射位置时，以调整近光光束为主，因为对于制造质量合格的灯泡，近光调整合格后，远光光束一般也能合格；如果近光光束调整合格后，远光光束照射方向经检查不合格，则应更换灯泡。

二、常见故障诊断

（一）灯光亮度下降

1. 故障现象

打开前照灯，灯光亮度逐渐下降。

2. 故障原因

光亮度不够多为蓄电池电量不足或发电机和调节器的故障所致。另外，还有导线接头松动或接触不良、导线过细或搭铁不良等原因。

3. 诊断与排除

打开前照灯将发动机转速稳定在中速，测量发电机输出电压。

如果电压达到额定标准，则故障是导线接头松动或接触不良、导线过细或搭铁不良等所致。检查方法：持续打开前照灯 30 min，然后用手摸前照灯各段电线和各连接端口，如果哪个部位发热，即故障点。

如果电压达不到额定标准，则故障在发电机或调节器，可短时间短接发电机输出接柱和磁场接柱，如果电压上升，则故障在调节器；如果电压不上升，则故障在发电机。

（二）灯泡频繁烧坏

1. 故障现象

灯泡经常烧坏。

2. 故障原因

灯泡频繁烧坏的原因一般是电压调节器不当或失调，使发电机输出电压过高。此外，灯具固定不良也是造成灯泡频繁烧坏的原因。

3. 诊断与排除

如果在行驶中灯光出现闪烁或晃荡，则是灯具固定不良，应检查和固定灯具。检查和调整发电机输出电压，必要时更换调节器。

（三）前照灯不发亮

1. 故障现象

打开前照灯开关，前照灯不发亮。

2. 故障原因

前照灯不发亮的原因主要有灯泡损坏、熔丝熔断、灯光开关或继电器损坏及线路短路或断路等。

3. 诊断与排除

（1）如果只有一只灯泡不亮，一般为该灯的灯丝熔断，可将灯泡拆下后检查。

（2）如果是几只灯泡都不亮，可按喇叭。喇叭也不响，则是熔断器熔断。

（3）如果同属一个熔丝的灯泡都不亮，则可能是该支路的熔丝熔断。

处理熔断器熔断故障时，在总熔断器复位或更换新的熔丝之前，应找出超负荷的原因。其方法是：将熔丝所接各灯的接线从灯座上拔掉，用万用表电阻档测量灯端与搭铁之间的电阻，若电阻较小或为零，则可断定线路中有搭铁故障。排除故障后，再把熔断器复位或更换新的熔丝。

（4）如果前照灯均不发亮，则进行以下检查。

① 检查继电器。将继电器线圈直接供电，检查继电器是否能正常工作，如不能正常工作，应更换继电器。

② 检查灯光开关。可用万用表检查开关各档位的通断情况，若与要求不符，应更换灯光开关。

③ 检查线路。可用万用表或试灯逐段检查线路，以便找出短路或断路故障所在部位。

（四）左右前照灯亮度不一致

1. 故障现象

左右前照灯亮度不一致。

2. 故障原因

（1）左右前照灯的反射镜有一个灰暗。

（2）左右前照灯有一个灯泡老化。

（3）左右前照灯有一个线路接触不良或搭铁不良。

3. 诊断与排除

检查发光强度偏低的前照灯的反射镜是否灰暗、灯泡是否老化、质量是否符合要求，如果正常，一般多为线路接触不良或搭铁不良。

（五）前照灯发光强度偏低

1. 故障现象

打开前照灯，发光强度偏低。

2. 故障原因

（1）蓄电池内部短路或充电电压过低。

（2）导线接头松动或接触不良、导线过细或搭铁不良。

（3）散光镜坏或反射镜有尘垢、灯泡玻璃表面发黑或功率过低，以及灯丝没有位于反射镜的焦点上。

3. 诊断与排除

（1）检查前照灯反射镜是否明亮，如昏暗、镀层剥落或发黑，应予更换。

（2）检查灯泡是否老化、质量是否符合要求，如老化或质量不符合要求，光度偏低者应更换。

（3）检查蓄电池端电压是否正常，如端电压低，应检测发电机供电是否正常。如果发电机供电正常，则故障原因是蓄电池内部短路或蓄电池老化。

（4）检查线路及连接端子是否有发热现象，以及搭铁是否良好。

（六）前照灯光束照射位置偏斜

1. 故障现象

前照灯光束照射位置偏斜。

2. 故障原因

（1）因强烈震动而错位，致使光束照射位置偏斜。

（2）灯泡远近光灯丝位置不合格。

3. 诊断与排除

前照灯安装位置不当或因强烈震动而错位，致使光束照射位置偏斜，应予以调整。前照灯光束照射位置偏斜的调整可在前照灯检测仪上进行。

根据检测标准，在调整光束照射位置时，对远、近双光束灯以调整近光光束为主。如果灯泡质量合格，近光光束调整合格后，远光光束一般也能合格；若近光光束调整合格后，经复核远光光束照射方向不合格，则应更换灯泡。

（七）转向信号灯不亮

1. 故障现象

打开点火开关（转向信号灯工作受点火开关控制的车辆），接通转向信号灯开关，转向信号灯不亮。

2. 故障原因

转向信号灯不亮的故障原因如下。

（1）熔断器熔断、电源线路断路或灯系中有短路处。

（2）闪光继电器损坏。

（3）转向信号灯开关损坏。

3. 诊断与排除

（1）首先检查熔丝是否熔断，如果熔断，应检查线路是否有短路搭铁处。

（2）检查闪光继电器是否正常，不正常应更换。

（3）检查转向信号灯开关电源线是否有 12 V，如果有，则检查开关是否正常，否则应更换。

第六节 ESP 系统的故障诊断与排除

电子控制稳定系统（ESP）是在 ABS/ASR 的基础上发展起来的，大部分元件与 ABS/ASR 共用，也是由传感器、电控单元及执行器三部分组成的。其主要作用是当汽车在湿滑的路面上行驶时其前轮或后轮发生侧滑时，自动调节各车轮的驱动力和制动力，确保车辆稳定行驶，是保障汽车安全行驶的电子控制系统。

当汽车 ESP 出现故障时，仪表板上的 ESP 故障指示灯会长亮，以提示车主需要进行检修。

汽车电子稳定系统主要由传感器（轮速传感器、减速度传感器、横摆率传感器、转向角度传感器、制动液压传感器和节气门位置传感器等）、电控单元、执行器及警示装置组成。

一、故障现象

1. 汽车起动时，自检结束后，ESP 故障指示灯仍长亮。
2. 汽车行驶过程中，ESP 故障指示灯点亮。

二、故障原因分析

1. ESP 相关传感器故障。
2. ESP 电控单元故障。
3. ESP 连接线束断路或短路。
4. ESP 连接插接器虚接。
5. ESP 相关执行器故障。
6. ESP 控制开关故障。
7. 相关熔丝熔断或烧蚀。

三、故障诊断方法与步骤

1. 目视检查。最初的目视检查可以发现比较明显的故障，能够节省时间，提高维修效率。目视检查的项目有：检查 ESP 管路有无破损；检查制动器有无拖滞现象；检查所有与 ESP 相关的继电器、熔丝是否完好，接插器是否牢固；蓄电池电压是否在规定范围内。

2. 通过故障检测仪或解码器连接汽车诊断插座，读取 ESP 相关故障码、数据流，通过故障码提示判断 ESP 故障范围。如果提示故障码，根据故障码信息检查 ESP 传感器、控制单元和执行器等是否存在故障，检查各线路插接器是否有损坏。

3. 检查 ESP 各个传感器有无故障。

（1）检查 ESP 轮速传感器

① 检查轮速传感器传感磁头与齿圈之间的间隙，如图 4－13 所示。前轮速传感器应为 1.10～1.97 mm，后轮速传感器应为 0.42～0.80 mm。

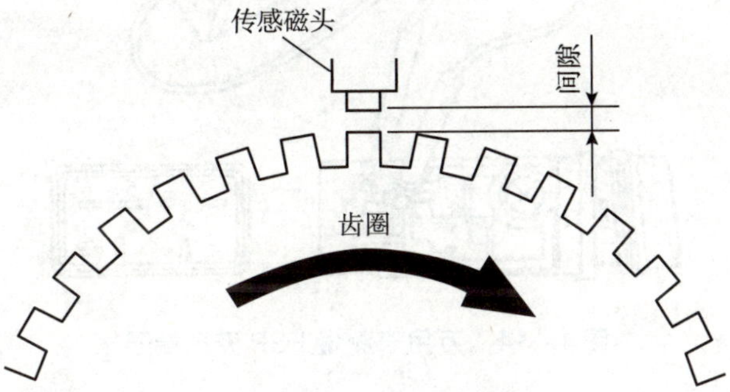

图 4－13　轮速传感器传感磁头与齿圈间隙

② 将车辆升起，使车轮离地，拆卸轮速传感器线束插接器，用万用表测量电源线与搭铁线端口电压，应为 12 V 左右的蓄电池电压。然后以 60 r/min 的转速转动车轮，用万用表测量信号线输出电压。前轮应为 190～1 140 mV，后轮应高于 650 mV。

③ 检测轮速传感器的电阻，使用万用表电阻 2 K 档进行测量，对于磁电式传感器，测量的阻值应为 1.2～1.8 kΩ；对于霍尔式轮速传感器，测量的电阻为无穷大，使用二极管通断档检测时，应有 0.3～0.7 V 的电压降。

④ 检测轮速传感器的脉冲信号，可以通过示波器进行检测，示波器红色探头连接轮速传感器的信号线，黑色探头连接车身搭铁，转动信号盘，正常可以看到 0.5～1.5 V 的方波信号波形。

⑤ 使用故障诊断仪读取轮速传感器数据流，车上共有四个轮速传感器，通过路试的观察并对比四个轮速传感器的数据有无异常。

（2）检查横摆率传感器

① 检查横摆率传感器和电控单元之间的线束、插头有无断路或短路。

② 将故障诊断仪连接诊断插座，查看横摆率传感器数据流，将横摆率传感器与地面垂直放置并绕其中央轴线转动，检查诊断仪显示的横摆率传感器的横摆率值的变化情况。

③ 使用万用表检测横摆率传感器的端子 1 和 3、3 和 4 之间的电压，端子 1（YAW）和 3（GYAW）电压为 2.42～2.58 V；端子 3（GYAW）和 4（YD）电压为 4.5～5.3 V。

（3）检查加速度传感器和电控单元之间的线束、插头有无断路或短路。将故障诊断仪连接诊断插座，当车辆倾斜时，检查诊断仪显示的加速度传感器的加速度值是否发生变化。

（4）检查转向角传感器和电控单元之间的线束、插头有无断路或短路。将故障诊断仪连接诊断插座，当转动转向盘时，检查诊断仪显示的转向角位置传感器的转向盘转向角值是否发生变化。

4. 检查 ESP 开关。如图 4－14 所示，使用万用表测量 ESP 开关端子之间的电阻。ESP 开关处于常态位置时，端子 3、4 之间阻值很小，端子 3、5 之间阻值无穷大。当按下 ESP 开关时，端子 3、4 之间阻值无穷大，端子 3、5 之间阻值很小，端子 2、6 为阻值很小的照明灯电阻。

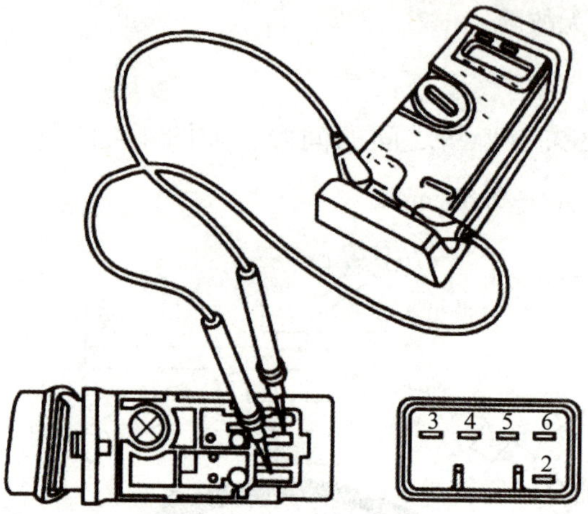

图 4－14　万用表测量 ESP 开关端子

5. 进行 ESP 排气测试，不同车系使用的检测工具及操作方式各不相同，以通用汽车 Tech2 诊断检测仪为进行说明。

（1）连接 Tech2 诊断检测仪，起动发动机并怠速运行。

（2）执行“Tech2 诊断检测仪，制动器排气程序”中所列的指示，在执行该程序期间，确保制动储液罐内的制动液液面不低于最低液位。

（3）关闭点火开关，并从插接器 DLC 上断开 Tech2 诊断检测仪。

（4）用规定的制动液加注制动储液罐至最高液位。

（5）关闭点火开关，踩下制动踏板 3 ~5 次，以耗尽制动助力器的真空储备压力。

（6）缓慢踩下制动踏板，如果感觉制动踏板绵软，重复 ESP 制动器排气操作，如果仍感觉制动踏板绵软，则需要检查制动系统是否存在泄漏故障。

（7）在发动机熄火状态下，不使用驻车制动器，接通点火开关后，如果制动器故障指示灯仍长亮，则需要检查 ESP 制动系统电路故障。

第七节　其他电动系统的故障诊断与排除

为了满足汽车舒适性和操纵方便性的要求，大多数中高档汽车都配备了电动车窗、电动后视镜和电动座椅等装置。随着各种电子装备的增加，在给驾乘人员提供更多方便的同时，也带来了更多的故障类型。

一、电动车窗的故障诊断

电动车窗装置主要由车窗、玻璃升降器、电动机、继电器和升降控制开关等组成。利用开关控制电动机的电流方向，实现车窗的升降功能。为了防止电路过载，电路或电动机内装有热敏断路开关，用以控制电流，当车窗完全关闭或不能移动时，即使操纵开关没有断开，热敏开关也会自动断路。

电动车窗常见的故障有：所有车窗不能正常升降、个别车窗不能正常升降和某个车窗只能向一个方向运动。

另外在驾驶人侧的主开关上有车窗锁止按钮，可以锁止其他位置的电动车窗操作。防止儿童频繁操作车窗开关，造成电动车窗系统的损坏或给乘客造成安全隐患。所以当操作其他位置的开关，而电动车窗不工作时，应先检查主开关上的车窗锁止功能是否打开。

（一）所有车窗不能正常升降

1. 故障现象

控制主控开关或分控开关，车窗玻璃都不能正常升降。

2. 故障原因分析

（1）总电源线脱落或总熔丝熔断。

（2）继电器线圈或触点损坏。

（3）相关开关不能工作或搭铁不良。

3. 故障诊断的方法与步骤

（1）首先检查发动机舱内熔丝盒中熔丝是否熔断。若未熔断，将点火开关置于 ON 位，用万用表检测继电器与点火开关相连的接线处是否有 12 V 电压。若电压为零，则说明电源线路存在故障；若电压为 12 V，则检查搭铁线是否正常；若搭铁线电压为零，则说明搭铁正常。

（2）检查继电器线圈和触点是否损坏。用万用表测量继电器 85、86 号端子的电阻，阻值应为几十欧，若阻值为零，说明继电器线圈断路。再给继电器 85、86 号端子加 12 V 电压，用万用表测量继电器 30、87 号端子的电阻。若阻值接近于零，则说明继电器触点能正常闭合；若阻值为无穷大，说明触点出现故障，需更换继电器。

（3）检查相关开关能否正常接通或断开，检查相关开关的搭铁是否可靠连接。

（二）个别车窗不能正常升降

1. 故障现象

某个车窗玻璃不能正常升降。

2. 故障原因分析

（1）该车窗的控制开关不能工作或搭铁不良。

（2）该车窗电动机故障。

（3）该车窗线路存在故障现象。

3. 故障诊断的方法与步骤

（1）首先分别操纵该车窗的主控开关和分控开关，观察车窗能否正常工作。若操纵主控开关能正常工作，则说明分控开关存在故障。若操纵分控开关存在故障，则说明主控开关存在故障。若操纵主控开关和分控开关，车窗都不能正常工作，则检查车窗电动机能否正常工作。

（2）拆下该车窗的电动机，进行通电试验，观察能否正常运转，若运转不正常，则更换电动机。若电动机工作正常，则说明该车窗线路存在故障，应排查。

（三）某个车窗只能向一个方向运动

1. 故障现象

某个车门玻璃只能上升或只能下降。

2. 故障原因分析

（1）该车窗的控制开关接触不良。

（2）该车窗玻璃升降器故障。

3. 故障诊断的方法与步骤

（1）首先通过主控开关控制车窗升降，若主控开关工作正常，则说明分控开关触点存在故障。若操纵分控开关工作正常，则说明主控开关触点存在故障。若主控开关和分控开关控制车窗升降时车窗都只能向一个方向运动，则说明玻璃升降器故障。

（2）拆下该车窗的玻璃升降器，查看玻璃升降器是否存在故障。

二、电动后视镜的故障诊断

电动后视镜主要由镜片、驱动电动机、壳体及操纵开关等组成。每个电动后视镜的背后安装有两个可逆电动机和驱动机构，可控制后视镜上下及左右转动。另外电动后视镜还有记忆存储、加热除霜和自动折叠等功能。

（一）故障现象

1. 两个电动后视镜都不能调节或某个后视镜不能调节，另一个工作正常。

2. 某一侧电动后视镜不能上下或左右调节。

（二）故障原因分析

1. 两个电动后视镜都不能调节的故障，原因可能是熔丝熔断、插接器松脱或线路故障、控制开关故障。

2. 某个后视镜不能调节的故障，原因可能是该后视镜线束接插器松脱或线路断路、该后视镜电动机故障或传动机构损坏、开关故障等。

3. 某一侧电动后视镜不能上下或左右调节，原因可能是控制开关损坏、后视镜上下或左右电动机故障、线束或插接器故障。

（三）故障诊断方法与步骤

1. 首先应检查与故障相关线路的通断，然后再检查电动机的工作情况和传动机构是否磨损或损坏等。

2. 检查电动后视镜电动机是否存在故障。以左侧后视镜上下调节电动机为例，检查方法。

（1）关闭点火开关，拆下左前车门内饰板。

（2）断开左后视镜线束插接器。

（3）用蓄电池直接向左侧后视镜上下调节电动机通电，检查该电动机转动情况。若不符合要求，则更换电动机。若电动机转动正常，则检查调节开关。

3. 检查控制开关。

（1）断开电动后视镜开关插接器，拆下控制开关。

（2）检查电动后视镜开关端子间的导通情况。若相应端子不导通，则说明电动后视镜开关损坏，应更换。

三、电动座椅的故障诊断

汽车电动座椅是以电动机为动力，通过传动装置和执行机构来调节座椅的各种位置，使驾驶人或乘员乘坐舒适的座椅。其主要功能是为驾驶人提供便于操作、舒适、安全的驾驶位置。

一般情况下，电动座椅很少出现故障。除非在使用过程中频繁地调节，使座椅轨道或电动机出现问题，常见的座椅故障可分为机械故障和电控故障。

1. 电动座椅卡滞或卡死等机械故障。原因大多是座椅调节连杆氧化或润滑不良。

2. 座椅在使用过程中，偶尔出现移动不到位等机械故障。原因大多是座椅调节连杆或滑轨堵塞、润滑不良导致发卡而移动不到位。

3. 座椅突然失灵，无法正常工作。原因一般是线路问题，先检查熔丝是否熔断，若熔丝良好。则检查线路连接是否正常，最后检查开关是否正常。对于有存储功能的电动座椅，还应检查控制单元 ECU 的电源电路和搭铁是否正常。

（一）故障现象

1. 电动座椅完全不能工作。

2. 电动座椅某个方向不能工作。

（二）故障原因分析

1. 对于座椅完全不能工作，原因可能是：熔丝熔断、继电器故障、连接线路故障和座椅开关故障。

2. 对于某个方向不能工作，原因可能是：该方向对应的电动机损坏，开关、连接线路故障。

（三）故障诊断方法与步骤

1. 对于座椅完全不能工作。首先应检查熔丝和继电器是否正常，若熔丝和继电器工作状态良好，则检查线路连接是否正常，其次检查开关是否存在故障，如图 4 – 15 所示。

2. 对于某个方向不能工作。先检查线路是否正常（直接检测电动机通电情况），再检查座椅调节开关和电动机。

（1）调节开关的检测。

① 拔出调节开关按钮，拆下调节开关面罩。

② 拆开调节开关的两个 6 芯插头，如图 4 – 16（a）所示。

③ 当调节开关处于各个调节位置时，按图 4 – 16（b）所示检查通电情况，若不符合，则更换调节开关。

（2）调节电动机的检测。

① 拆下驾驶人座椅轨道端盖，拆下驾驶人座椅的固定螺栓。

② 拆开座椅线束插接器和线束夹，拆下驾驶人座椅。

③ 拆开调节开关的两个6芯插头，如图4－17（a）所示。

④ 将两个6芯插头的某两个端子分别接蓄电池正、负极。按图4－17（b）所示检查各调节电动机的工作情况。

注意：当电动机停止运转时，应立即断开端子与蓄电池的连接。

⑤ 如果某个调节电动机不运转或运转不平稳，则应检查6芯插头与该调节电动机的2芯插头之间的线束是否存在断路或虚接故障。若线路正常，则更换调节电动机。

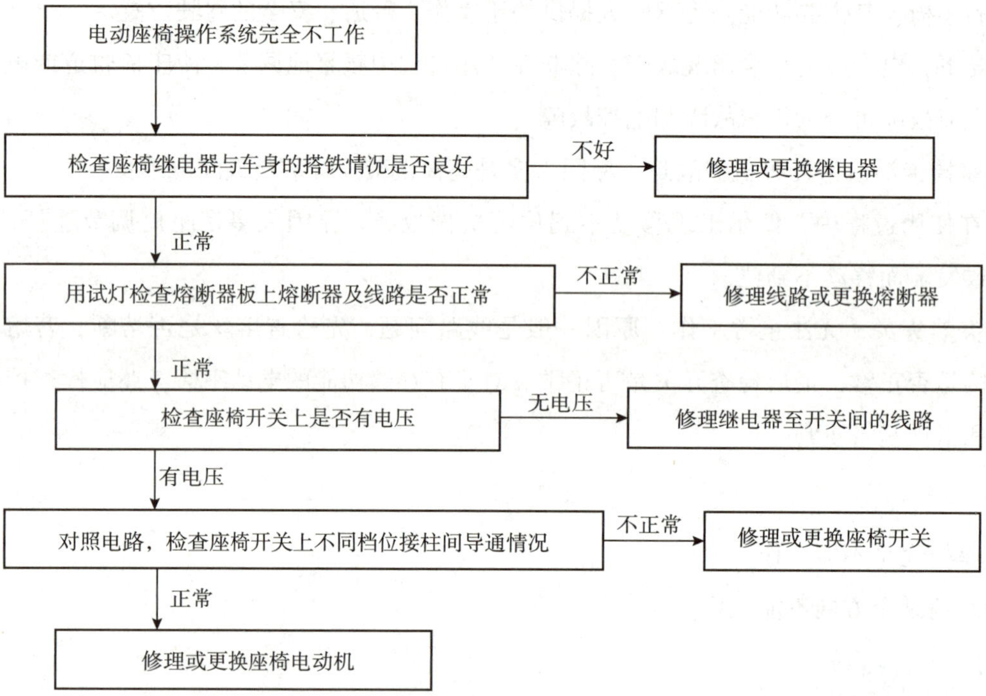

图4－15　座椅完全不能工作故障诊断流程图

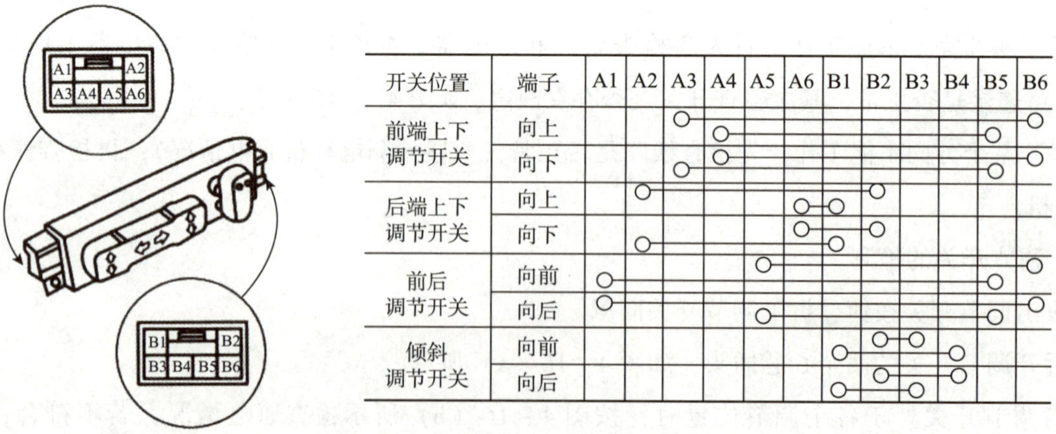

（a）调节开关插头　　（b）调节开关的检测

图4－16　自动座椅调节开关的检测

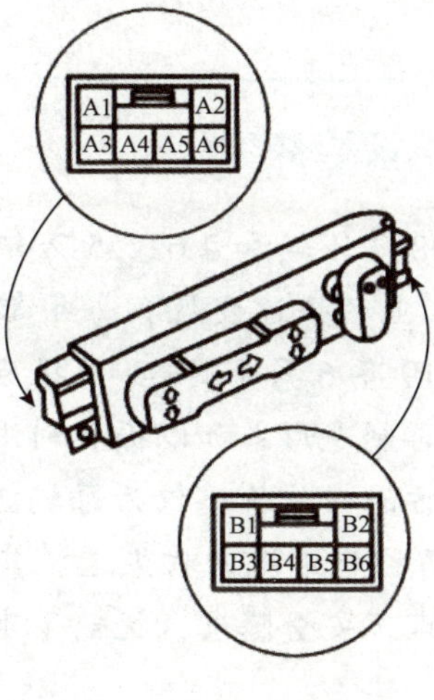

（a）调节开关插头

电动机工作情况		电源	
		(+)	(-)
前端上下调节电动机	向上	A3	A4
	向下	A4	A3
后端上下调节电动机	向上	A2	A6
	向下	A6	A2
前后调节电动机	向前	A5	A1
	向后	A1	A5
靠背倾斜调节电动机	向前	B3	B4
	向后	B4	B3

（b）调节电动机的检测

图 4－17　自动座椅调节电动机的检测

本章小结

本章主要讲述了电源系统的故障诊断与排除、空调系统的故障诊断与排除、安全系统的故障诊断与排除、防盗系统的故障诊断与排除、照明系统的故障诊断与排除、ESP 系统的故障诊断与排除、其他电动系统的故障诊断与排除的内容。汽车电源系统内蓄电池和发电机是并联工作的。在发动机正常工作时，由发电机向用电设备供电并向蓄电池充电；起动时，由蓄电池向起动机供电。汽车空调系统作为影响汽车舒适性的主要总成之一，为汽车提供制冷、取暖、除霜、除雾、空气过滤和湿度控制等功能。安全系统的作用是当汽车发生碰撞时，保护驾驶人和其他乘员的安全。目前汽车防盗器已由初期的机械控制发展成为集钥匙控制、电子密码、遥控呼救、信息报警等功能于一身的汽车防盗系统，由以前单纯的机械钥匙防盗走向生物特征式电子防盗。汽车照明系统是汽车安全行驶的必备系统之一，而前照灯在汽车照明系统中占有举足轻重的位置，对汽车的行驶安全起到主动预防作用。汽车自检测系统检测到电子元器件或者连接线束出现故障时，仪表板上的 ESP 故障指示灯会点亮，提示驾驶人进行检修。为了满足汽车舒适性和操纵方便性的要求，大多数中高档汽车都配备了电动车窗、电动后视镜和电动座椅等装置。随着各种电子装备的增加，在给驾乘人员提供更多方便的同时，也带来了更多的故障类型。

思政园地

大力“五大总成”再制造　回收拆解更环保

据工信部数据显示，2021 年，我国汽车产销分别完成 2 608.2 万辆和 2 627.5 万辆，同比分别增长 3.4% 和 3.8%，结束了连续 3 年的下降趋势。随着汽车工业的快速发展，每年都会有一批批机动车进入报废环节，如何做好回收成为不容忽视的问题。2019 年 6 月 1 日起，《报废机动车回收管理办法》正式施行，“五大总成”不再被强制报废，允许以再制造形式加以循环利用。过去，报废机动车一直按照废旧钢铁的价格回收，导致小轿车在很多地方的回收价格仅为每辆 200～300 元。有业内人士透露，以往每年约有 30% 的报废汽车流向出价较高的非正规回收渠道，其中多为没有环保措施的报废拆解企业。这些企业售卖拆解后的零件，不仅埋下安全隐患，扰乱了市场秩序，在拆解过程中还会造成环境污染。

《报废机动车回收管理办法》正式施行以来，这样的状况正在得到改变。《办法》规定，拆解的报废机动车发动机、方向机、变速器、前后桥、车架等“五大总成”具备再制造条件的，可以按照国家有关规定出售给具备再制造能力的企业予以循环利用。市场化竞争机制下，随着正规拆解企业的回收价格提升，非正规企业不再拥有高价优势，报废汽车回收行业发展更加健康有序。

思考练习

一、填空练习题

1. 蓄电池常见的故障有________、________、极板活性物质大量脱落等。

2. 汽车电源系统内蓄电池和发电机是________工作的。

3. 在安装蓄电池时通常先装________，后装________。

4. 高压管路的表面一般________，如果某处特别热或进出口________特别明显，说明这个地方可能发生________。

5. 电磁离合器的常见故障有离合器________、________、________、________等。

6. 压缩机________、________、________及________是压缩机的常见故障。

7. 安全气囊系统（SRS）主要由________、________及________组成。

8. 当点火开关接通到 ON 位或 ACC 档位置后，安全气囊系统将进入________过程。

9. 安全带故障的原因可能是________、________、________、________。

10. 检查安全带是否能自如地拉出，当收紧器从安装位置缓慢地倾斜________时，确保安全带不会被锁住。

11. 中控门锁对于所有门锁均不动作的故障，一般由________引起。

12. 匹配钥匙的操作过程应在__________内完成，同时必须打开__________，否则无效。

13. 不管是丢失钥匙而更换新车锁，还是增配新钥匙，或者是更换__________，都要对新的点火钥匙进行__________操作，否则将无法__________。

14. 故障存储器会输出__________和__________两种信息。

15. 前照灯检测方法主要有__________和__________两种。

16. 前照灯的检测参数为__________和__________。

17. 当远光调好后，应打开________，检查幕布上是否有明显的明暗________，其________是否符合规定。

18. 电子控制稳定系统（ESP）是在 ABS/ASR 的基础上发展起来的，大部分元件与 ABS/ASR 共用，也是由__________、__________、__________三部分组成的。

19. 电子控制稳定系统（ESP）故障原因有__________、__________、__________、__________、__________、__________、__________。

20. 电子控制稳定系统（ESP）故障诊断方法目视检查项目有__________、__________、__________、__________。

21. 电动车窗装置主要由__________、__________、__________、__________和__________等组成。

22. 电动车窗常见的故障有__________、__________、和__________。

23. 电动后视镜主要由__________、__________、__________及__________等组成。

24. 某一侧电动后视镜不能上下或左右调节，原因可能是__________、__________或__________、__________故障。

25. 两个电动后视镜都不能调节的故障，原因可能是__________、__________或__________、__________故障。

26. 对于座椅完全不能工作，原因可能是__________、__________、__________和__________故障。

二、思考训练题

1. 如何对发电机转子进行检测？
2. 蓄电池自行放电的故障原因及排除方法是什么？
3. 为什么要在发电机上安装电压调节器？
4. 引起空调系统不制冷的原因有哪些？
5. 简述冷凝器的故障诊断与检测方法。
6. 简述汽车安全系统的故障诊断与检测方法。
7. 防盗系统遥控器偶尔不起作用的故障原因是什么？
8. 前照灯的检查有哪些？如何对其进行调整？
9. 分析汽车 ESP 系统故障的原因。
10. 初步分析汽车电动车窗故障的原因。

第五章

网络通信系统的故障诊断与排除

本章导读

CAN－Bus 总线是汽车内提供的一种特殊局域网，为汽车控制器之间提供数据交换。像常见的奥迪 A6、奔驰、宝马、帕萨特 B5、宝来等车型都采用了 CAN 数据总线（简称 CAN 总线）。由于中高级轿车主要引进欧洲车型，因此国内轿车大多采用 CAN 总线技术。LIN 总线是由摩托罗拉（MotoroLa）与奥迪（Audi）等知名企业联手推出的一种低成本的开放式串行通信协议，用于实现汽车中的分布式电子系统控制，在车载网络中，LIN 总线主要为 CAN 总线提供辅助功能。

学习目标

1. CAN 总线系统的故障原因。
2. CAN 总线系统的检测。
3. 汽车 LIN 总线系统的故障原因。
4. 汽车 LIN 总线系统的故障诊断。

第一节　CAN 总线系统的故障诊断与排除

一、CAN 总线系统的故障原因

CAN 总线系统中拥有一个 CAN 控制器、一个信息收发器、两个数据传输终端及两条数据传输总线，如图 5－1 所示。

CAN 总线系统的故障原因

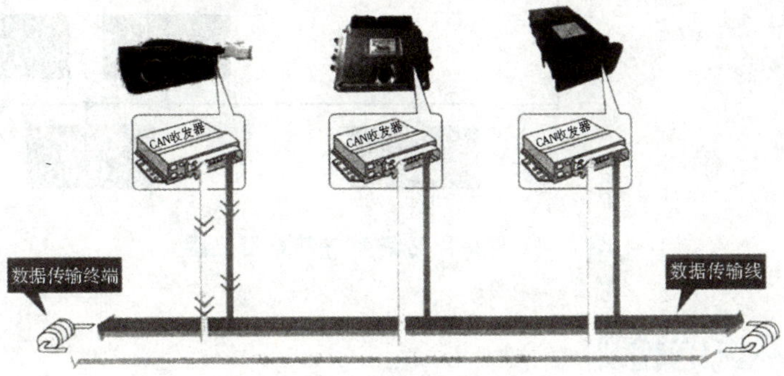

图 5－1　CAN 总线结构示意图

除了数据总线外，其他各元件都置于各控制单元的内部。CAN 总线系统产生故障的原因一般有以下三种。

（一）电源线路故障

汽车上所有的控制单元都需要一个供电电压，如果汽车电源系统提供的工作电压不正常，就会使汽车电控单元出现短暂的故障，将会引起整个汽车 CAN 总线系统出现通信不畅。汽车多路信息传输系统的核心部分是含有通信 IC 芯片的电控单元。电控单元的正常工作电压在 10.5～15.0 V 的范围内。如果汽车电源系统提供的工作电压低于该值，就会造成一些对工作电压要求高的电控单元出现短暂的停止工作，从而使整个汽车多路信息传输系统出现短暂的无法通信。

（二）CAN 总线链路故障

CAN 总线的数据传输线采用双绞线的结构，CAN 总线系统的数据传输线出现短路、断路或线路物理性质变化引起通信信号衰减或失真，都会导致多个电控单元工作不正常，使 CAN 总线系统无法工作。判断是否为链路故障，一般可用示波器或汽车专用光纤诊断仪来观察通信数据信号是否与标准通信数据信号相符，也可逐一抽出总线检查。

（三）CAN 总线节点故障

汽车 CAN 总线系统中的电控单元被称为节点，CAN 总线系统由网关、多个节点以及数据传输线组成，如图5－2所示。其中节点故障就是电控单元的故障，它包括软件故障和硬件故障。软件故障即传输协议或软件程序有缺陷或冲突，使汽车CAN总线系统通信出现混乱或无法工作，这种故障一般会成批出现；硬件故障一般是电控单元芯片或集成电路损坏，造成汽车CAN总线系统无法正常工作。

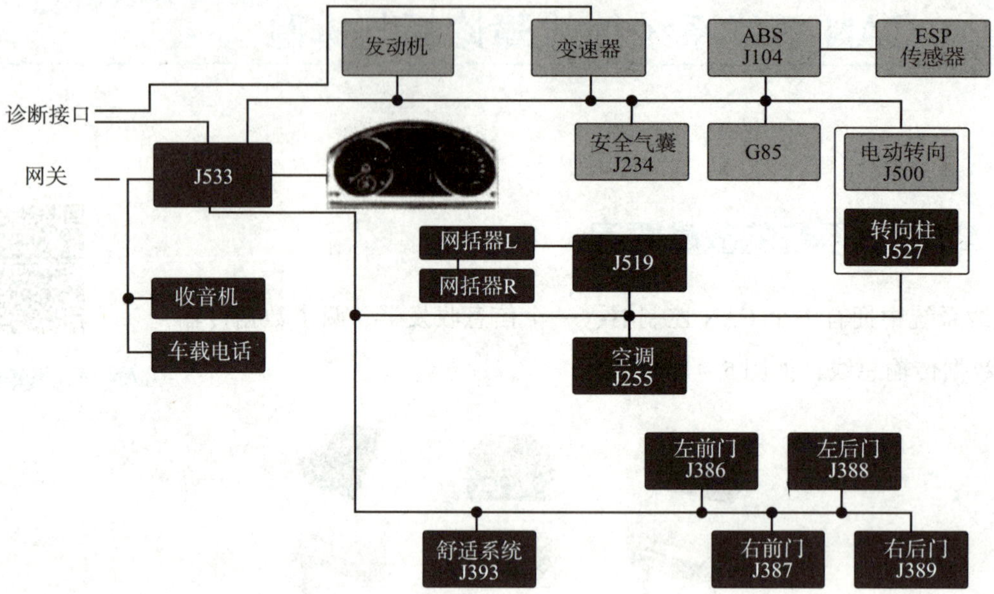

图5－2　CAN总线系统节点示意图

二、CAN总线系统的检测

当CAN总线网络发生故障时，汽车维修人员需要深入地掌握汽车CAN总线技术的结构组成、工作原理、故障特点及维修排除方法。下面我们来介绍下汽车CAN总线的常用三种检测方法。

（一）总线终端电阻的检测

汽车控制单元内部都有封装电阻，单个阻值一般为120 Ω左右。我们平时所说的CAN总线终端电阻，实际上是CAN通信总线连接的控制单元终端电阻并联后的总和，阻值约为60 Ω。如图5－3所示，舒适CAN总线、驱动CAN总线、诊断CAN总线、扩展CAN总线的终端电阻均为60 Ω左右，其中J519、J234、J533等控制模块中未标注的电阻均为千欧级别，并联后对终端电阻的阻值影响可忽略不计。

终端电阻的测量步骤如下。

（1）将蓄电池的负极线拔除。

（2）等待大约5 min，直到所有的电容器都充分放电。

（3）连接万用表并测量总阻值。

（4）将一个带有终端电阻控制单元的插头拔下来。

（5）检测总的阻值是否发生变化。

（6）将第一个控制单元（带有终端电阻）的插头连接好后，再将第二个控制单元的插头拔下来。

（7）检测总的阻值是否发生变化。

（8）分析测量结果。

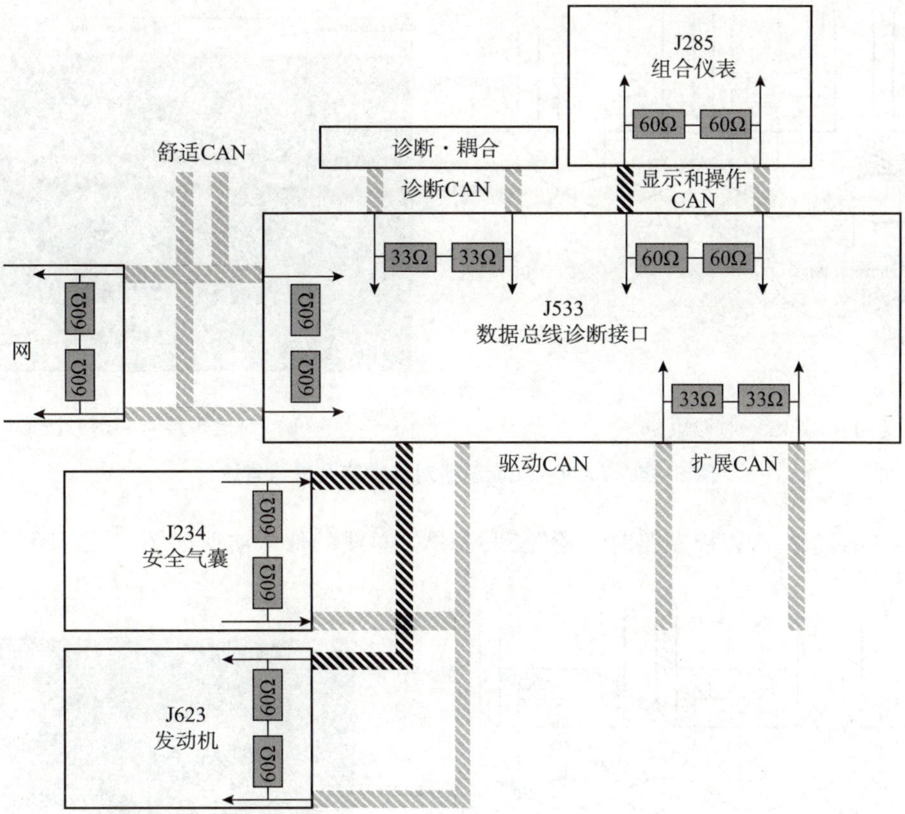

图 5－3 CAN 总线网络中的终端电阻

（二）总线电压的检测

CAN－High 驱动数据总线的主体电压是 2.5 V。当有信号传输时，总线上的电压值会在 2.5～3.5 V 之间高频波动。测量时，将万用表拨至电压档位，红表笔连接到 CAN－High 线分配器端口上，黑表笔与车身搭铁，测量的电压应为 2.7 V 左右。

CAN－Low 驱动数据总线上有信号传输时，总线上的电压值会在 1.5～2.5 V 之间高频波动。因此，万用表的测量值在 1.5～2.5 V 之间，小于 2.5 V 但靠近 2.5 V。

（三）总线波形的检测

检测 CAN 总线波形信号时，一般采用测试仪或示波器测量总线数据信号的波形。例如采用双通道的示波器进行同步波形的测量，能够直观地观察 CAN 总线系统波形信号有无异常现象。

使用示波器测量 CAN 总线波形时，首先需要设置参数，点击测试仪界面上的通道 A 后，左下角选择 DOS1。点击测试仪界面上的通道 B，左下角选择 DOS2。完成参数设置后，将示波器的两支黑表笔搭铁，然后将连接 DOS1 的红表笔接在 CAN－High 线端口上，连接 DOS2 的红表笔接在 CAN－Low 线端口上。

最后通过示波器观察 CAN 总线的波形，正常情况下 CAN－High 线与 CAN－Low 线的波形大小相等、相位相反。在 CAN 总线上，信息传递是通过两个二进制逻辑状态 0（显性）和 1（隐性）来实现的，每个逻辑状态都对应于相应的电压值，控制单元利用两条线上的电压差来确认数据。

1. 当 CAN－Low 数据总线对地短路时，检测到的 CAN 总线的信号波形如图 5－4 所示。

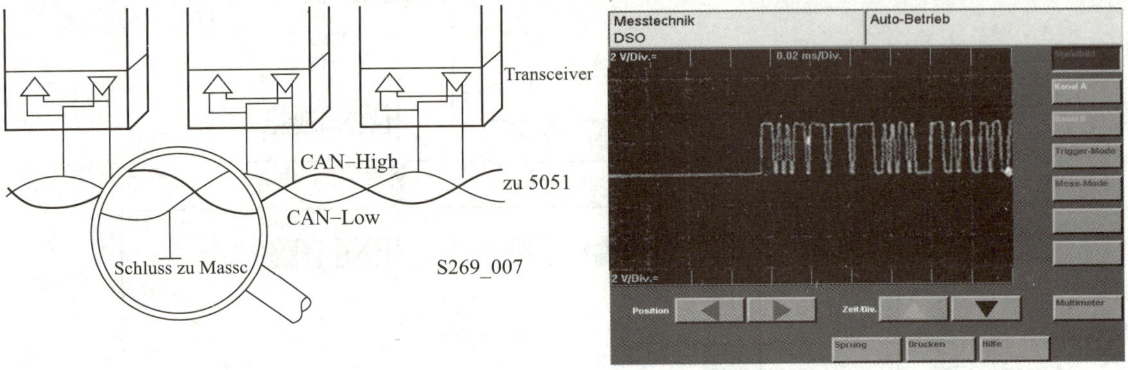

（a） CAN 总线对地短路　　　　（b） 对地短路时的信号波形

图 5－4　CAN－Low 总线对地短路及其信号波形

2. 当 CAN－Low 总线对正极短路时，检测到的 CAN 总线的信号波形如图 5－5 所示。

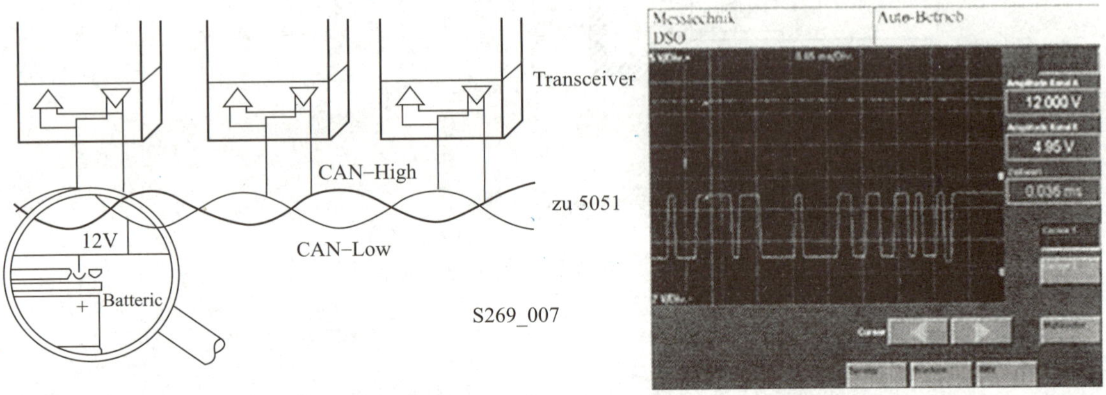

（a） CAN 总线对正极短路　　　　（b） 对正极短路时的信号波形

图 5－5　CAN－Low 总线对正极短路及其信号波形

3. 当 CAN 总线中的 CAN－Low 总线断路时，检测到的 CAN 总线的信号波形如图 5－6 所示。

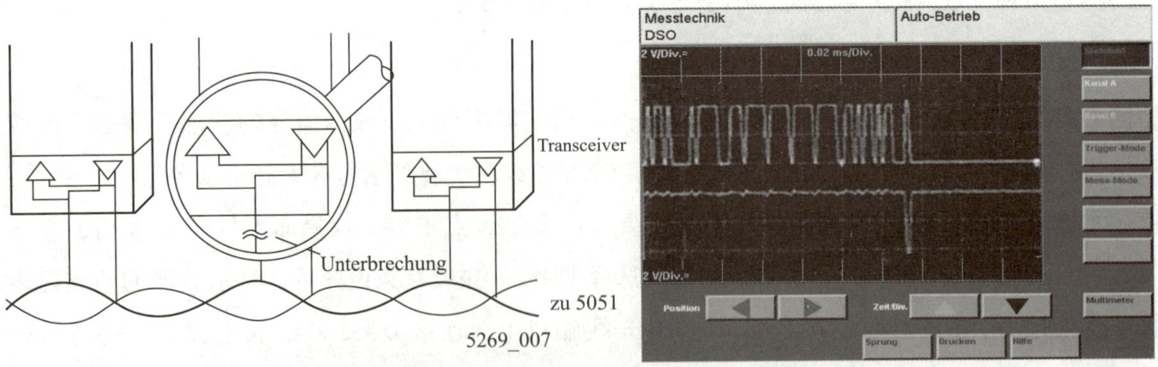

（a） CAN－Low 断路　　　　（b） CAN－Low 断路时的信号波形

图 5－6　CAN－Low 总线断路及其信号波形

4. 当 CAN 总线中的 CAN－High 总线断路时，检测到的 CAN 总线的信号波形如图 5－7 所示。

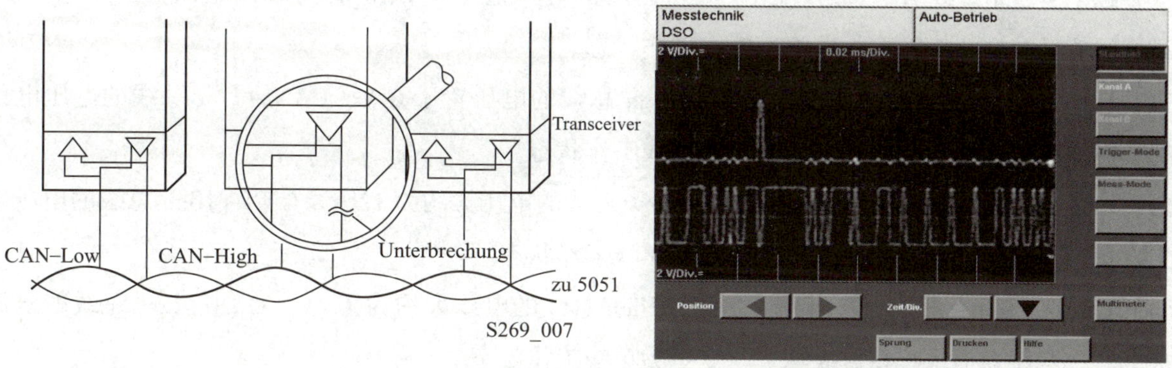

（a）CAN－High 断路　　（b）CAN－High 断路时的信号波形

图 5－7　CAN－High 总线断路及其信号波形

5. 当 CAN－High 和 CAN－Low 短路时，检测到的 CAN 总线的信号波形如图 5－8 所示。

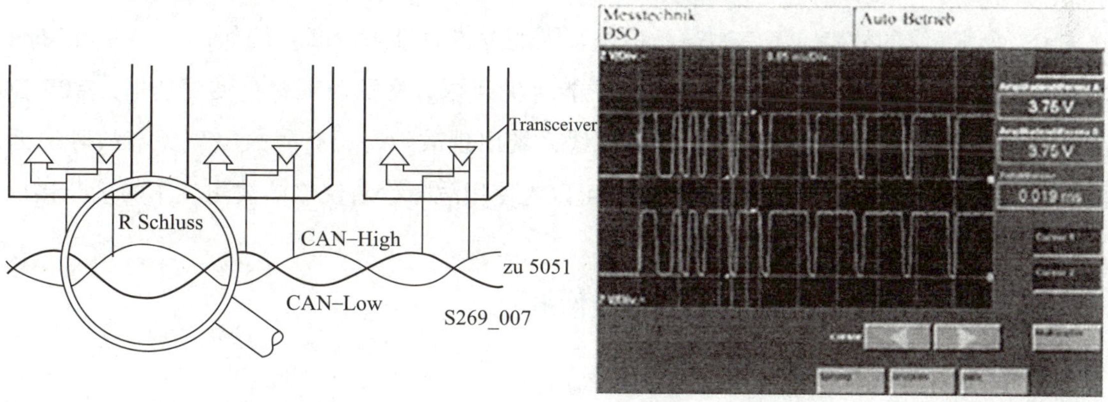

（a）CAN－High 和 CAN－Low 短路　　（b）CAN－High 和 CAN－Low 短路时的信号波形

图 5－8　CAN－High 和 CAN－Low 短路及其信号波形

6. 当 CAN 总线处于睡眠模式时，检测到的 CAN 总线的信号波形如图 5－9 所示。

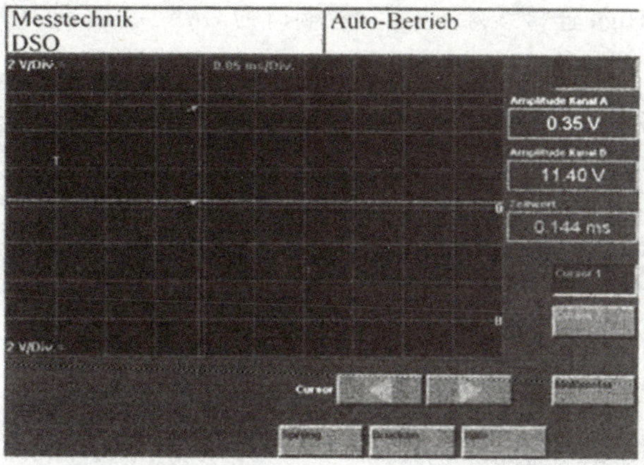

图 5－9　CAN 总线处于睡眠模式时的信号波形

通过对汽车总线的波形信号进行检测分析，我们就可以判断出汽车 CAN 总线通信故障的原因。汽车总线故障波形总结如下。

（1）CAN－Low 总线对地短路。CAN－Low 总线的电压置于 0 V、CAN－High 总线的电压电位正常，汽车网络通信系统在此故障下，变更为单线工作状态。

（2）CAN－High 总线对地短路。CAN－High 总线的电压置于 0 V、CAN－Low 总线的电压电位正常，汽车网络通信系统在此故障下，变更为单线工作状态。

（3）CAN－Low 总线对正极短路。CAN－Low 总线的电压大约为 12 V、CAN－High 总线的电压电位正常，汽车网络通信系统在此故障下，变更为单线工作状态。

（4）CAN－High 总线对正极短路。CAN－High 总线的电压大约为 12 V、CAN－Low 总线的电压电位正常，汽车网络通信系统在此故障下，变更为单线工作状态。

（5）CAN－High 总线与 CAN－Low 总线相交。CAN－High 总线与 CAN－Low 总线两线波形呈现电压相等、波形相同、极性相同的特征。

三、CAN 总线系统的故障案例

汽车 CAN 总线系统的故障，不宜用通常检修车辆的逻辑思维来诊断。例如，一辆宝马 X5（E53 底盘），自动变速器不能升档，反复维修变速器仍不能解决问题。将发动机、自动变速器、ABS 控制单元逐一拆除，很快就发现是 ABS 故障。汽车网络总线系统出现故障时，有时故障现象与故障原因完全没有明确的逻辑联系。在进行故障维修之前，我们可以先使用故障诊断仪连接被测汽车的诊断接口，查看故障码后，能大致获取到汽车故障的信息。

（一）别克 GL8 发动机控制单元总线通信故障

1. 故障现象

一辆别克 GL8 汽车，轻按一键起动按钮给汽车上电后，发动机故障指示灯长亮，如图 5－10 所示。此后踩下制动踏板，长按一键起动按钮发动汽车时，汽车无法着车，仪表板黑屏。

2. 故障诊断

（1）在进行故障排查前，维修技师将故障诊断仪的插头插入发动机控制单元连接总线的诊断插座上，其中 6 号端口为 CAN－High 连接线端口，14 号端口为 CAN－Low 连接线端口，如图 5－11 所示。

图 5－10　发动机故障指示灯长亮

图 5－11　诊断插座

（2）在故障诊断仪上选择通用车型，等待信息加载完毕后，选择自动搜索，操作界面上会弹出一个 17 位的车辆识别码，维修技师与别克 GL8 前风窗玻璃的左下侧的车辆识别码进行对照，确认无误后点击确定。

（3）在快速测试模式下加载故障信息，等待故障信息加载完毕后，选择发动机控制单元。根据被测车型选择 2. 4L 发动机识别码，之后读取故障码，如图 5 – 12 所示，故障诊断仪上显示的故障信息为发动机控制单元与变速器控制单元无法通信。

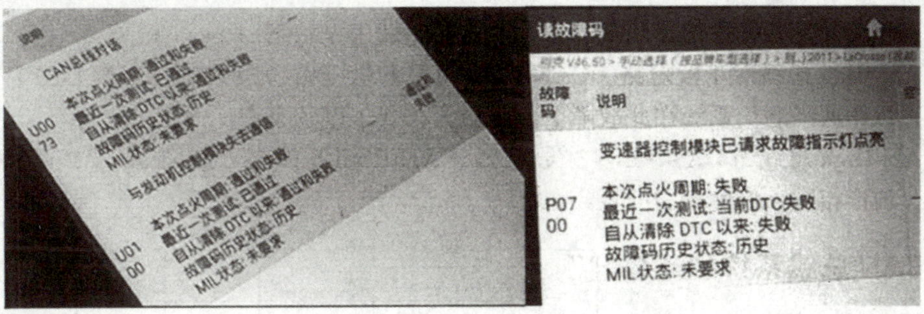

图 5 – 12　别克 GL8 汽车总线故障码

（4）维修技师查看相关的总线网络图，如图 5 – 13 所示。控制单元通过 39 号 CAN – High 总线、40 号 CAN – Low 总线依次连接自动变速器控制单元、电子自动控制单元、车身控制单元和诊断插座。

3. 故障维修

了解总线连接布局后，维修技师使用万用表测量诊断插座上 6 号 CAN – High 与 14 号 CAN – Low 之间的终端电阻，测量的阻值为 120 Ω。说明总线连接存在断路故障。结合故障诊断仪报出的发动机控制单元与变速器控制单元无法正常通信故障码，维修技师诊断为发动机控制单元总线连接存在断路故障。

技师进行维修时，先找到发动机控制单元与变速器控制单元之间的连接部分，并拔出总线通信插头，如图 5 – 14 所示。首先测量蓝色插头部分，用导线连接插头部分 20 号、21 号端口，之后连接到万用表两支表笔上，测量阻值为 120 Ω 左右，如图 5 – 15 所示。表明发动机控制单元到变速器控制单元之间的总线封装电阻是正常的。然后使用万用表连接发动机控制单元蓝色插座上的 20 号、21 号端子，测量阻值为 120 Ω 左右，表明发动机控制单元内部封装电阻是正常的。经过测量未发现任何故障，说明故障原因可能为插头与插座之间存在松动，导致接触不良。维修技师使用小号平口螺钉旋具对总线插头 20 号、21 号端子进行预紧后重新插入，维修技师再次测量诊断插座上总线的终端电阻，测量的阻值为 60 Ω，说明发动机控制单元通信总线断路的问题已经解决。

汽车上电观察，发现仪表板上的发动机故障指示灯熄灭，再次通过故障诊断仪进行检测，界面显示无故障码，系统正常，发动机控制单元总线通信故障修复完毕。

（二）大众迈腾驱动 CAN 总线通信故障

1. 故障现象

一辆里程将近 1 000 kM 的迈腾汽车，在行驶过程中突然熄火。驾驶人重新进行点火起动时，发现汽车无法着车。

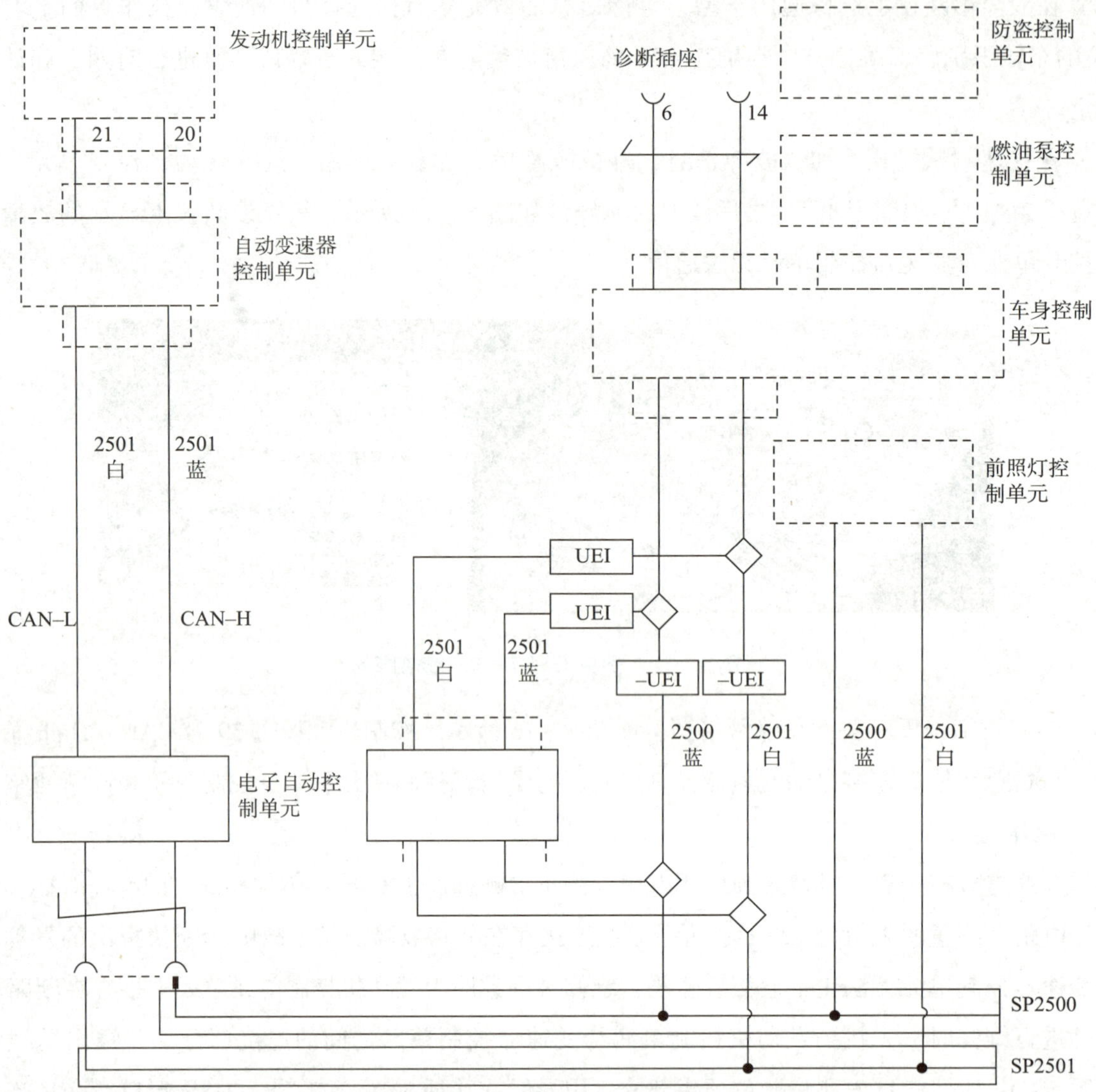

图 5－13 别克 GL8 总线网络连接图

图 5－14 拔出发动机控制单元与变速器控制单元之间的总线通信插头

2. 故障诊断

（1）技师进行维修前，使用 VAS 5052 测试仪读取故障码，显示驱动 CAN 总线上的信息无法传输到多个控制器，如图 5－16 所示。

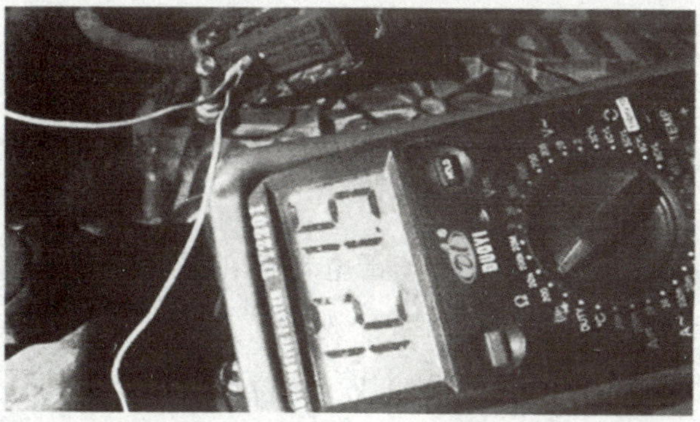

图 5－15　测量总线通信插头内部连接的终端电阻

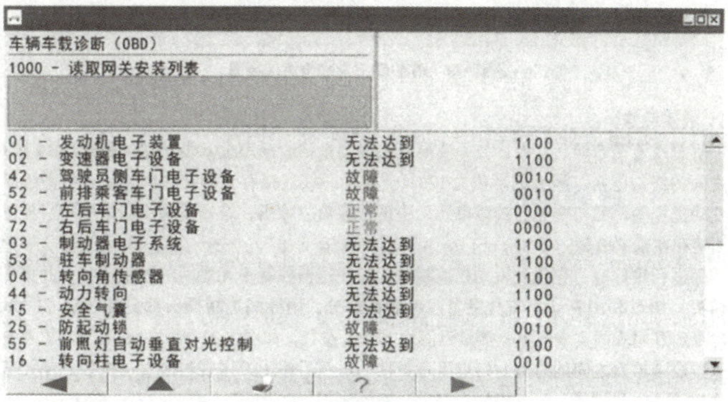

图 5－16　被测试迈腾汽车故障码显示

（2）技师根据显示的故障码分析。驱动 CAN 总线信息无法传输到控制器，一般是由驱动 CAN 总线的控制器损坏或者驱动 CAN 总线发生故障导致的。鉴于该车为新车，控制器本身损坏的可能性较小，应将重点放在对汽车总线数据传输线的检测排查上。

（3）技师使用测试仪检测驱动 CAN 总线的信号波形，显示结果如图 5－17 所示，根据波形图分析，CAN－High 总线的电压电位被置于 12 V（电源电压），能够得知驱动 CAN－High 总线对正极短路。

3. 故障维修

诊断出故障原因后，打开故障车左侧仪表后的主线束，在节点处逐一断开 CAN 总线进行排查，当断开变速器驱动 CAN 总线时，VAS5052 显示与驱动 CAN 总线的控制器均能够收到信息，故障码得以清除。

然后检查变速器驱动 CAN 总线，发现其附近的起动机线束上有一小段毛刺，刚好刺穿变速器 CAN 总线，使得变速器 CAN 总线与蓄电池正极短路，如图 5－18 所示。经过包扎处理后，此汽车无法起动的故障得以解决。

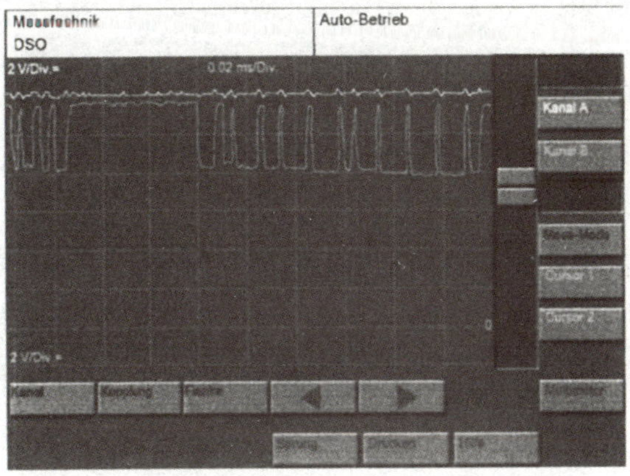

图 5－17　驱动 CAN－High 总线对正极短路波形图

图 5－18　起动机连接线

（三）宝马 730Li 停放后无法起动

1. 故障现象

一辆配置 M54 发动机的宝马 730Li 汽车，车主停车 4 h 左右重新起动车辆时，发现汽车无法起动，使用其他车辆的蓄电池进行跨接起动，汽车能够正常着车，然而停放一段时间后故障依旧出现。

2. 故障诊断

技师经过询问车主故障发生的现象、时间等信息，初步诊断为汽车蓄电池存在漏电问题。使用诊断仪执行休眠电流测试，当车辆进入休眠状态后，测的电流为 18 A，数值严重过大。测量总线网络的信号电压，发现所有区域的网络电压都异常，高位线电压为 3.4 V，低位线电压为 2.0 V，说明车辆没有真正进入休眠状态。已知该车的总线唤醒信号是由宝马 CAS 控制单元发出的，唤醒信号电压是 12 V 直流电压。对唤醒信号的电压进行测量，发现汽车进入休眠状态后，该电压仍为 12 V，说明整车电子控制系统还处于工作状态。断开宝马 CAS 控制单元后，故障依旧，说明该电压并不是由宝马 CAS 控制单元输出的。接着检查动力总线部分，逐一断开动力总线的控制单元，发现当断开驻车制动控制单元时，唤醒信号电压变为 0 V。技师分析驻车制动控制单元可能存在故障，造成唤醒信号电压始终被拉高，车辆无法进入休眠状态，停放后，因漏电导致蓄电池电量不足，汽车无法着车。

3. 故障维修

技师经过检测排查后，确定为驻车制动控制单元已经损坏，更换新的驻车制动控制单元后，等待汽车进入休眠模式，分别测量汽车的休眠电流与总线信号电压，数值均正常，故障已解决。

第二节 LIN 总线系统的故障诊断与排除

一、LIN 总线系统的故障原因

LIN 总线是一种辅助性的总线网络，采用非屏蔽的单根导线，能为不需要用到 CAN 总线的装置提供较为完善的网络功能。主要包括空调控制、后视镜、车门模块、座椅控制、智能性交换器、低成本传感器等。对带宽要求不高、功能简单和实时性要求低的部件，如车身电器的控制等方面，使用 LIN 总线可有效地简化网络线束、降低成本、提高网络通信效率和可靠性。

LIN 总线系统包含一个主节点和一个或多个从节点，如图 5－19 所示。所有节点都包含一个被分解为发送任务和接收任务的从属通信模块，而主节点还包含一个附加的主发送任务模块。在实时 LIN 总线数据传输中，通信总是由主任务发起的。

LIN 总线网络通信故障一般为控制单元故障或线路故障。

（一）LIN 总线系统的故障原因

LIN 总线为单线传输，当与电源正极短路时，LIN 总线的电压会被拉高至 12 V 电源电压；当与车身搭铁短路时，LIN 总线的电压会降低至 0 V。在这两种情况下，LIN 总线网络均无法正常通信。

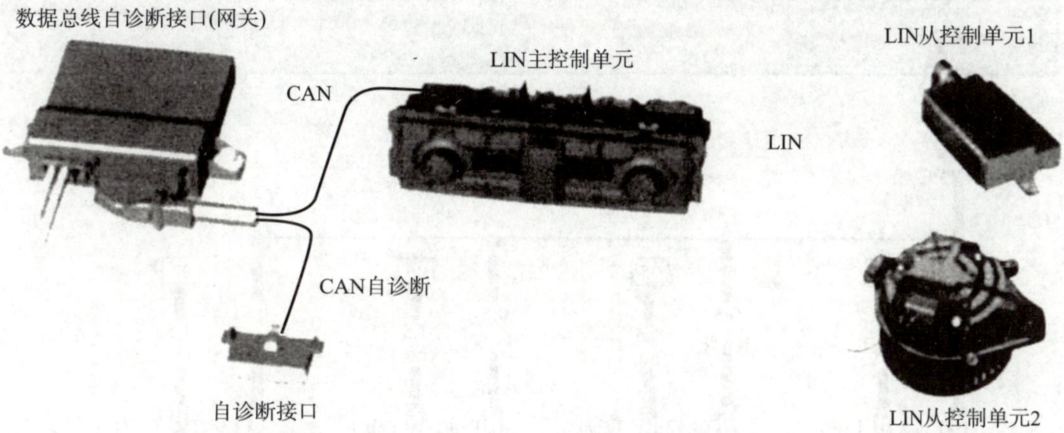

图 5 – 19　LIN 总线主、从控制单元

（二）LIN 总线断路故障

当 LIN 总线在某处存在断路故障时，其电路下游所有从属控制单元均不能正常工作；当 LIN 总线在分支线路交叉点出现断路情况时，该分支线路的从属控制单元均不能正常工作。在实际的检测维修中，可以根据故障现象，结合 LIN 总线网络电路图，判断出 LIN 总线断路的大致位置。

二、LIN 总线系统的故障案例

对于汽车 LIN 总线的故障诊断维修，主要结合故障现象通过自诊断及专用的检测仪进行检测，然后通过人工经验和自诊断结果来排查故障。

（一）大众捷达车窗主控开关故障

1. 故障现象

一辆捷达轿车，行驶里程 40 000 kM，车主反映驾驶侧的主控开关无法控制右后侧的车窗。

2. 故障诊断

电动车窗升降器的工作方式主要分为两大类，一是开关或模块直接控制；二是由车载网路传输信号和电控单元控制。现代汽车偏向于智能化电子控制，其中电动车窗采用车载网络技术，这种控制方式涉及多个电控单元，工作的电路既有连接熔丝、开关、继电器和电动机的普通线束，又有 CAN 总线和 LIN 总线，线路布局比较复杂。

技师根据车主所描述的故障现象检测四门升降器，单独控制均正常，右后门开关可以单独控制，但左前主控开关不能控制右后门。另外，该车具有锁车后自动升窗功能，其网络连接是 LIN 总线连接，具备 k 线诊断功能。于是用 VAS 5051 诊断仪进入地址 46 – 舒适系统，进行故障查询，故障码为：V27 – 右后门玻璃升降电动机故障。技师分析出故障点可能为线束损坏或控制单元出现了问题。

技师调取出捷达的 LIN 总线网络连接电路图，如图 5－20 所示。使用万用表结合图中的接线对故障车 LIN 总线导线进行测量，发现 T 23/3 端口到 T6q/2 端口之间断路。经查找，发现在驾驶人座椅下的 T23/3 端口到 T6q/2 端口的 LIN 线存在机械性断裂。

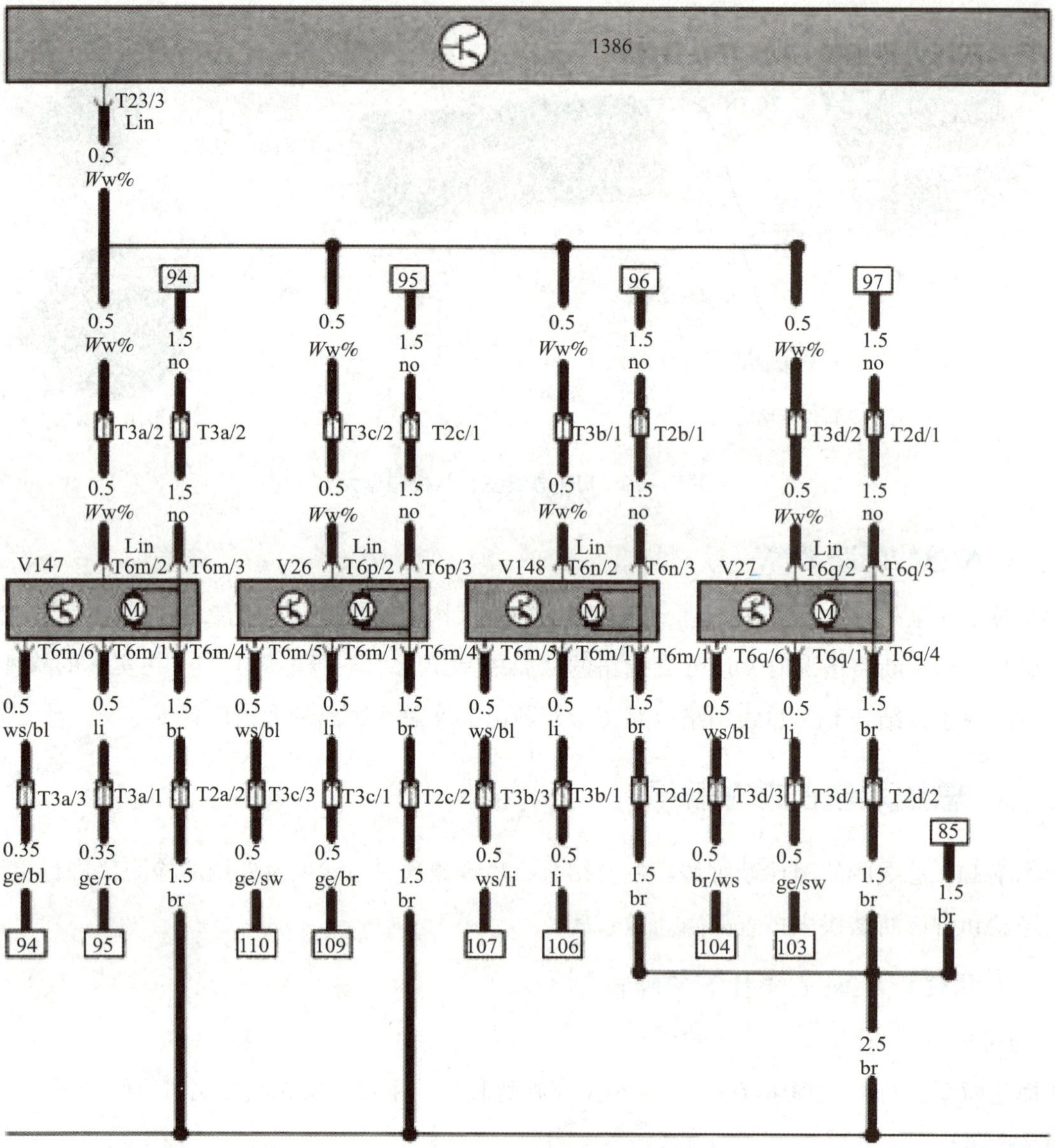

图 5－20　捷达的电动车窗 LIN 总线网络连接电路图

3. 故障维修

技师经过检测排查后，将断裂的 LIN 线进行搭接修复，修复后驾驶侧车窗主控开关能够正常控制右后侧的车窗，故障解决。

（二）大众高尔夫空调故障

1. 故障现象

一辆高尔夫 A7 轿车，采用半自动空调系统，车主反映空调开启后压缩机及鼓风机不工作，空调控制面板上的 A/C 按键指示灯长亮。

2. 故障诊断

维修前，技师先分析高尔夫 A7 轿车的空调控制系统采用的 LIN 总线通信系统结构，如图 5－21 所示。其中空调控制单元 J301 通过 LIN 总线将开关信号发送至高压压力传感器 G805 及鼓风机控制单元 J126 上，并通过电信号控制调整高压压力传感器 G805 及鼓风机控制单元 J126 的工作状态，空调控制单元 J301 通过舒适 CAN 总线连接网关 J533（电控单元），由电控单元激活散热器电风扇。

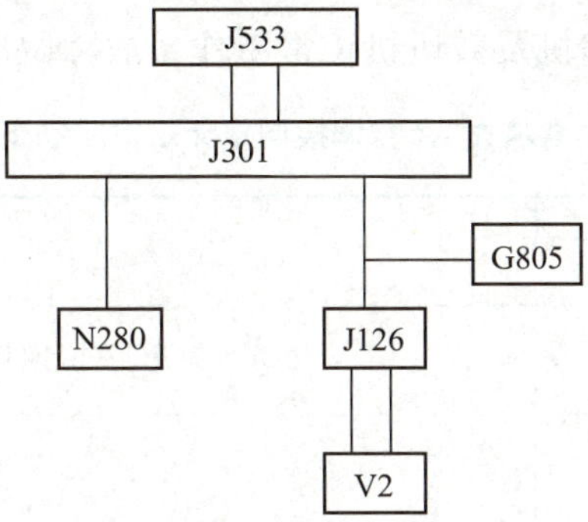

J533—网关；J301—空调控制单元；J126—鼓风机控制单元；

G805—高压压力传感器；N280—空调压缩机调节阀；V2—鼓风机电动机。

图 5－21　高尔夫 A7 空调控制电路原理图

技师根据车主所描述的故障现象分析出可能存在以下问题。

（1）高压压力传感器 G805 存在故障。

（2）鼓风机控制单元 J126 存在故障。

（3）舒适 CAN 总线或空调 LIN 总线线路本身故障。

（4）空调控制单元 J301 存在故障。

技师通过诊断仪连接车辆的诊断插座，读取数据流，如表 5－1 所示。自空调控制单元 J301 以下的控制单元 J126、传感器 G805 均报出故障，初步诊断为该段线路中的 LIN 总线出现问题。使用示波器检测该处线路的波形，发现电压始终为 0 V，说明此处的 LIN 总线连接中存在对地短路的故障。

表 5－1　高尔夫 A7 空调控制单元故障状态下的数据流

检测项目	测量值
压缩机关闭条件	制冷剂压力传感器故障
压缩机电路，实际值（无显示）	0.0 A
压缩机电流，规定值（无显示）	0.0 A
制冷剂压力（无显示）	故障
鼓风机状态（无显示）	测量值不存在

技师依次断开鼓风机控制单元 J126、高压压力传感器 G805 插头。当断开高压压力传感器 G805 时，示波器显示的波形恢复正常。然后检测空调控制单元 J301 与高压压力传感器 G805 之间连接的 LIN 总线，未发现意外搭铁的线路故障，技师基本锁定高压压力传感器 G805 内部存在对地短路的故障。

3. 故障维修

技师经过检测排查后，更换新的高压压力传感器 G805，再次使用诊断仪读取数据流，如表 5－2 所示，故障码清除。打开空调后，压缩机及鼓风机正常工作，故障解决。

表 5－2　高尔夫 A7 空调控制单元正常状态下的数据流

检测项目	测量值
压缩机关闭条件	压缩机启用，不存在关闭条件
压缩机电器，实际值（无显示）	0. 560 A
压缩机电流，规定值（无显示）	0. 555 A
制冷剂压力（无显示）	12. 6 bar
鼓风机状态（无显示）	激活

本章小结

本章内容主要讲述了 CAN 总线系统的故障诊断、LIN 总线系统的故障诊断的内容。CAN 即控制器局域网络，属于工业现场总线的范畴。与一般的通信总线相比，CAN 总线的数据通信具有突出的可靠性、实时性和灵活性。由于其良好的性能及独特的设计，CAN 总线越来越受到人们的重视。它在汽车领域上的应用是最广泛的，世界上一些著名的汽车制造厂商都采用了 CAN 总线来实现汽车内部控制系统与各检测和执行机构间的数据通信。LIN 是一种低成本的串行通信网络，用于实现汽车中的分布式电子系统控制。LIN 的目标是为现有汽车网络（例如 CAN 总线）提供辅助功能，因此 LIN 总线是一种辅助的总线网络。在不需要 CAN 总线的带宽和多功能的场合，比如智能传感器和制动装置之间的通讯使用 LIN 总线可大大节省成本。

思政园地

汽车数据有了“安全锁”

国家网信办、国家发改委、工信部、公安部、交通运输部五部门公布的《汽车数据安全管理若干规定（试行）》（以下简称《规定》），已于2021年10月1日起施行。

智能网联汽车持续高速增长，加强数据安全管理迫在眉睫

三联屏智能座舱、跨视觉融合自动驾驶算法、5G高速网络、整车智能生态解决方案……走入汽车卖场，类似的功能介绍不胜枚举，智能网联汽车已成为新车的一大卖点。

一辆智能网联汽车每天平均收集的数据量有多大？

国家工业信息安全发展研究中心副总工程师兼信息政策所所长表示，一辆智能网联汽车每天能产生TB级海量数据，不仅包含驾乘人员的面部表情、动作、目光、声音数据，还包括车辆地理位置、车内外环境、车联网使用数据等。

“汽车产业涉及国家经济、装备制造、金融、交通运输、生产生活等诸多领域，汽车数据处理能力日益增强，暴露出的汽车数据安全问题和风险隐患也日益突出。”国家互联网信息办公室有关负责人介绍，问题主要集中在汽车数据处理者超越实际需要，过度收集重要数据；未经用户同意，违规处理个人信息，特别是敏感个人信息；未经安全评估，违规出境重要数据等。因此，亟须加强汽车数据安全管理，防范化解上述安全问题和风险隐患，促进汽车数据依法合理有效利用和汽车行业健康有序发展。

中国电子信息产业发展研究院副院长表示，《规定》的出台有利于加快智能网联汽车数据安全保障体系建设，提升数据安全保障能力，推动制造强国、网络强国和交通强国建设。

明确汽车数据中的个人信息、敏感个人信息、重要数据

每次长假后，一些汽车品牌会发布旗下智能网联车型的行驶轨迹、最热门出行景区、最佳热播歌曲等数据。不少消费者会问，汽车能够收集驾乘者哪些数据？如果在数据采集、使用等环节缺乏有效管理，车企随意采集车内驾乘人员语音图像、车辆位置及周边环境等信息，会不会造成个人信息泄露、滥用，甚至危及公共安全、国家安全？

《规定》对汽车数据中的个人信息、敏感个人信息、重要数据的含义和类型进行了明确界定。

——个人信息，是指以电子或者其他方式记录的与已识别或者可识别的车主、驾驶人、乘车人、车外人员等有关的各种信息，不包括匿名化处理后的信息。

——敏感个人信息，主要包括车辆行踪轨迹、音频、视频、图像和生物识别特征等信息。

——重要数据，主要包括军事管理区、国防科工单位以及县级以上党政机关等重要敏感区域的地理信息、人员流量、车辆流量等数据；车辆流量、物流等反映经济运行情况的数据；汽车充电网的运行数据；包含人脸信息、车牌信息等的车外视频、图像数据等。

《规定》提出，汽车数据处理者在开展汽车数据处理活动中应坚持“车内处理”“默认不收集”“精度范围适用”“脱敏处理”等原则，减少对汽车数据的无序收集和违规滥用。“车内处理，就是要求除非确有必要不向车外提供；默认不收集，即除非驾驶人自主设定，每次驾驶时默认设定为不收集状态；精度范围适用，就是根据所提供功能服务对数据精度的要求确定摄像头、雷达等的覆盖范围、分辨率；脱敏处理，要求尽可能进行匿名化、去标识化等处理。”国家互联网信息办公室有关负责人说。

汽车数据处理者应更好履行个人信息保护责任

“智能网联汽车收集数据，驾乘者有没有知情权？有没有否决权？”

“驾乘者能否关闭相关数据采集功能？”

面对上述疑问，《规定》明确了处理个人信息、敏感个人信息的具体要求。

针对个人信息，一是告知义务，二是征得同意义务，三是匿名化要求。针对敏感个人信息，在履行告知、征得个人单独同意等义务基础上，还应当满足限定处理目的、提示收集状态、为个人终止收集提供便利等具体要求。针对个人生物识别特征信息，明确具有增强行车安全的目的和充分的必要性方可收集。

“限定处理目的，是指具有直接服务于个人的目的，包括增强行车安全、智能驾驶、导航等；提示收集状态，包含通过用户手册、车载显示面板、语音以及汽车使用相关应用程序等显著方式告知必要性以及对个人的影响。此外，还应当取得个人单独同意，个人可以自主设定同意期限；个人要求删除的，汽车数据处理者应当在10个工作日内删除。”国家互联网信息办公室有关负责人补充说，汽车数据处理者具有增强行车安全的目的和充分的必要性，方可收集指纹、声纹、人脸、心律等生物识别特征信息。

（《人民日报》王政）

思考练习

一、填空练习题

1. CAN总线系统产生故障的原因有________、________、________。
2. 汽车多路信息传输系统的核心部分是________。
3. 电控单元的正常工作电压在________的范围内。
4. CAN总线系统由________、________以及________组成。
5. CAN总线节点故障就是电控单元的故障，它包括________和________。
6. 汽车控制单元内部都有封装电阻，单个阻值一般为________左右。

7. CAN 总线终端电阻，实际上是 CAN 通信总线连接的控制单元终端电阻并联后的总和，阻值约为________。

8. LIN 总线是一种辅助性的总线网络，采用________的单根导线，能为不需要用到 CAN 总线的装置提供较为完善的网络功能。

9. 使用 LIN 总线可有效地________、________、________和________。

10. 在实时 LIN 总线数据传输中，通信总是由________发起的。

二、思考训练题

1. 简述 CAN 总线系统的故障原因。

2. 如何对汽车 CAN 总线通信故障进行诊断维修？

3. 简述 LIN 总线系统的故障原因。

4. 如何对汽车 LIN 总线通信故障进行诊断维修？

参考文献

[1] 梁赞，蔡佳丽，薛勇．汽车电气设备构造与维修（微课版）［M］．哈尔滨：哈尔滨工程大学出版社，2022.

[2] 褚玉峰，常成国，王黎．新能源汽车结构与检修（微课版）［M］．哈尔滨：哈尔滨工程大学出版社，2022.

[3] 邱新生，刘国纯．汽车常见故障诊断与排除速查手册［M］．北京：机械工业出版社，2022.

[4] 曹晶，顾慧烽．汽车故障诊断手册［M］．北京：化学工业出版社，2020.

[5] 杨永先．汽车故障诊断与综合检测［M］．2 版．北京：人民交通出版社，2019.

[6] 李顺华，刘慧．汽车故障诊断与排除［M］．北京：机械工业出版社，2019.